浦田一郎 著

立憲主義と市民

信山社

はしがき

本書は、私がすでに発表した論文の中から、本書のタイトルである『立憲主義と市民』に関わりのあるものを集めたものである。

ここで「立憲主義」と言っているのは、一般的な意味であり、近代以降の立憲主義のことを指している。形式的には憲法による政治の拘束を意味し、内容的には個人の自由と生存に根源的な価値を置いた思想である。個人の自由と生存を実現するために、政治を拘束する憲法の具体的内容をどのように確定するかをめぐって、二つの思想のタイプがあると考えられる。一つは所有権を自然権としてとらえるロックやシエースの立場であり、ナシオン主権と結びつく。もう一つは所有の社会的再構成を目指すルソーの立場であり、プープル主権を構想する。個人の自由と生存に根源的な価値を置くことは、所有権を自然権としてとらえるような自然法思想を必然化するものではなく、私はルソー的な方向に魅力を感じてきた。

近代以降の立憲主義に関する以上のような二つのタイプの思想を背景に持ちつつ、実定市民憲法における立憲主義の実現方法をめぐって、上記と別の次元で二つの思想のタイプがある。法律によっても侵されてはならないとされる人権や憲法の解釈を、一つは国民代表である議会に期待するかつてのフランス型であり、もう一つは違憲審査を行なう裁判所に委ねるアメリカ型である。それぞれ歴史的事情が背景にあり、意義と問題を含む。裁判所による違憲審査を重視することは世界の流れであり、立憲主義の実現にとって裁判所による違憲審査は言うまでもなく重要であると私も考えている。しかしながら、立憲主義は裁判所による違憲審査を論理的に必然化するものではなく、一つの立場の選択である。議会制民主主義と違憲審査制は緊張関係を前提にしつつ、相互補完関係にある。立憲主義の実現のために、違憲審査制とともに議会制民主主義が果たす役割にも、もっと注意が払われるべきだと考えてきた。

裁判所は裁判手続に則り法的判断の専門家によって裁判を行なうので、少数派・個人の人権保障の役割が期待される。しかしながら、裁判官が政府すなわち多数派によって任命されるのは通常のことであり、この期待には元々困難が存在している。政府・多数派による裁判官の任命手続に上院の同意など何らかの制約を課している国は少なくないが、日本ではそのような制約は用意されていない。日本の現実、特に最高裁判所では憲法論に関する多数派と少数派の間の議論のやりとりもあまり見られず、多数派の立場の確認に固定化する傾向があることを否定できないであろう。他方で多数派の立場が最終的に支配する国会でも、多数派と少数派の議論の応酬が、衆議院小選挙区比例代表並立制下の保守二大政党制の傾向の中で減っているとは言え、裁判所よりは見られる。とりわけ日本国憲法の平和主義の運用を考えた場合、数少ない憲法判例に対して、国会などの政治部門における憲法論議に立憲主義の観点から注意を払わないわけにはいかないであろう。立憲主義の観点から見て、政治的議論が優位する国会の論議に問題が含まれ、法的議論が期待される裁判所の役割が重要であることは言うまでもない。その上で上記のような日本の現実を、改革の努力とともに考慮に入れる必要がある。

本書のタイトルにおける「市民」は、あるがままの個人を出発点に置きつつ、社会的コミュニケーションの中であるべき社会や憲法について考えようとする主体として想定している。個人と社会間の依存と緊張の相互関係の中で、あるものとあるべきものの間で生きているのが現実の人間であり、また憲法が想定すべきものだと考えている。「市民」という表現は、参政権の主体、共同体構成員、都市住民、消費者、非階級的主体などさまざまなニュアンスで使われるが、ここではそのような意味で使っていない。「市民」という表現がこのようなニュアンスを引きずることを完全に絶つことは困難であるが、本書が想定する主体について、この表現が相対的に適当かと考えた。

立憲主義のために議会制民主主義が機能し、同様に違憲審査制が役割を果たすには、どのようにすればよいかという問題があるはずである。その点で、社会全体から見れば少数でも一定数の、市民の自覚、努力や運動が重要であると考えてきた。立法要求や立法阻止をめぐる国会内外の運動や、積極的な違憲審査や公正な裁判を要求する裁判運動を念頭に置いている。立憲主義の実現を権力に要求する市民は、どのようにして作られるのかという問題が、さらに出されうる。そのような市民は運動への取り組みの中でしか生まれず、自覚と取り組みは相互的なものであろう。憲法学はそのことを受け止めることができるようなものであるべきではないかと、私は考えてきた。本書のタイトルを『立憲主義と市民』としたのは、以上のような考え方による。

本書は全体として二部構成とし、第一部は「憲法の歴史と理論」とした。その一を「国民主権」として、第一論文「自然権と憲法制定権力」で根源的価値と立憲主義の関係を扱い、その具体的な問題を検討したものとして第二論文「シエースの国民主権論」を置いた。「二　立憲主義」では、実定市民憲法におけるかつてのフランス型の立憲主義の意義と問題について、第三論文「憲法的公共性とフランス警察法における『公序』観念について」がフランスの法治主義の不徹底さを分析している。その補足として、第四論文「一八七五年憲法制定過程における執行権論」を置いている。以上の統治機構論の裏側として人権論の面から、第五論文「議会による立憲主義の形成――〈droits de l'homme〉から〈libertés publiques〉へ」と第六論文「議会による立憲主義の確立――〈libertés publiques〉観念の構造と問題点」が、フランスにおける「公的自由」論の意義と問題を検討している。以上の考察を踏まえて、第七論文「人権宣言の背景」が一般的な整理を簡単に行なっている。「三　方法論」として、第八論文「日本における憲法科学の方法論――法の解釈論争が憲法科学の発展に及ぼした否定的影響を中心にして」が憲法科学の方法論を扱い、科学と解釈において本質と仮象がしばしば逆転させられることなどを指摘し、その方法論が憲法解釈の前提になっている。

「第二部　憲法の解釈」の「一　国民主権」の中で、第九論文「国民主権」がナシオン主権とプープル主権における認識と解釈の関係など一般的な問題を検討し、第一〇論文「日本国憲法の原理と国民主権」が日本国憲法の主権論などに関する具体的な解釈を扱っている。第一一論文「国会の役割」において立憲主義のための国会や内閣法制局の両面的役割などについて考察し、第一二論文『『予算と法律』と『条約と法律』』が予算と条約を対比しつつ財政国会中心主義から外交国会中心主義を類推している。「二　人権」において、その一般的な整理を第一三論文「人間の主体性と人権による拘束――人権論の動向と問題点」が行ない、第一四論文「民主主義法学と人権論の構想」が従来の民主主義法学を批判的に検討した上で、人権論の構想を内容的・実体的問題と形式的・手続的問題に分けて打ち出そうとしている。市民の主体性の実現のために、第一五論文「刑事手続に関する憲法規定における人権主体について」が適法手続主義の再構成を試み、第一六論文「生存権の実体的保障と手続的保障」が従来の具体的権利説や生活保護法四条における保護の補足性などに批判的検討を加えている。

信山社の渡辺左近代表取締役から論文集の出版を勧めていただいたのは、随分前のことであった。当初は大幅に書き改めたいと考えていたが、学内外の事情や私の能力からそれを行なうことは無理であった。その代わり加筆や訂正は相当行なった。渡辺さんには本書の完成を辛抱強く待っていただき、また有益なアドバイスをいただいた。浅野一郎・杉原泰雄監修『憲法答弁集』（信山社、二〇〇三年）は憲法解釈に関する国会における政府答弁を条文毎、論点毎に整理した資料集であり、議会制民主主義と立憲主義の役割という本書の問題意識と関連している。その作成に参加したときにも、渡辺さんから積極的なアドバイスをいただいた。人が互いにアドバイスすることが世の中の風潮の中で減ってきているような気がするが、そのなかで貴重なアドバイスをいただき、ありがたかった。また柴田尚到さんには、加筆・訂正が多く読みにくい原稿を丁寧に整理していただき、大変ご苦労をおかけした。深く感謝申し上げる。

二〇〇五年一一月

浦田一郎

目　次

第二部　憲法の解釈

第一部　憲法の歴史と理論

一　国民主権

1　自然権と憲法制定権力

はじめに

拙著『シエースの憲法思想』(勁草書房、一九八七年)[1][2]を基礎にして、人権と憲法制定権力に関して若干の考察を加えることとしたい。人権論については、シエースにおける人権の自然権的構成のあり方を見、次に人権を自然権としてとらえなかったルソーの議論を検討することによって、シエースの議論の特徴を明らかにしたい。[3]

一　シエースの自然権論

1　シエースの人権論

(1)　欲求と自由

彼が人権論を最も体系的に展開した七月草案(「憲法前文。人および市民の権利宣言の承認および理論的解説」)は、次の文章から始まる。「人はその本性から欲求（des besoins）に従う。しかし、その本性から彼は、それを充たす手段を持つ(4)」。欲求は「幸福の願望」に言い換えられ、「幸福は人の目的」となる。このように、人間の欲求が議論の出発点に置かれる。

人間の自由を法や国家の目的とする発言はくりかえし行なわれている。シエースの最初のパンフレットである、「フランスの代表者達が一七八九年に行使できる執行手段に関する見解」は、「市民の自由はすべての法の唯一の目的である」とする(5)。共和暦三年の演説も同様に、「すべての公的組織の目的は個人の自由である(6)」と言う。共和暦八年の憲法構想も、「単なる市民」に認められる「最も広い自由」を議論の基礎に置き、その実現のための統治機構のあり方を論ずる(7)。これらの発言には、人間の欲求や自由に根源的な価値を認める態度が表われている。

(2)　自然権

このような人間の欲求や自由を実現するために、自然権の考え方が採られている。一定の権利を国家に先行するものとし、主権による規律を排除している。自然状態に関する説明の中で、一般的な所有論や権利の平等論が展開されているが、自然権という言葉は使われていない。しかし、社会状態論において次のように言われている。「これまで市民の自然的・市民的権利（les droits naturels et civils des citoyens）についてしか説明してこなかった。政治的権利（les droits politiques）を承認する仕事が、我々に残されている(8)。」政治的権利に対置して、自然的・市民的権利のことが言われ、「自然権」という言葉が使われている。ここでどのような意味で自然権という規定が行なわれているかは、必ずしも明らかではないが(9)、基本的に自然権の考え方が採られていることは、はっきりしている。

明確な所有権論や、限界を画された自由権論は、社会状態において展開されている(10)。ロックと対比しても、七月草案は必ずしも明確に自然権的構成をとっているわけではない。

しかし、労働による所有に基づいて「排他的所有」(ma propriété exclusive) が十分に成立するとされており、労働による所有は国家を前提せず、自然状態において論理的に成立可能なものである。社会は、既に成立した排他的所有に「法的承認」(consécration légale) を与えるだけであって、社会による所有の積極的実現や規制は語られていない。「社会状態は自然法の続き」であり、「社会秩序はいわば自然秩序の続き、補完」とされている。従って、権利のあり方も自然状態から社会状態へ基本的に連続することになり、自由の限界にも変化がないと考えられる。自由の限界は他人の自由の侵害とされているが、このような限界づけの仕方は、社会状態における自由に対する新たな社会的規制を排除している。このように、シエースの人権宣言草案では、必ずしも明確に述べられているわけではないが、自然権的構成がとられていると考えることができる。

他の発言の中で、自然権という規定は、多くはないが行なわれている。一七九〇年一月二〇日、国民議会において彼が行なった、「印刷の手段によりまたは文書・図画の出版によって犯されうる軽罪に関する法律案の報告」の中で、次のように述べている。「市民達が思考し、話し、書き、彼等の思想を出版するのは、法律の力によるものではない。それは彼等の自然権の力によるのである。(11)」自由は自然権であり、実定法律の保障を待つ必要はないとする。

「第三身分とは何か」にも、自然権の考え方を前提にした発言が見られる。「国民はすべてに先立って存在し、あらゆるものの源泉である。その意思は常に合法的であり、法そのものである。その前と上には自然法しか存在しない。(12)」国民とその意思の全能性を強調する文脈においてであるが、自然法の存在が前提に置かれている。あるいは、「所有権は自然なものであり、私はそれを少しも排除しない(13)」とされる。「自然権」という言葉こそ使われていないが、自然権の考え方が採られていることは明らかである。

「見解」の中にも同趣旨の発言が見られる。「国民の上には自然法しか考えられないが、自然法は、国民にとって邪魔になるどころか、国民を啓蒙し、社会的結合の偉大な目的に導くのである。[14]」所有権に関しても同様のことが述べられている。「国民自身も、どんなに最高の立法者であっても、私の家の私の債権も奪うことはできない。原理にさかのぼれば、あらゆる立法の目的として所有権の保障に出会う[15]」。

「特権論」において、「自由はあらゆる社会、あらゆる立法者に先行する[16]」とされているが、同様の趣旨と解される。共和暦三年の演説においては、「憲法陪審」(le jury constitutionnaire) の権限の一つとして自然法による裁判が構想されている。憲法陪審は「実定的裁判権が欠けている場合の、自然的裁判権を有する補完機関」であり、市民的自由に「自然的公正 (équité naturelle) の手段」を提供するとされている[17]。

以上のように、基本的に自然権論的構成が採用されていると考えられる。

(3)　労働による所有

自然権としての人権は、所有によって体系的に説明され、所有は労働によって基礎づけられる。「自分の人格に対する所有 (la propriété de sa personne) は権利の中で第一のものである。この最初の権利から活動の所有と労働の所有 (la propriété des actions et celle du travail) が発生する。というのは、労働は人の能力の有益な使用に他ならないからである。……外的対象に対する所有、すなわち物的所有 (la propriété réelle) は、同様に人的所有 (la propriété personnelle) の続きに他ならず、その拡張のようなものである[18]。」このように所有が人間の活動全体をとらえるので、自由も所有から説明される。「人的所有 (財産) の行使において、そして物的所有 (財産) の使用において、少しも不安をいだかなくてすむ者は、自由である[19]。」

労働による所有は、自己の欲求を充たすものであると同時に、自己の労働に基礎を置く外観を有している。従って、このような所有においては、基本的な平等が帰結されるように見える。しかし、労働による所有論は次のような構造を持っている。第一に、それは商品交換を基礎づける。労働は人格から出発するが、人格自体は譲渡・交換の対象にならない。「すべての人は自分の人格の唯一の所有者である。この所有は譲渡不可能である。」[20]（七月草案三条）しかし、人格の活動としての労働を加えた物は、人格自体から独立する。従って、所有物は交換可能なものになり[21]、ここに労働による所有の意義が存在する。七月草案三条が、人格は譲渡不可能であるというとき、人格でない物の所有の譲渡可能性を前提にしていると考えられる。実際にも、自由を構成する権利の一つとして、「交換する権利」（le droit d'échanger）が明示されている。[22]

第二に、労働による所有は労働力の商品化も可能にする。「社会における人の権利の宣言」（Déclaration des droits de l'homme en société）（八月草案）五条は、次の規定を置いている。「すべての人は自分の人格の唯一の所有者である。この第一の所有は譲渡不可能である。自分の役務や時間について契約することはできるが、自分自身を売ることはできない。[23]」「自分の役務や時間について契約する」ことができるとされている部分は、労働力の商品化を意味している。彼が実際に念頭に置いていた労働形態は過渡的なものであっても、この規定の論理自体は近代的な賃労働をもカヴァーしうるものである。労働による所有論によれば、人格の活動の成果が、人格の所有から区別された所有の対象になるばかりではなく、その前段階である人格の活動自体が所有の対象になる。譲渡の禁止が及んでいるのは、明らかに人格の所有のみであるから、労働力は譲渡可能になる。

第三に、労働による所有は、労働の成果の雇い主による所有を認める。シエースは「労働の所有」というものを考え、労働力に対する私的所有を認める。従って、労働力は自由な処分の対象になり、それを売れば、それは買い主の所有物になる。その結果、労働力の買い主である雇い主は、それを使用することによって、作り出された物に対して、自己の私的所有を主張することになる。[24]

以上のような労働による所有論は、資本の本源的蓄積を可能にすると共に、資本主義が本格的に成立した時に、それを保障できる構造も備えている。

この論理から、不平等が自然なものとして肯定される。自然状態において財産の不平等が発生するとされている。「人の間に手段の大きな不平等（de grandes inégalités de moyens）が存在するというのは本当である。自然は強者と弱者を作る。それはある人には知能を分け与えるが、別の人には拒否する。そこから、人の間に労働の不平等、生産物の不平等、消費または享受の不平等が生まれるであろう。[25]」そして、「手段の自然な不平等」と言われ、手段の不平等は自然なものとされる。

欲求を充たすための手段の所有という議論からすれば、そのような所有には制限がありそうに見える。欲求を充たすのに不必要な所有や、使用しきれない程の所有は、許されないことになるからである。しかし、そのような制限への言及はなく、従ってまた、ロックにおけるような貨幣の導入によるその制限の撤廃という議論も存在しない。[26]シエースの所有には制限が課せられていない。[27]

結果として、現実の不平等な財産所有が正当化される。資本家的所有ばかりではなく、政治的特権の否定によって近代的に変形された封建的な経済的特権も肯定される。[28]

労働による所有論は、欲求を充たすための所有という論理を出発点に置くが、結局、所有は自由な生存から独立する。他人労働を支配し、自由な生存に反する所有を正当化するに至る。むしろ、出発点に置かれた「欲求」は、始めから生存の欲求と共に無限蓄積の欲求を意味し、使用価値と共に価値を内容としていると見ることもありえよう。

(4)　社会的結合

財産の不平等を維持したままで、社会的結合がなされる。「社会状態は、手段の不平等の自然ではあるが有害な影響力に対抗して、権利の平等を保護する。[29]」社会的結合によって保護されるのは権利の平等であり、権利の平等を侵害しない手段の不平等は、自然なものとして放置される。従って、自然状態から社会状態への移行は基本的に連続的過程であり、「社会秩序はいわば自然秩序の続き、補完」とされる。七月草案において社会的結合が論じられても、ルソーの全部譲渡論を想起させる「社会契約」(contrat social) という言葉は避けられる。「第三身分とは何か」の中では、「個人意思」の時期から「共同意思」の時期への移行に当たって、社会契約はそもそも論じられない。[30]そして、共和暦三年の演説の中で、明確に一部譲渡の立場を宣言する。「政治的結合がなされるとき、各個人が社会の中に持ち込むすべての権利、個人の集合体全体のすべての力を決して共有にするわけではない。公的、政治的権力の名の下に、可能な最小限のもの、そして各人の権利と義務を維持するのに必要なものだけを共有にする。[31]」

根源的な欲求と自由は自然権論と結びついて、労働による所有によって実現されるとするのが、シエースの基本的な論理である。しかし、それだけでは、労働のできない者や労働の見つからない者の生存の問題に答えることができない。その点をカヴァーするのが、彼の社会権構想である。七月草案二五条で、「必要（欲求）を充たすことができないすべての市民は、その同郷の市民の救済を受けることができる」とされている。[32]革命期における深刻な貧困の現実を前にして、労働による所有論に対して社会権構想による補完がなされるのは自然なことであった。このような社会権構想は排他的所有論を前提としており、所有規制による生存確保の要求を排除する意味を持った。

自由は労働による所有について不安のないことであり、救済を受ける権利はその補完であり、シエースの人権は労働による所有によって体系的にとらえられる。労働による所有の共発点は人格に対する所有であり、その帰結は手段の不平等である。人格や労働に対する所有を意味する人的所有は、精神的自由権や人身の自由に当たり、物的所有は経済的自由権である。彼の場合、労働による所有論の体系の中で、前者の承認は後者の正当化と結合している。

「すべてに先立って存在し、あらゆるものの源泉である」「国民」も、自然法の拘束に服す。従って、根源的な欲求や自由は、一定の所有と自由を自然権として保護する方法によって実現すべきものとされ、主権者国民もその点に手をつける権利を認められない。自然権的人権の具体的確定は、以下のように、一部の市民によって行なわれることになる。人権の確定は法律に基づいて行なわれる。「これらの（個人的自由の）限界を認識し指示することは、法律の仕事である。[33]」シエースにおいては、法律に代表される実定法の形成から、結局民衆は排除される。国民の憲法制定権力を強調する「第三身分とは何か」においても、「召使や、主人に従属するすべての者[34]」を始めとする民衆を、政治的主体から外している。参政権の制限は七月草案の中で「受動的市民」（citoyen passif）論として定式化される。[35]共和暦八年の憲法構想においては、国民は、公務員候補者名簿である「信任・名士名簿」（les listes de confiance et de notabilité）を作成するだけであり、選挙権も否定される。[36]

法律の制定や政治に参加することが期待されているのは、「第三身分とは何か」においては、「第三身分の中の自由な階層（les classes disponibles）である。[37]」七月草案においては、納税者である「能動的市民」のみが参政権を認められる。一七八九年九月七日の演説で命令的委任の禁止が定式化され、[38]代表者は有権者から独立して活動する。

このように、自然権論の採用と対応して、人権の具体的確定から民衆が排除され、それは有産者市民によって独立してなされる。自然法論に基づく人権の具体的確定は、それによって利益を受ける市民によってなされる。

以上の要点をまとめると、①シエースは人間の欲求と自由に根源的な価値を置いている。②それを人権の自然権的構成によって実現しようとする。③その結果、人を支配する不平等な所有が正当化される。④主権は自然権によって拘束され、人権の具体的なあり方の決定から民衆は排除される。

2　ルソーの人権論

(1)　生命と自由

一般意思の優越を強調するルソーも、人間の自由な生存に基本的な価値を置いている。「社会契約論」第一篇第一章は自由に関する有名な文章から始まる。「人間は自由なものとして生まれたが、しかもいたるところで鉄鎖につながれている。他の人々の主人であると信じている者も、やはりその人々以上に奴隷なのである。このような変化がどうして起こったのか。私には分からない。それは何によって正当化されうるのか。私はこの問題なら解くことができると思う。[39]」人間の自由が問題の出発点に置かれている。

奴隷制について論ずる中で、自由を放棄することは、人間としての資格を放棄することであるとする。「自分の自由を放棄することは、人間としての資格、人間の権利、さらにその義務をさえ放棄することである。すべてを放棄する人には、どのような補償もありえない。このような放棄は人間の本性と両立しない。[40]」自由を人間にとって本質的なものとしている。

『人間不平等起源論』において、従来の自然法論者は社会における観念を自然状態の中に持ち込んでいると批判する。[41]その上で、孤立の状態として描かれた「自然状態」において、人間の最初の配慮は自己保存の配慮であるとする。「人間の最初の感情は自己生存（son existence）の感情であり、最初の配慮は自己保存（sa conservation）の配慮である。[42]」人間の生存を、考えるべき最初の問題とする。

さらに、自分の自由を放棄できるとするプーフェンドルフを批判して、次のように述べている。「所有権は合意と人間の制度によるものにすぎないから、人間は皆、自分の所有する物を随意に処分することができる。しかし、生命や自由というような、自然の本質的な贈り物に関しては、同じようにいかず、それらを各人が享受することは許されているが、放棄する権利があるかどうかは、少なくとも疑わしい。……それらを捨てることは、同時に自然と理性に反するものであろう。[43]」財産と異なり、生命や自由を放棄することはできないとする。

ルソーが、人間にとって本質的なものとして、自由な生存を議論の出発点に置き、それに根源的な価値を認めていることは明らかである。このような根源的価値を実現するために、社会契約を結ぶ。従って、そこから生まれる人民主権・一般意思が、自由や生命を破壊することは背理である。しかし、自由な生存を確保するために、自然権の構成をとったであろうか。

(2)　自然法論の不採用

ルソーを自然法論者とする代表的な議論は、ドゥラテによって行なわれている。その主たる論拠は、以下のような点である。①ルソーを批判する法律家達に対する一七五八年一〇月一五日の手紙の中で、自然法の権威を主権者に優越するものと認めている。「『ある国家に、主権者の権威よりも上位の権威を認めるか。』私はそれについて三つだけ認めます。第一に神の権威、次に人間の構造に由来する自然法、そして地上のすべての王より強い、誠実な心を持つ名誉の権威です。[44]」

②『社会契約論』第二篇第四章「主権の限界について」の中で、自然権の尊重を主張している。「市民達が臣民として果たさねばならない義務を、人間として享受するに違いない自然権（droit naturel）から区別することが重要である。[45]」

③社会契約が意味を持つためには、それが遵守されなければならない。約束尊重の義務が論理的に先行するはずである。その意味で、約束を守るということは、社会契約に先行する自然法ということになる。「このように社会契約説は自然法の観念の否定と両立できないのである。[46]」

そして、デル・ヴェッキオを引用して、次のように結論づける。「自然権は、すべてその実体を完全に維持しながら、市民的権利に転換されるのである。」(47)

以上のような理解については、西嶋法友による批判が当てはまると考える。①主権者に対する自然法の優越という議論は、アンシャン・レジーム下の現実の君主権力に対する批判として行なわれている。このような場合には自然法の観点をルソーは強調するが、自己の社会契約説の枠組みにおいては、問題は、社会契約に基づく法の中でとらえられる。レオンも言う。「その本性からして法の創造ではない権威に、それら（三つの権威——浦田）が権力に課されたくつわとして考察され得る。だがわれわれがそれらをルソーの思想の枠組みの中に戻すならば、それらは一切の法……の要素となるのである。」(48)

②自然権の尊重についての発言にも、以上のことにかかわる問題が含まれている。ルソーは、ここでいう自然権尊重の趣旨を、一部譲渡と主権の制限によってではなく、全部譲渡と主権の優越によって実現しようとしている。主権に対する自然法の拘束を主張しているわけではない。(49)

③ルソーに「自然的正義」論から「協約による正義」論への転回が見られる。社会契約によって全員の最大限の善が追求され、そのことによって契約の遵守という正義が生まれるのである。「ジュネーヴ草稿」の中でルソー自身が発言している。「法が正義に先行するのであって、正義が法に先行するのではない。」(50)

以上の点から、ルソーは結局自然権的構成を採っていないと考える。生命と自由に根源的な価値が認められ、その実現のために社会契約、人民主権、一般意思が考えられる。この点は、ルソーがそれまでの自然法論から積極的に引き継いだものと言うこともできるであろう。しかしながら、生命と自由という根源的な価値を実現するために、自然権として一定の自由を予め主権行使の限界の外に置くという、自然権的構成は採らなかった。(51)

(3)　人権の構成の仕方

自然状態において危うくなった生命と自由の保障を求めて、社会契約が結ばれる。社会契約において、「我々各人は、自己の人格とすべての力を共同にして、一般意思の最高指揮の下に置く。そして、我々は、全体の不可分の一部として、各構成員を一体のものとなるように受け取る。[52]」そこで行なわれるのは、全部譲渡である。従って、社会のあり方を自然なものとして前提にしたままで、政治権力のみが形成されるのではなく、社会契約によって社会から構成し直される。そのことによって、新しい社会と政治権力が形成される。

全部譲渡論を通して、個人の自己保存と国家の自己保存が結び付けられる。「もし国家または都市（la Cité）が一つの法人格（une personne morale）であり、その生命が構成員の結合にあり、その配慮のうちで最重要なものがその（法人格の）自己保存（sa propre conservation）の配慮であるならば、全体にとってもっとも適当なやり方で、各部分を動かし調整するために、普遍的な強制力が必要である。自然が各人の体のすべての部分に対する絶対的な権力を与えているように、社会契約（le pacte social）も政治体にすべての構成員に対する絶対的な権力を与えている。この権力こそ、一般意思によって指揮され、……主権と呼ばれるものである。[53]」各個人の権利は、絶対的な権力である主権の規律を受けるものとして成立する。

しかし、この規律は個人と国家の自己保存のために認められるものであるから、それに必要な範囲という限界を有する。「各人が社会契約によって各人の力、財産、自由のうちから譲渡するものは、全部を合わせても、その使用が共同体にとって重要である部分に過ぎないと認められている。[54]」従って、共同体にとって必要でない部分については、個人の権利が確立する。「主権は、どんなに絶対的で、神聖で、不可侵であっても、一般的な協約（conventions générales）の限界を越えないし、越えることもできず、すべての人は、財産と自由の内でこの協約によって自分に残されたものを、完全に処分することができる。[55]」全部譲渡の体制の下でも、個人と国家の自己保存と適合する範囲で、個人の権利が成立する。

個人は自然的自由を失う代わりに、市民的・社会的自由を獲得する。「人間が社会契約によって失うもの、それは彼の自然的自由と、彼の欲望を誘い、彼が手に入れることができるすべてのものに対する無制限の自由である。彼が獲得するものは、市民的自由（la liberté civile）と、彼が持っているすべてのものに対する所有権である。この埋め合わせについて思い違いをしないためには、個人の力以上に限界を持たない自然的自由と、一般意思によって制限されている市民的自由をはっきり区別する必要がある。[56]」主権によって制限されない自然的権利ではなく、主権によって規律される社会的権利が成立する。

(4)　所有の社会的再構成と人民による決定

ルソーの議論の特徴の一つは、人権論において所有に大きな関心が向けられ、所有の自然権的保障が自由な生存を不可能にしていると見る点である。自然状態の初期から見ると、豊かな自然の中では、自己保存のための意識的な労働は必要がないようである。[57]しかし、人間の数が増えると、苦労が増大する。人間の間の相互交流が始まり、生存のために労働の必要が生じ、それに伴なって所有が生まれる。所有の起源について明確な記述はないが、最初の所有は労働に基づくもののようである。[58]従って、このような生存のための所有は、自己保存にとって必要であり、自己労働によるという限界が一般的に認められると考えられる。[59]

「所有から恐らく多くの争いや闘いが生じた[60]」というように、労働による所有も人間にとって苦労や不幸の始まりとして描かれる。さらに、社会生活が進み、人間が変質すると、所有が自己保存や自己労働から離れ、不平等が発生する。ルソーは、人間の不幸の源泉としての不平等について、その起源を探り、それが自然法によって正当化されるかという問題に答えるために、『人間不平等起源論』を執筆する。所有権を自然権として構成することは、不平等と不幸を固定化することになると考えられている。

そこで、自由な生存の回復のために、社会契約と一般意思に基づく、所有の再構成が必要になる。生命と自由の維持・実現のためには、所有権の基礎が不可欠だからである。「所有権は市民のあらゆる権利のうちで最も神聖なものであり、ある点では自由それ自身よりも重要であることは確かである。というのは、それは生命の維持に深くかかわりを持っており、また財産は人身以上に侵害することが容易であり、護ることが困難であるので、容易に奪われうるものほど、尊重されなければならないからであり、結局、所有は市民社会の真の基礎であり、市民間の約束の真の保証人であるからである。」[61] そのためにこそ、ルソーは不平等な財産所有の自然権的正当化を行なうのではなく、生命と自由の保障のために所有の社会的構成を行なう。

極端な財産の不平等は、自由な生存を不可能にする。「富に関しては、どのような市民も他の市民を買えるほど富裕ではなく、どのような市民も身売りを余儀なくされるほど貧困であってはならない」[62]。そこで、極端な不平等の防止が政府の仕事となる。「財産の極端な不平等を防止することは、政府の最も重要な事業の一つとなる。それは、財産を所有者から取り上げることによってではなく、それを蓄積するすべての手段を取り除くことによって、また貧困者のために救貧院を建てることによってではなく、市民が貧困にならないように保障することによって行なわれる。」[63] ここで批判されている財産の極端な不平等は、アンシクロペディストと異なり[64]、封建的特権にとどまらない。封建的特権が排除されても、残り増大する不平等が問題にされている。ルソーは財産の極端な不平等の防止を理念として主張しているが、私有財産制の廃止や小所有の固定を要求しているわけではなく、所有権の社会的再構成の具体的内容は特定していないように思われる[65]。しかし、所有権が人民主権、一般意思に依存し、社会的に再構成、規制されるものとされていることは明らかである。

社会的に再構成された所有権によって、市民の生命と自由が回復、維持され、そのようにして、基本的利害について一致し、自律した市民によって、人民主権の実現が可能となる。財産の極端な不平等を正当化し、市民の生命と自由の実現を不可能にしていた自然権論は、ルソーにとっては批判の対象となる他なかった。

もう一つの議論の特徴は、人権のあり方について人民自身の判断が要求されている点である。人間の生命と自由、あるいは自由な生存のために、社会契約が結ばれ、国家形成がなされる。従って、社会契約や人民主権には生命と自由の尊重という目的による拘束が存在することになる。(66) 従ってまた、既に引用した文章が示すように、主権の規律を受ける権利の範囲も限定されている。「各人が社会契約によって各人の力、財産、自由の内から譲渡するものは、全部を合わせても、その使用が共同体にとって重要である部分に過ぎないと認められている。」

しかし、それに続けて言う。「しかし、主権者だけがその重要性の判定者であることも認めなければならない。(67)」主権の規律を受ける権利の範囲の確定は、主権者人民が行なう。人間の生命と自由の実現のために、所有の扱いを含めて、何をすべきかは、主権者人民の決定、自律に任せられている。社会の中で自由と生命を享受すべき人民自身が、その実現方法を決定する。ここでは、市民の自律から、その集合体である主権者人民の自律を帰結する基本的な論理が貫かれているように思われる。

ルソーの人権論について、重要な点をまとめると、①人間の生命と自由に根源的な価値が置かれている。②生命と自由を実現する上で、人権の自然権的構成はその障害になる。③生命と自由の実現のために、所有の社会的再構成が図られる。④人権のあり方の具体的内容は、主権者人民が決定する。

3　まとめ

シエースは「欲求」や「自由」と言い、ルソーは「生命」や「自由」と言うが、どちらも人間の自由な生存に根源的な価値を置いているということができる。人間の自由な生存に根源的な価値を置く態度は、近代の個人主義的な思想にとって共通なことと言ってよいであろう。シエースは労働による所有論によって人権を体系的にとらえ、ルソーは所有を「市民社会の真の基礎」とする。どちらにとっても、自由な生存を実現する上で、所有論は決定的な重要性を持っている。

論者の国家のあり方は根源的な価値によって拘束を受けるが、そのことは人権の自然権的構成を必然化するものではない。根源的な価値の実現の仕方には、多様なものがある。

シエースは、「排他的所有」＝私的所有を含む一定の自由を自然権として構成し、ロック、フィジオクラット、アンシクロペディストなどと共に、一部譲渡の立場に立つ。ルソーは、有力な異説があるが、自然権論を採用しなかったと考えられ、代表的な全部譲渡論者となる。シエースの場合、排他的所有が自然権とされるので、「手段の不平等」も自然なものとして放置される。その結果、「救済を受ける権利」の補完があるが、所有は生存の欲求から独立する。ルソーにおいては、生命と自由の実現のために、救貧院を必要とするような極端な不平等が発生しないように、所有の社会的再構成が要求される。しかし、その内容は特定化していない。人権を自然権としてとらえるかどうかの中心的問題は、自由な生存と所有の関係をどうとらえるかの問題である。

自由な生存に根源的な価値が置かれる以上、それによって主権は拘束されると言いうる。しかし、拘束の具体的内容の確定、言い換えれば人権の具体的な構成の仕方の問題が残る。ルソーのように、人権の自然権的構成を採らない場合、人権の具体的なあり方の決定は主権者人民が行なう。自然権的構成によるシエースにおいては、万能の国民も自然法の拘束に服し、人権の具体的なあり方の決定から国民を排除する論理が採られる。その決定は法律によって行なわれるとされるが、「受動的市民」論による参政権制限、命令的委任の禁止による代表者の独立、「信任・名士名簿」による選挙の廃止などによって、実際の法律の制定は、民衆を排除して、有産者市民によって行なわれる。人権を自然権として構成することは、国家権力から国民の、多数者市民から少数者市民や市民個人の、自然権的人権を保護すると共に、人権のあり方の決定から民衆を排除する意味を持ちうる。

シエースは労働による所有論を基礎に置いて、人権を自然権として構成する。この議論はアンシャン・レジームに対する革命と共に民衆革命に対する反革命の立場を表わしている。資本の本源的蓄積を可能にすると共に、資本主義の本格的な展開にも対応できる基本的な構造を備えたブルジョワジーの論理と言うことができる。

二 シエースの憲法制定権力論

シエースは、「第三身分とは何か」において、憲法制定権力（pouvoir constituant）と、憲法によって作られた権力（pouvoir constitué）を区別し、憲法制定権力の超実定性を強調した。憲法制定権力論の形成にスピノザ、ロック、モンテスキュー、アメリカ諸州の憲法制定などがそれぞれ貢献しているが、憲法制定権力論を定式化したのはシエースである。シエースの名前は通常、憲法制定権力と共に知られている。

彼は、「第三身分とは何か」の前に、「見解」の中で憲法制定権力論を出し、後の共和暦三年の演説や共和暦八年の憲法構想においても、これに関わる議論を展開しており、生涯この問題に関心を持っていたと言うことができる。彼は「主権」（la souveraineté）という言葉の使用を避けているので、彼の主権論の研究は憲法制定権力との関わりで行なう必要がある。また、憲法制定権力を自然権の拘束に服させているので、憲法制定権力の検討によって彼の人権論と主権論の関係を見ることができる。さらに、彼の場合、憲法制定権力との関わりで、立法、憲法改正、違憲審査などの統治機構の重要問題について議論を展開している。以上のような理由から、憲法制定権力に焦点を合わせて、彼の主権論・統治機構論を分析してみることにする。(68)

1　憲法制定権力の前提

「憲法は各部分において、憲法によって作られた権力の作品ではなく、憲法制定権力の作品である。(69)」従って、憲法を制定する権力は、憲法を始めとするすべての実定法の上にあり、憲法制定権力とそれを行使する国民の超実定性が強調される。「国民はあらゆる手続から独立している。そして、国民がどのような方法で意思決定しようとも、その意思が現われさえすればよい。すべての実定法は、その源泉であり最高の主人の前にいるように、国民の前で効力を失う(70)」。このように憲法制定権力の超実定性を強調するが、この議論は一つの憲法論である。「第三身分とは何か」において、シエースはアンシャン・レジームに対する革命を主張したが、それを政治的・社会的革命の形ではなく、憲法制定権力論という法的議論の形で行なった。

それは第一に、アンシャン・レジームに対する革命において、憲法問題が存在していたからである。一七八八年九月二五日、パルルマンは全国身分会議に関して従来通りの開催方法の採用を決定した。従来の方法によれば、①第三身分の代表者は第三身分出身者である必要はなく、実際はほとんど特権身分の出身者であった。②各身分は同数の代表者を出していたので、貴族身分と僧侶身分を合わせた特権身分の代表者の数は、第三身分の代表者の数の二倍であった。③身分毎に投票が行なわれていたので、第三身分の要求は常に一対二で退けられてきた。

それに対する第三身分の主張は、「第三身分とは何か」の中にまとめられている。①第三身分の代表者は第三身分出身者であること（「第三身分とは何か」三章一節）。②第三身分の代表者の数は特権身分の代表者の数と同じであること（二節）。③投票は頭数で行なわれること（三節）。全国身分会議の従来通りの開催方法は実定憲法を構成すると考えられ、その拘束の下では第三身分の要求の実現は不可能であった。アンシャン・レジームに対する革命にとって、国政に関する意思決定方法をめぐる憲法問題を避けて通ることはできなかった。

実定憲法の存在をシエースも認識している。「今日、我々は憲法を持っているばかりではなく、それが特権身分の憲法だと考えられるにしても、それは、素晴しい非の打ちどころのない二つの規定を含んでいる。第一は身分による市民の区別であり、第二は国民意思の決定における各身分の力の平等である。既に十分に論証したように、これらのことが我々の憲法を構成しているとしても、国民は常にそれらを変更することができる。[71]」「素晴らしい非の打ちどころのない」規定と皮肉を言った後で、この憲法を「偽の憲法」（la fausse constitution）と呼んでいる。[72] 偽の実定憲法が定める手続に拘束されずに、国民は意思決定できるとし、革命を主張する。

第二に、憲法制定権力という法的議論の形で革命を主張したことは、シエースの場合同時に民衆に対する対抗という意味と結びついていたのではないか。憲法制定権力論という憲法論によって、結局議論を特別代表としての議会の場に設定し、しかも、特別代表を選出する市民の範囲から実質上民衆をほとんど排除している。当時、第三身分の様々な要求が陳情書にまとめられていたが、シエースは民衆の社会的要求を議会に反映する立場には立っていない。小さい頃から教会の中での生活しか知らず、平民出身として相当出世した地位である司教総代理になっていた彼は、そもそも民衆との接触を全く持っていなかった。そして、特別代表を舞台とする政治の世界では、「第三身分の中の自由な階層」の活動に期待を寄せている。

革命の内容についても、「第三身分とは何か」が検討しているのは、その冒頭の問題提起が示しているように、「政治的秩序」における第三身分の地位である。[73]「我々がここで第三身分について考察しなければならないのは、その市民的地位においてよりも憲法との関係においてである。全国身分会議における第三身分の地位について見てみよう。[74]」他方で、特権身分が持つ経済的利益も、自然権としての所有権ととらえられている。[75] 変革の対象が政治的特権に限定され、ブルジョワジーと特権身分が民衆に対抗しつつ、所有者階級として提携する可能性が示唆されていると言うことができる。

憲法制定権力論の形をとった憲法論によって、アンシャン・レジームに対する革命を遂行しつつ、民衆革命の発生を警戒するブルジョワ革命論が展開されている。大きな社会変革の構想の中に憲法論を位置づけるのではなく、憲法論の中で変革を制御しようとしている。このような形で、憲法制定権力論という憲法論として、変革の問題を設定したこと自身に、シエースの立場が表われていると言うことができる。

2　憲法制定権力の主体

(1)　憲法制定権力の主体としての国民

憲法制定権力の主体は「国民」(nation) とされており、シエースの場合本来国民のみである。人間の欲求と自由に根源的な価値が置かれるが、「手段の不平等」の成立の下で、「権利の平等」の確保を求めて、人は社会状態に移行し、憲法を制定するとされている。「国民は社会結合参加者の全体である。[76]」権利主体の集合体が、権利保障のための国家のあり方を定める憲法を制定する権力を、持つとされているのである。「自己の利益を考慮し、法を審議、制定する権利を奪われた市民は、奴隷とみなされても当然であろう。従って、自己の利益を考慮し、法を審議、制定する権利は、必然的に国民に帰属する」[77]。

意思決定は、第一期には個人意思によって、第二期には共同意思によって、第三期には代理による共同意思によってなされる。「憲法は第二期に生まれる」[78]が、そのあり方を決める共同意思は、個人意思を出発点に置いている。「国民の意思とは何か。国民が個人の集合体であるように、それは個人の意思の結果である。」[79]「政治社会は構成員の全体でしかありえない」[80]のである。従って、第三期においては代理による共同意思によって意思決定がなされるが、国民＝共同体は意思決定権を失うわけではない。「共同体は意思決定権を失うわけではない。それは共同体の不可譲の財産である。共同体はその権利の行使を委任することができるだけである」[81]。

君主や特権身分のような、国民以外の者が、憲法制定権力の主体になることはありえない。人権の主体である市民の集合体としての国民のみが、憲法制定権力の主体になることができるとされているのである。人民主権の論理形式が採られているということができる。

「第三身分とは何か」によれば、「国民とは何か。共通の法の下で生活し、同じ立法府によって代表される等の構成員の団体である。」[82]その意味で、特権身分は特権によって一種の外国人となっているのに対して、第三身分は国民生活に必要な労働を担っている。従って、第三身分のみが国民である。「第三身分は、国民に属するものをすべて含んでおり、第三身分でないものはすべて、国民のものとみなすことができない。第三身分とは何か。すべてである」[83]ということになる。「見解」に対して「第三身分とは何か」は、反王権から反特権に論理の焦点をしぼる。

以上のような点からすると、憲法制定権力の主体としての国民は具体的に把握されているように見えるが、実際には観念化、抽象化する傾向がある。「政治社会は構成員の全体でしかありえない」とされるが、それは特権身分の排除のために言われているのである。特権身分は特権によって政治社会の構成員には入らないということなのである。

憲法制定権力の行使主体として、市民の全体が具体的に構想されているわけではない。

実際に問題になる意思決定の第三期において、共同体は意思決定権の行使を委任するだけであって、意思決定権自体は保持するとされている。しかし、結局意思決定権は代表者によって行使されるのであって、国民による意思決定権の行使は認められていない。国民が行なうことは意思決定権の委任のみであり、国民は委任の主体として論理的に想定されているに過ぎない。

「国民の意思は……個人意思の結果である」とされているが、これも同じことである。少数者である特権身分による意思決定を否定し、多数者である第三身分による意思決定を要求しているのである。特権身分による意思決定を少数者による意思決定として批判するためには、個人意思から議論を組み立てることが不可欠である。その限りで個人意思が論じられているに過ぎない。

「第三身分とは何か」において、国民の意識的な観念化、抽象化が行なわれているわけではないが、国民は特権批判のための論理的構成物となっており、実質的には観念化、抽象化の傾向を持っていると言うことができる。後の時期の議論において、主権主体の観念化、抽象化が進められる。受動的市民論を展開した七月草案では、参政権の行使から完全に排除された受動的市民も、国民に含めて観念されている。

一七八九年九月七日の演説では、命令的委任が明確に禁止される。「王国の全市民の議員が、国民全体の意思に反して、一選挙区または一市町村の住民だけの希望を聞くことを望んではならない。従って、議員にとって国民の希望以外に命令的委任や実在の希望すらないし、またありえない。直接の選挙人の勧告が国民の希望に一致する場合を除いて、議員はその勧告に従うべきものではない。もしこの希望が国民議会自身の中にないとしたら、どこにありうるのであろうか。(84)」ここでは、国民の意思は議員の判断の中にあるとされ、最終的には議会の中にのみ観念的に存在するとされているのである。

共和暦三年の演説において、代表制の性格について説明されている。「社会には一つの政治権力しか存在せず、それは結合の権力である。この唯一の権力がいろいろな代表者に与える様々な代理権が、不適切に諸権力と複数形で呼ばれることがある。……人民のために公務を執行するすべての者は、任務を与えられていれば人民の代表者であり、与えられていなければ権力簒奪者である」[85]。代理権を与える「唯一の権力」や、公務執行の目的となる「人民」は、それらの具体的な形成方法が問題になりえない観念的なものである。

共和暦八年の憲法構想の中では、「人民主権」（la souveraineté du peuple）原理を支持しつつ[86]、その人民について次のように述べる。「人民とは何であろうか。単に分散し、混乱し、関係を持たず、無条件で、存在の統一性のない、多少とも多人数の個人の集まりのことであろうか。恐らくそうではなく、それは我々を野蛮状態に導くことになろう。人民は、人民あるいは政治体になるために、自己の欲求と利益に最も適合したやり方で生活し活動するように、組織される必要がある。人民には、単一である意思と、同じく単一である力が必要である。このことによってこそ、人民は真に主権者となる。というのは、その主権とは、結合された意思と力以外の何ものでもないからである。それによって人民が自己に規範を課し、立法権を構成する意思と、それによって人民がこれらの規範を執行させ、同様にして執行権を構成する力が、それである。結局、人民には公的組織が必要なのである[87]。」人民に主権があるとされながら、その主権は市民の集合体から切り離され、立法権や執行権からなる公的組織の意思と力の中に見だされる。

このような主権主体の抽象化、観念化の動きは、実定憲法における主権主体に関することが多いが、この動きとつながるものが、「第三身分とは何か」の中にも見ることができる。

憲法制定権力の主体とされる国民が、特権批判のための論理的構成物として、実質的に観念化、抽象化する傾向を持つと同時に、「第三身分の中の自由な階層」(les classes disponibles)」という具体的な主体がイメージされている。「第三身分の中の自由な階層のことを考えて欲しい。ある種の余裕のおかげで、自由な教育を受け、理性を磨き、つまり公共の問題に関心を持つことができる人々の階層を、他の人々と同じように、私は自由な階層と呼ぶのである。この階層は人民の他の部分と異なる利益を持っていない。この階層に、教養があり、正直で、あらゆる点において国民の優れた代表になるにふさわしい市民が、十分にいないかどうか見て欲しい(88)」。

他方で次のような部分が参政権の制限を受ける。「召使や、主人に従属するすべての者」が被選挙権を持たないことは、年令制限のように当然視されている(89)。さらに、参政権の政治的制限も考えられている。「始めの二つの身分に余りに従属している第三身分の人間が、平民の信任を受けるということは、絶対に許されない(90)。」また、「始めの二つの身分に属する財産の小作人」は、同様の観点から投票権も否定される(91)。結局、全体として民衆のかなりの部分が政治主体から外される。

「第三身分とは何か」においては、特権批判に焦点が合わせられているので、民衆排除の制度化は明確には行なわれていない。しかし、既に「見解」の中で納税者株主論が出され、納税による参政権制限が主張されている(92)。そして、このような参政権制限が七月草案において「受動的市民」論として定式化される。「一国のすべての住民は受動的市民の権利を享受すべきである。すべての者は自己の人格、所有権、自由その他のものの保護を求める権利を有するが、すべての者が公権力の形成に能動的に参加する権利を有するわけではない。女性——少なくとも現状においては——、子供、外国人、公的組織の維持に何の貢献 (contribuer) もしていない者は、公共の問題に能動的に影響を及ぼすべきではない。すべての者は社会の利益を享受することができる。公的組織に貢献する前者のみが、社会的大企業の真の株主に当たる。彼等のみが本当の能動的市民、結合体の本当の構成員である(93)」。

「一七八九年七月にパリ市に適用されるべき、憲法に関する若干の見解」の中で、具体的な制限選挙構想が示されている。そこでは、三リーヴルの任意税を払うことが、能動的市民の資格とされている。(94) 被選挙資格としては一二リーヴルの納税が要求されている。(95) 政治主体からの民衆の排除はシエースの基本的な態度である。

憲法制定権力論が体系的に展開された「第三身分とは何か」において、その主体である国民は、人権主体としての市民の集合体、すなわち政治社会の構成員の全体とする論理形式が採られている。しかし、それは特権批判のための論理的構成物となっており、実質的には観念化、抽象化の傾向を持っている。その半面、具体的主体として「第三身分の中の自由な階層」＝ブルジョワジーがイメージされている。

シュミットの場合、憲法制定権力の主体として神、国民、君主、少数者の組織が挙げられており、(96) 主体は国民に限らない。「国民」(Nation) は「自己の政治的特性を意識し政治的実在への意思を有する政治的行動能力ある統一体としての人民 (Volk)」とされる。(97) それは、議会によって代表されることも、自身で決定することも論理的にありうるものとして論じられている。(98) 自身で決定する方法はともかく、自身で決定する論理的可能性は論じられているので、シュミットの国民は抽象的、観念的なものと限られているわけではないように思われる。

(2)　憲法制定権力に対する自然法の拘束

シエースは欲求と自由に根源的な価値を置いた上で、自然法の下で、所有権を中心とする一定の人権を自然権としてとらえる。従って、憲法制定権力や国民も自然法や自然権の拘束を受ける。憲法制定権力や国民の超実定性は、それらに対する自然法や自然権による拘束を前提にしている。(99)

自然法の内容については、七月草案において最もよく説明されているので、これを中心にして考察してみることにする。「人的所有」を出発点に置く自然権は、(100) すべての人間に保障され、そのことは「権利の平等」として定式化される。権利の平等は、「第三身分とは何か」の中心的な論点である特権批判を帰結する。

そして、権利の平等の原理が適用される「自然的・市民的権利」は、「その維持と発展のために社会が形成される権利」であり、「受動的権利」と呼ばれる。(101) これらの権利は、「一国のすべての住民」である「受動的市民」によって享受される。自然的・市民的権利の保障という、社会的結合の目的について、市民の間に意思の一致が見られる。「社会秩序は必然的に目的の統一と手段の一致を想定する。政治社会は構成員の全員一致の意思の産物である。(102)」このような論理系列の上に、人権の主体である市民の集合体としての国民が、憲法制定権力の主体になることが想定される。

それに対してシエースには別の論理系列も存在する。「労働に対する所有」とその「続き」としての「物的所有」には、実際には「手段の大きな不平等」が存在するが、それは自然なものとして放置される。不平等な物的所有の擁護の下で、所有権として再構成された物的・経済的特権の容認も見られる。

「政治的権利は、それによって社会が形成される権利」であって、「能動的権利」とされる。「公的組織に貢献する」「能動的市民」のみが、この権利を有する。このことは手段の不平等の承認に対応するが、権利の平等には反しないと考えられている。「政治的権利の平等は市民的権利の平等と同様に神聖(103)」であり、身分を理由とする政治的権利の差別は拒否されているからである。権利の平等に基づき、誰でも所有する資格が与えられており、従って、納税することによって、能動的市民になる資格も認められていると考えられているようである。

社会的結合の目的について市民の間で意思の一致が見られると想定され、「自由な階層」は「人民の他の部分と異なる利益を持っていない(104)」とされる。そこで、多数決による手段の決定でも「一種の間接的な全員一致」があるとされ、実際には能動的市民という少数者による決定への服従が、国民に対して求められる。このような論理展開の可能性は、憲法制定権力を最も体系的に説明した「第三身分とは何か」においても、既に見てきたように、示唆されている。

憲法制定権力の主体としての国民を自然法の拘束の下に置くシエースの議論は、人権の主体である市民の集合体としての国民のみが、憲法制定権力の主体になることができるとする論理形式を取る。そのことによって、君主や特権身分が憲法制定権力の主体となる可能性が否定される。しかし、実際には、排他的所有を自然権に含めることによって、人間の自由な生存から所有を切断しつつ、人権の具体的なあり方の決定から民衆を排除する結論が出される。

憲法制定権力に対する自然法の優越を否定する議論が、後に出現するようになったが、その一つは一九世紀における法実証主義である。そこではそもそも憲法制定権力論が行なわれない。考察の対象を実定法に限定する法実証主義においては、超実定的な憲法制定権力論が行なわれないのは当然であった。また、実定法の基礎にある価値の考察も行なわれない。

実定法の基礎にある価値の考察を放棄し、考察の対象を実定法に限定する態度は、実定法の基礎にある価値を肯定し、それ以外の価値の探求を排除する実践的な立場と結合していた。ドイツにおいては自然法を排除しようとする姿勢が強かったが、フランスでは自然法を内在化したものとして実定法を見る傾向があった。[105]後者の場合には、革命期に自然法論によって追求されたのと同じ価値を、固定化する意味を持ったということができる。[106]

憲法制定権力に対する自然法の優越を否定するもう一つの議論は、自然法を排除した上で、憲法制定権力論を展開するシュミットのものである。憲法を基礎づける規範的なものの存在を否定する。「憲法は、内容が正当であるために妥当するところの規範に基礎を置くのではない。憲法は、自己の存在の態様と形式についての、政治的存在から出てくる政治的決定に基づいている。『意思』という言葉は、――規範的または抽象的な正当性に依存するようなものでは全くなく――妥当根拠として本質的に実存するものをいい表わす。[107]」

シエースを引いて、憲法制定権力が自然状態にあることを強調する。「意思の執行については何らの手続規定もありえないのであり、政治的決断の内容についても同様である。『国民が欲するということで足りる』。シェイエースのこの命題はこの事象の本質を最も明確にいい表わしている。憲法制定権力は法形式や手続に拘束されることなく、それが譲りえない特性をもって現われるときは、『常に自然状態に』あるのである。[108]」シエースは自然法の優越を前提にしているが、シュミットはその点を無視した上で、シエースを引用している。憲法制定権力が自然状態にあることは、シエースにおいては、自然法に反する実定法を超えて、自然法に適合する秩序を樹立するために言われている。同じことが、シュミットによって、自然法を含む規範による拘束を否定するために述べられているのである。

シエースの場合、憲法制定権力は自然法の拘束を受けているので、その主体も抽象的には「国民」に、具体的には「第三身分の中の自由な階層」に確定される。それに対して、シュミットは、規範的なものの存在を前提にしないので、主体は限定されない。

憲法制定権力に対する規範的なものによる拘束の完全な放棄は、シュミットの場合には、立憲主義を排除しつつ、資本主義を危機から防衛することを可能にするという、具体的な意味を持った。

他方、憲法制定権力に対する法的制約を肯定する議論が、現在では有力である。ハウク、シンドラー、ケーギなどのチューリッヒ学派[109]や、前文で憲法制定権力に言及しているボン基本法を有するドイツにおける、マウンツ、ヴィントリッヒ、シュテルンなどが[110]、それである。フランスでも、憲法制定権力に関する代表的な研究者であるビュルドーも、同様の主張を行なっている。「法は国家に先行する」という立場から、憲法制定権力は「法の理念」を前提にした「法的権力」であるとする。[111][112]

これらの流れに従いつつ、芦部信喜は憲法制定権力に対する法的制約を肯定する。憲法制定権力は「実定法秩序の前に存在する」が、憲法制定権力の「存在と通用そのものの前提であり、それを支える個人権の思想」を否認することは許されないとする。[113]「個人権、その中核的な価値内容を形成する人間人格不可侵の原理は、近代憲法の基本的価値を表示する根本規範である」とする。そこには、「憲法は国家権力を制限し、自由な人間による自由な社会の価値、社会国家的要素によって補完された民主法治国家の法の理念を維持し実現する規範の体系であり、市民の自由の保証人である」とする憲法観が存在する。根本規範の具体的内容は時代によって変化するが、その基本原則は「人間価値の尊厳という一つの中核的・普遍的な法原則に帰一する」[114]と主張する。そこでは、ホセ・ヨンパルトの議論を引用しつつ、「実定法に内在するものとしての自然法」[115]という考え方がとられている。[116]

ここで言われている「人間人格不可侵の原理」や「人間価値の尊厳」は、ルソーにおける生存と自由や、シエースにおける欲求と自由という根源的価値に、抽象的には対応すると考えることができるであろう。これらは、憲法制定権力論を始め、あらゆる憲法論の出発点・前提をなしていると見ることもできる。

しかし、このような根源的価値を出発点に置きながら、シエースは、自然法によって束縛された憲法制定権力を帰結させたが、ルソーは自然法論を採らず、主権を実定化してとらえた。すなわち、人間価値の尊厳は、自然法によって拘束された憲法制定権力を必然化するものではなく、従ってそれを根拠づけることができないと思われる。

シエースについて見たように、自然法によって拘束された憲法制定権力論の下で、根源的価値から独立し、それに反する所有が正当化される。それに伴なって、人権の具体的なあり方に関して、民衆による決定が排除される。そのためにこそ、自然法によって拘束された憲法制定権力という議論が行なわれてきたのである。

これらの問題の検討がなされないまま、具体化された自然法によって拘束された憲法制定権力が語られるとき、シエースの議論と基本的に同様の問題が含まれる可能性がある。その結果、憲法制定権力を拘束する根本規範の内容が、「近代ブルジョワ民主主義憲法の射程内で確認できる特定の、特殊化された憲法意識の諸形態にすぎない」(117) ものになることもありえよう。

市民革命後、自然法によって拘束された憲法制定権力を否定する議論が現われたが、その中で、一九世紀における法実証主義は憲法制定権力論を拒否し、シュミットは自然法を排除した。現在では、自然法や根本規範によって拘束された憲法制定権力を肯定する議論が有力である。それらは、異なる歴史的段階と国における、資本主義擁護の基本的性格を有する憲法論であろう。その点で、シエースの憲法制定権力論と共通した性格を有している。

3　憲法制定権力の性格と手続

(1)　憲法制定権力の性格

シエースの憲法制定権力は、自然法の拘束に服し、従ってその主体も国民に限定される。その意味で、彼の論理においては超実定的憲法制定権力も法的性格を有し、このような特定の内容を有する憲法制定権力によらない国家権力は打倒の対象となり、このような憲法制定権力に基づく国家権力は正当化される。具体的には、特権身分を批判しつつ、人間の自由な生存と切断した排他的所有を確保し、人権の具体的な決定から民衆を排除する。

シュミットの場合、自然法の拘束を前提せず、従って主体は国民に限定されない。そこから憲法制定権力を事実としての実力に基づかせることが可能となる(118)。「憲法制定権力は政治的意思であり、この意思の力または権威により、自己の政治的実存の態様と形式についての具体的な全体決定を下すことができる、すなわち政治的統一体の実存を全体として決定することができるのである(119)」。

このことによって、シュミットは政治・憲法現象を叙述しているわけではなく、実力としての憲法制定権力によって、それに基づく憲法と国家権力を正当化している。この意味で、シュミットの憲法制定権力も、憲法という法を正当化するための概念ということができる。[120] しかも、この憲法制定権力によって、存在するすべての憲法と国家権力が正当化されるので、反革命の支持が可能となる。

自己の主張として、言い換えれば一種の解釈論のレヴェルで、法的概念として憲法制定権力を想定するかどうかは、何らかの法規範を前提に置くかどうかによって決まることである。[121] 憲法科学の問題として、憲法規範の論理構造を認識する場合、憲法制定権力の概念は必要ないように思われる。[122] 憲法制定過程を憲法現象として認識しようとする場合、イデオロギーとしての憲法制定権力論の認識の必要性は当然ある。[123] それとは別に、従来強いイデオロギー的効果を発揮してきた憲法制定権力概念を、分析のための自己の「科学用語」として使用することが、[124] 必要、適切であるかは一つの問題であろう。

勿論、シエースは自己の主張として憲法制定権力論を展開しているのであり、憲法制定権力は自然法の下にあるので、法的性格を有することになる。

(2) 憲法制定権力の行使手続

シエースにとって、憲法制定権力は、超実定的ではあるが法的性格を持った「権力」(pouvoir)である。意思形成の第二期において、個人意思に由来し公衆に属する権力が、憲法を制定する。[125] 憲法制定権力は単に理念ではなく一つの権力である。そして、それは制度の裏づけのない権力ではなく、超実定的なものであるが、それを実現する制度や手続が構想された権力である。しかも、特定の制度・手続が提案されている。

「第三身分とは何か」について見ると、人民主権の形式が採られる。市民の全体が憲法制定権力の主体となるが、特権身分は主体から外される。国民は自分自身で共同意思を行使する代わりに、代表者に権力を委任する。参政権の平等が要求され、多数決原理が採られる。代理権の前提として「自由な普通選挙」が構想され[126]、憲法制定権力を行使するための「特別代表者」(représentans extraordinaires) について、郡―州―全国という選出方法を提案する。「どこから国民を連れてくるか。それがいる所から。すなわち、全領土、全住民、全被治者を含む四万の教区から。そこにこそ疑いもなく国民がいる。二〇ないし三〇の教区からなる郡毎に、第一次議員によって国民が自己形成する方法を容易にするために、領土の分割も考えられよう。同様の考えで、郡から州へ、全国身分会議の組織を決定する特別の権限を持った真の特別代表者を、州が首都に送り出してもよいであろう[127]」。

特別代表者について、議員の意思を人民が拘束する命令的委任の制度が想定されているようにも見える。「国民の意見を聞く権限は誰に属するのか。もし我々が立法組織を持っていれば、その各部分はその権利を有することになろう。なぜなら、裁判官への訴えは常に訴訟人に認められるからである。あるいはむしろ、代理権について説明を求め、新しい権限を必要とする状況について、意見を述べるために、一つの意思の表明者は彼等の委任者に意見を求める義務を負っているからである[128]」。

しかし、実際にはむしろ国民主権に適合的な制度や手続が構想されている。普通選挙が主張されながら、「召使や、主人に従属するすべての者」の他、民衆のかなりの部分が憲法制定権力の主体から排除される。実際には制限選挙が構想されていると見てよいであろう。

国民の人数の増大などの実際的な理由から、共同意思の行使の委任が要求される。従って、原理的には共同体は意思決定権の行使を委任するだけであって、意決思定権自体は保持するとされる。しかし、結局実際には意思決定権は代表者によって行使されるのであって、国民による意思決定権の行使は認められない。国民が行なうことは意思決定権の行使の委任であり、行使と切り離された国民の意思決定権自体は、言葉だけで実質がない。特別代表者についてこのことが明確に言われている。「特別代表者は、国民が進んで与える新しい権力を持つであろう。異常な事態が生まれる度に、必要だからといって、大国の国民が全員実際に集合することはできないから、国民は、このような場合に必要な権力を特別代表者に委任しなければならない(129)」。

命令的委任の構想については曖昧なところがある。前述の特別代表者に関する議論も、命令的委任的思考を背景にしていると見られるが、具体的に意思決定の方法として一般的に命令的委任の制度を提案しているわけではない。もし立法組織が存在すればという、仮定の議論をしているのであり、具体的には、このような議論によって、特別代表者の設立の必要性を主張しているに過ぎない。

結局、特権身分を排除しつつ、民衆不信の上に立って、実質的に制限選挙が採用される。命令的委任の関係は曖昧であるが、結論としては特別代表者が憲法制定権力を行使する。憲法制定権力論において国民の超実定性から特別代表者の超実定性が帰結される。「特別代表者団は国民に代わってあらゆる憲法手段から独立する。……これらの代表者達は、憲法を制定するために、国民の代わりをする。彼等は国民と同様に独立する。個人が自然状態において意思決定するように、彼等は意思決定すればよい。彼等がどのような方法で代表者になろうと、集会しようと、審議しようと、彼等が人民の特別委任に基づいて活動することを無視できない限り（そして、彼等に委任した国民が、どうしてそれを無視することができるであろうか）、彼等の共同意思は国民自身の共同意思に相当するであろう(130)」。特別代表者の超実定性を正当化することがシエースの具体的な目的であり、その理由づけとして国民の超実定性が言われているように思われる。特別代表者の超実定性の基礎づけこそ、彼の憲法制定権力論の具体的な目的である。

特別代表者による憲法制定権力の行使が提案され、実際にはそれのみが許され、それ以外の方法による憲法制定権力の行使は認められない。憲法制定権力の主体から特権身分が排除されるのは勿論、民衆による自主的な憲法制定権力の行使の可能性も断たれる。そして、特別代表者による憲法制定権力の行使においては、「第三身分の中の自由な階層」のリーダーシップが期待されている。特権身分と民衆を排除しつつ、排他的所有権を中心とする自然権をブルジョワジーが保障するために、特定の制度・手続が構想されているのである。

自然法の優越を前提に置き、憲法制定権力の主体は国民とされる。実質的には、自由な生存と切断された排他的所有が正当化され、人権のあり方の決定から民衆が排除される。このような論理が採られる以上、そのことに適合的な特定の制度・手続が構想されるのは当然のことである。

シエースは言う。「地上の諸国民は、社会的束縛の外にある、あるいはいわゆる自然状態にある個人として考えられるべきである。……どのように国民が意思決定をしようと、意思決定しさえすれば十分である。……国民はあらゆる形式から独立している。」[131]このことによって、国民の超実定性が言われている。しかし、「国民は唯一の自然法によって自己形成する」[132]のであり、国民に対する自然法の優越を前提にしている。従って具体的には、自然法に適合する特定の手続が要求され、それに反する手続からの解放が主張される。そのためにこそ手続からの解放が言われているのである。シエースは国民の超実定性を強調するが、具体的には、特定の手続によらない、あるいは何らかの手続によらない意思決定を肯定しているわけではないのである。

シュミットは、国民の超実定性に関するシエースの発言を引いて、「この命題はこの事象の本質を最も明確にいい表わしている」[133]とする。しかし、シュミットは自然法の拘束を否定するので、憲法制定権力の主体は国民に限定されない。国民が主体となるときも、手続に従った意思決定は必ずしも要求されない。また、手続に従って意思表明がされる場合にも、種々の手続が可能とされている。

国民は何らかの方法で意思決定することによって、憲法制定権力を行使することができる。「人民は政治的統一体の実存の態様および形式に関する決定に向けられた直接的な全体意思を、識別の可能な何らかの方法で表現することによってその憲法制定権力を行使する。[134]」従って、何らかの手続・制度によらない意思決定も可能である。「人民の直接的意思表示の自然な形式は集合した多数人の同意または拒否の歓声、喝采（Akklamation）である。近代の大国家においては、あらゆる人民の自然的かつ必然的な生活表現である喝采はその形を変えるに至った。ここでは『世論』として表明されるのである。[135]」意思決定を明確化するためには、手続が必要である。近代の民主制の下では、憲法制定国民会議が一般的に承認された民主的な手続とされているが、それは唯一のものではない。[136]そして、「人民の暗黙の同意ということも依然として可能[137]」とされている。

自然法の否定という、別の前提に立って、シュミットはシエースの命題から別の結論を引き出している。シエースの命題から、ブルジョワ革命の歴史的・具体的意味を取り去り、憲法制定権力論を一般化して、論理的に整理した。しかし、そのことによって、憲法制定権力論が歴史的・具体的には反革命のために機能することを可能にしたと言うことができる。

シエースにとって、憲法制定権力は法的権力であり、特別代表という特定の手続による行使が予定されている。

4　憲法制定権力の超実定性と実定化

(1)　憲法制定権力の超実定性

「憲法制定権力は、憲法によって作られた権力の作品ではなく、憲法制定権力の作品である。」憲法によって規定された権力は実定憲法の拘束を受けるが、憲法制定権力は受けない。

この区別に対応して、憲法制定権力を行使する「特別代表者」(représentans extraordinaires) と、憲法によって規定された「普通立法機関」(la législature ordinaire) である「普通代表者」(représentans ordinaires) が区別される。[138]「見解」では全国身分会議が二つの権力を行使することが構想されていた。「憲法制定権力と、憲法によって作られた権力は、決して混同されるべきではない。しかし、国民の中で特別の代表派遣による憲法制定の大事業の用意ができていない時、次の全国身分会議は二つの権力を併せ持つだろうと考えるべきである」。[139]

「第三身分とは何か」においては、特権批判の徹底と共に、全国身分会議による二つの権力行使の構想はなくなる。「普通国民議会の組織を決定するための特別の代理権を持った特別代表者を首都に送るために、国民を召集すべきであった。私の考えでは、これらの代表者が、自分で決定した憲法に従って、別の資格を持って、その上に普通議会になるための権力を持つことは望ましくなかった。」[140] 組織としても特別代表者と普通代表者は分離される。

憲法制定と憲法改正は分離されず、共に特別代表者が行なう。「特別代表者のみが憲法改正 (toucher à la constitution) と憲法制定 (donner une (constitution――浦田)) を行なうことができる。」[141]

(2)　憲法制定権力の実定化

シエースにおける憲法制定権力の実定化は七月草案から始まる。ここでも憲法制定権力と、憲法によって作られた権力の区別がなされている。[142]「それら (公的組織に含まれる諸権力――浦田) は自分で憲法を制定する (se constituer) ことができなかったので、それらの憲法を変更する (changer leur constitution) こともできなかった。」そのようなことは憲法制定権力によってなされるのであり、憲法制定権力は既存の憲法に拘束されないとして、その超実定性が指摘される。国民は超実定的であるが、自分自身で憲法制定権力を行使する必要はなく、特別代表者にその行使を委任することができる。「彼等 (社会の構成員――浦田) は代表者達に自分達の信任を与えることができるのであり、その代表者達はこの目的のためにのみ集合し、憲法によって規定された権力を何ら自身では行使することができない。」

引き続いて、憲法制定・改正方法を憲法に規定することを提案する。「さらに、憲法のあらゆる部分を制定し改正する（former et réformer）方法を明らかにすることは、憲法草案の第一章の役割である。」結局、七月草案三二条は次のように規定する。「人民は憲法を再検討し改正する権利を常に有する。改正の必要がどのようなものであれ、改正の行なわれるべき一定の時期を定めておくことも、良いことである。(143)」

ここでも、国民の憲法制定権力の超実定性が語られているが、やはりその行使の代表者への委任が論じられている。憲法制定と憲法改正は分離されていないが、実際には憲法改正が中心的に問題にされている。そして、憲法改正（制定）の方法・時期の実定的確定の方向が取られ、他の方法・時期の選択が論理的に禁止されているわけではないが、実際上実定化が進められようとしている。(144)

共和暦三年には憲法制定権力の実定化の具体的な構想が示される。まず、憲法制定権力観念に関するこの時点での評価が示され、それはかつては有益であったとされる。「健全で有益な一つの観念が一七八八年に打ち立てられた。それは、憲法制定権力と、憲法によって規定された権力の分割である。それは、科学に向かって一歩を進める発見の内に教えられる。それはフランス人の功績である。(145)」

それは革命時代に愚かなものになってしまったが、今はそれを有益に使うことができる時代になったとする。「革命時代に非常に早くから理性による行為の代わりに陰謀による行為が生まれたので、状況の新しい秩序に対して提供される実際的利益を、この観念から引き出すことが許されなかった。そうしている間に、多くの他の新しい真実と同様に、それは愚かさを助長するに至った。そのようなことは、最良の道具でも無知によって使用されるとき、通常たどる運命なのである。今や、それをより有益に使用すべき時期になっている。(146)」

そこで、人権の一部譲渡説の立場から、人民主権に対する批判的態度が明示される。[147]その上で、ボルドーへの手紙の例を出しながら、社会的分業によって代表制を基礎づける。従って、代表制は直接民主主義の代替物ではなく、より優れた制度とされる。また、社会的分業の効率を生かすために、命令的委任は禁止される。[148]「専制政治を防止するために分割せよ。アナーキーを避けるために集中せよ」という原理によって、権力分立制が根拠づけられる。[149]そのために、「協力制」(le système du concours) または「有機的統一制」(celui de l'unité organisée) の権力分立制が提案され、「統一ある分割」(division avec unité) が目指される。

このような考え方の上に立って、憲法制定権力を行使する機関として、「憲法陪審」(jurie constitutionnaire) が構想される。憲法陪審には、違憲審査権、憲法改正権、自然法による裁判権の三つの権限が与えられており、これらはシエースにとってすべて憲法制定権力としてとらえることができるものである。憲法改正権は、「第三身分とは何か」においても、憲法制定権力と区別されていなかったものである。違憲審査権は機関相互の紛争の解決を目的とする権限と規定されており、[150]「第三身分とは何か」においては、これは紛争の解決者としての国民とその特別代表者に与えられた憲法制定権力である。これは、突然招集される公会による新憲法の制定を防止するために、それに代わる措置として考えられている。[151]自然法による裁判権も、憲法を含む実定法を超える法による裁判を想定するのであるから、[152]一種の憲法制定権力と見ることができる。このように憲法陪審は実定化された憲法制定権力機関である。

ここでは、実定化された憲法制定権力が、権力分立制度の中に位置づけられている。憲法陪審は権力分立制の下で憲法制定権力を行使する代表者に過ぎない。また、憲法制定権力内部における権力分立も考えられており、憲法陪審は他の機関と共に憲法制定権力の一部分を行使するに過ぎないものとされている。三つの権限のどれについても、自発的な活動が禁止されている。[153]

憲法陪審による憲法制定権力の行使に対する市民の関与は、かなり限定されている。憲法陪審の構成員は、立法院の前議員の中から憲法陪審自身によって選ばれ（憲法陪審法案三条）、その構成に市民の意思を直接反映する手続は保障されていない。

三つの権限の内、憲法制定権力として中心的に問題になる憲法改正について見ると、憲法陪審が憲法改正について意見の収集（一〇条）、調査（一一条一項）、提案（二項）を行なう。他の機関や市民による提案は認められていない。提案の通知が元老院と五〇〇人院になされる（三項）。憲法改正案に関する決定権を元老院に与えるかどうかについて、第一次集会が判断する（一二条一項）。第一次集会の多数が賛成すれば、「憲法制定権力」が元老院に委任される。元老院は改正案について決定するが、修正を加えたり他の案に代えたりすることはできない（三項）。

第一次集会に参加できる市民の資格について、シエースは発言していないが、憲法制定のための一一人委員会案を前提にして、彼の演説はなされている。委員会案は民衆の政治参加を拒否する態度を取っているので、[154]シエース案における市民の資格にも制限があると考えられる。また、改正手続は必ずしも明確ではないが、第一次集会が判断するのは、憲法制定権力を元老院に与えるかどうかに関してであって、改正案に対する賛否の意思表明をすることができないようである。結局、改正手続への市民の関与はかなり限定されていると見なければならない。

また、憲法陪審の審議は非公開である（五条）。

共和暦三年には、かつて有益であった超実定的憲法制定権力が、「革命時代」に「無知によって使用」されたとして、放棄される。そして、憲法制定権力を「より有益に使用」するために、その実定化が図られる。その場合に、人民主権が明確に拒否され、代表制、権力分立の考え方が採られる。その上で、憲法陪審による実定的な憲法制定権力の行使が構想されるが、民衆の影響力は注意深く排除されている。

共和暦八年には実定的憲法制定権力行使のための新しい構想が出されるが、その前提として次のような原理が示される。自由の実現のために代表制が優れているとされる。「粗野な民主制は馬鹿げている。それが可能であるとしても、代表制ははるかに優れており、それだけが人類に真の自由を享受させ、自由を進歩させることができる」[155]。代表制の基礎にある主権論については、人民に主権があるとされる。しかしながら、その主権は市民の集合体から切り離され、立法権や執行権からなる公的組織の意思と力の中に見いだされる[156]。このように、実際には人民主権が拒否される。代表制の基礎の下に、「信任は下から、権力は上から」発するとする原理が採られる[157]。この原理を具体化するために、「信任・名士名簿」が構想される。これは、市民が公務員候補者名簿を作成し、その中から上級権力が公務員を任命する制度である。結局、このようにして選挙制度自体が廃止される。

以上の原理の上に「護憲院」(Collège des Conservateurs) が構想され、それには三つの役割が期待される。公務員の選任にかかわる役割や、危機や異常事態に対処する役割と共に、最も基本的な役割として、憲法問題に関わるものが要求されている。そのために違憲審査権と憲法改正権が与えられている。憲法改正権については、「知性の進歩と状況の必要によって促される継続的改良」[158]の役割が指摘されている。違憲審査権を含めて、憲法問題に関わる権限について、護憲院は決定権を有する[159]。しかし、発議権を持たず、自発的な活動が禁止されている。政府または護民院による発議を待たなければならない。それ以上の具体的な構想は示されていない。

護憲院の議員については終身制が採られ、その補充は国家名簿の中から護憲院自身によってなされる。最初の護憲院の形成は制憲者の特別手続によって行なわれる。

ここでは超実定的憲法制定権力は全く問題にされていない。始めから実定法上の権限として憲法改正権が論じられている。そもそも名簿制によって選挙制度が廃止され、しかも、憲法改正権を行使する護憲院については、その構成員は自己任命される。憲法制定権力としての憲法改正権は、市民とほとんど関係のないところで行使されることになる。

一七八九年の七月草案から共和暦八年憲法草案に至る流れの中で、憲法制定権力の実定化が図られるが、憲法制定と憲法改正の区別は常に行なわれていない。憲法制定権力行使の前提として、受動的市民論、反人民主権論、信任・名士名簿による選挙廃止論によって民衆の影響力を排除しようとする態度でも、一貫している。これらの点は、実質的には後者の点も、超実定的憲法制定権力論を展開していた「第三身分とは何か」においても、既に現われていたものである。

このような共通性の下で、七月草案においては、憲法制定権力の超実定性が語られながら、実際上その実定化が進められている。共和暦三年には、超実定的憲法制定権力論の放棄が明言され、憲法陪審による憲法制定権力の実定化が図られる。共和暦八年になると、超実定的憲法制定権力論への言及がもはやなされず、護憲院による実定的憲法制定権力行使の構想のみが展開されている。

(3)　超実定的憲法制定権力論の意義

若干の論者の議論を手掛かりにしながら、憲法制定権力の実定化の一般的な歴史的展開の中で、シエースの超実定的憲法制定権力論の意義を考えてみたい。

樋口陽一によれば、「第三身分とは何か」における『『憲法制定権』は、シイエスの場合、その論理構造において公然かつ自覚的に実定法超越的であり、その機能において実定法破壊的なものとして提起されている」(160)。このような憲法制定権力の基礎にある代表観は、後の段階と異なり、『『憲法制定権』を本来もっている国民によって拘束された『代表』、という観念」(161)である。超実定的憲法制定権力論に基づく、「憲法の絶対的変更可能性の強調は、論者が既存の実定法体制に対して攻撃的な地位にあったときの主張である。[162]」

しかし、「国民が『基本的によい憲法を享有』する段階になったときの現状維持の希求」の中で、「『憲法制定権』の発動たる全面変更は、国民の自由な意思にゆだねられるべきものであって制度化されない、という観点から、その手続を定めないことによって、『憲法制定権』はまさしく観念化され、その発動は……永久に凍結される。……『憲法制定権』がここでまさしく、ひとつの仕方において実定法上の概念にメタモルフォーゼをとげたのであった。ひとつの仕方においてというのは、実定法上の概念になるといっても、この場合、それは、実定法の場で発動する権力をさす実体的概念としてではなく、成立した憲法の正当性原理の所在を示す概念として、そうなったからである。[163]」そして、「『憲法制定権』と憲法改正権の分離操作によって、『憲法制定権』は国民（ナシォン）にあるとしながらも、憲法改正権の行使（発議ないし決定）からは、実在としての国民（プープル）を排除することを合理化した。[164]」

ここには憲法制定権力論に関する多くの注目すべき分析が含まれているが、一般的な議論ではなく、シエースの議論について言えば、疑問もある。「第三身分とは何か」において、国民に憲法制定権力があるとされながら、既に見てきたように、国民はその行使を特別代表者に委任することが求められる。国民に許されていることは、特別代表者への憲法制定権力の行使の委任だけであり、行使と切り離された、国民の憲法制定権力には実質はない。特別代表者によってのみ行使される憲法制定権力の超実定性を基礎づけるために、国民の憲法制定権力の超実定性が言われているに過ぎないように思われる。従って、凍結ということを言うとすれば、超実定的憲法制定権力において、実在としての国民の憲法制定権力は既に凍結されているのではないか。

民衆との接触をほとんど経験していないシエースは、国民が特別代表者によらずに憲法制定権力を行使する可能性を、実際にも認識していないないし、まして毛頭望んでいない。革命開始後、一七八九年七月に憲法制定国民議会の外で民衆運動・農民運動が発生し、このような可能性が現実に生まれた。八月四日に国民議会は封建的特権の廃止を宣言し、その後廃止の対象を人的特権に限定することを確認した。このような民衆運動・農民運動に対するブルジョワ革命の枠内での賢明な妥協に対しても、彼は対応することができなかった。「もし革命がどのように向きを変えるのかを知っていたならば、私は決してそれにかかわり合わなかったであろう[165]」と述べたと伝えられている。

杉原泰雄においては、「第三身分とは何か」における主権論は、人民主権論であるとされる。その上で超実定性を強調された憲法制定権力論が、「革命の理論として一定の役割を演ずるものであったことは否定できない。だが、同時に、実定法上の問題と実定法外の問題を無差別的に混同するこの理論が、提唱者の主観的な意図はどうであれ、とりわけ革命後の市民憲法において人民の主権性を否定する上で極めて大きな役割を果たすものであったことも無視できない。つまり、主権者たる人民を超憲法的な憲法制定権の主体とする理論は、実定憲法上はいかなる手続・制度をも主権者たる人民のために要求しないから、理論的にはいかなる国権行使の制度をもつ実定憲法とも両立しうる。したがって、彼の理論が、革命後において、実定憲法上、人民から主権者としての地位を奪うことを可能としかつ人民主権とは全く異質のブルジョワ的な『国民主権』の成立を可能とする、ブルジョワジーのイデオロギーとしての機能を巧みに果たすものであったことは注目されてよい[166]。」

革命前に超実定的憲法制定権力論の形で人民主権論が展開されたことは、樋口の場合は人民主権論にとっていわば必然的であったとするのに対して、杉原にとっては同時に人民主権を否定する意味をも持つものととらえられる。「第三身分とは何か」における国民の超実定的憲法制定権力論は、理念化されると、杉原の指摘するような論理展開の可能性を客観的には持っている。実際にも、国民主権的実定制度を正当化するために、超実定的憲法制定権力論が使われることは少なくない。

しかし、シエース自身はこのような論理展開を行なっていない。既に「第三身分とは何か」において、不明確な点を残しながら、憲法制定権力を行使する、実質的には国民主権的な手続・制度を構想している。彼にとっては、憲法制定権力はこのような手続・制度によってのみ、行使されるべきものなのである。超実定的憲法制定権力が、このような手続・制度から切り離されて理念化した場合、人民主権と結合する可能性がある。このような憲法制定権力論は、共和暦三年の演説の中で言われているように、彼から見れば、まさに「無知によって使用」されたものに他ならないのである。

「第三身分とは何か」において、実質的には代表者は国民主権的手続・制度に服すべきものと考えられている。この点では、憲法制定権力を行使する特別代表者も、憲法によって規定された権力を行使する普通代表者も、変わりがない。両者は共に自然法の拘束に服し、彼にとっては二つの権力はどちらも法的性格を有している。彼からすれば、特権身分と民衆の支配を共に排除する手続・制度の確保が最重要な問題である。従って、このような手続・制度を排除する憲法に対しては、憲法制定権力の超実定性が強調される。しかし、このような手続・制度が確保されさえすれば、それが実定憲法上のものとして構成されるかどうかは状況の問題であり、手段的な意味を持つにとどまる。

革命の進展と共に、超実定的憲法制定権力論より実定的憲法制定権力論が有益になったと、彼は言う。その結果、超実定的憲法制定権力は実定的憲法制定権力に変わったのであり、それとは別に超実定的なものは残らない。これは便宜的な説明であるが、彼にとってはそれ程不自然ではないのであろう。

5　まとめ

憲法制定権力論は一つの憲法論である。シエースは、大きな社会変革の構想の中に憲法論を位置づけるのではなく、憲法論の中で変革を制御しようとしている。

彼の憲法制定権力の主体は、形式的には「国民」とされているが、実質的には「第三身分の中の自由な階層」が予定されている。このような分裂が生じるのは、憲法制定権力が、排他的所有の保障を中心とする自然法の拘束を受けているからである。そこでは、人権の具体的なあり方の決定から、市民の集合体としての国民は排除される。法実証主義、シュミット、現代の憲法制定権力論も、異なる歴史的段階と国における資本主義擁護のための理論として、シエースの理論と基本的な性格を共有している。

自然法の拘束を受ける憲法制定権力は、シエースにとって法的性格を有している。それは、特別代表者による行使という、特定の制度・手続を予定された権力である。このようにして、「自由な階層」による意思決定を可能にしようとしている。

憲法制定権力は、「第三身分とは何か」においては超実定的なものとされていたが、その後、実定化が図られる。どの段階でも、特権身分と民衆の支配を共に排除する手続・制度が構想されている。従って、憲法制定権力が実定憲法上のものになるかどうかは、シエースにとっては手段的意義を持つにとどまる。

おわりに

議論の出発点を「生命」や「自由」に置くルソーも、「欲求」や「自由」に置くシエースも、人間の自由な生存に根源的な価値を見ていると言うことができる。その実現のために、シエースは自然権の考えかたを採ったが、ルソーはそうしなかった。すなわち、人間の自由な生存に根源的な価値を認めることは、人権の自然権的構成を必然化するものではない。

ルソーもシエースも自然権論において所有論に重要な位置を与えている。シエースは、私的所有を含む一定の自由を自然権として構成し、一部譲渡の立場に立つ。そのため、「手段の大きな不平等」が自然なものとして放置され、所有は自由な生存から独立する。他人労働を支配し、自由な生存に反する所有が正当化される。ルソーは自然権論を採らず、全部譲渡の立場を主張する。そうすることによって、自由な生存の実現のために、所有の社会的再構成を要求する。人権を自然権としてとらえるかどうかの中心問題は、自由な生存と所有の切断を肯定するかどうかの問題である。

自由な生存に根源的な価値が置かれれば、主権はそれによって拘束される。しかし、拘束の具体的内容の確定、言い換えれば人権の具体的な構成の仕方の問題が残り、それが重要である。

ルソーのように、人権の自然権的構成を採らない場合、人権の具体的あり方の決定は主権者人民が行なう。所有の社会的再構成によって市民の自由な生存の実現が目指され、そのことによって市民の間で基本的な利害が一致し、市民の全体としての人民による決定が可能になる。自然権的構成を行なうシエースにおいては、万能の国民も自然法の拘束に服す。その拘束の具体的内容の確定、すなわち人権の具体的なあり方の決定は、一部の市民によって行なわれる。シエースの場合、そのような市民は「第三身分の中の自由な階層」から生まれることが予定されている。排他的所有の自然権的保障によって市民の自由な生存が不可能になり、基本的な利害が対立する市民の中で、決定は一部の有産者市民によって行なわれることになる。

私的所有の問題や一部の市民による決定の問題が検討されないまま、自然法によって拘束された憲法制定権力が語られるとき、シエースにおけるのと同様の問題が存在していると見ることができる。

シエースは一貫して自然権論を採りつつ、憲法制定権力について革命前にはその超実定性を強調したが、革命後は憲法陪審論などによってその実定化を図っている。人民主権論の形式の下で、納税者株主論などによって、革命前から実質的には国民主権論へ踏み込んでいる。革命後は、命令的委任の禁止論などを通して、国民主権論の形成に明確な理論的貢献を行なっている。このような理論的活動の基礎には、特権身分を批判しつつ、民衆に不信感を持つシエースの立場がある。特権批判や民衆不信の強弱には変化が見られるが、基本的な立場は一貫している。

彼は「第三身分とは何か」によって革命の口火を切り、革命初期のリーダーになる。中期には革命の舞台から退いているが、[167] テルミドールの反動後、表舞台に復帰する。ブリュメール一八日のクー・デタに参加し、最後はボナパルトに権力を譲り渡している。やはり「ブルジョワジーの権化」(l'incarnation de la bourgeoisie)(ジョルジュ・ルフェーヴル)と呼ばれるべきであろう。

このような歴史的性格から切り離して、彼の自然権論や憲法制定権力論を評価することはできない。この点が軽視されると、異なる歴史的段階において同様の歴史的性格を持った理論を展開する恐れが生じ[168]よう。[169]

(1)　この中で、以下のような議論を展開した。①研究視角として、シエースの憲法思想の全体的構造、政治状況への対応、資本主義経済との関係を問題にすることにした(第一部第一章)。

フランス革命の構造と革命前のシエースの立場を簡単に見てみると、特権身分の大部分は反革命の立場に立ったが、シエースは革命前に特権批判の立場を確立していた。ブルジョワジーの概念規定をしようとする場合、その目的は、封建制から資本主義への移行を中心になって押し進めた、フランス革命当時の歴史的主体を明らかにすることである。革命前に既に一定の財産を持っていた平民が、ブルジョワジーと呼ばれるべき部分である。シエースはブルジョワジーの最下層の出身であるが、革命前に教会の中でかなりの財産所有者になっていた。財産を持たない平民である民衆による運動は、反封建的・反資本主義的性格を持っていたが、シエースは民衆との接触をほとんど経験していない(第二章)。

②憲法思想の構造の中で、中心問題である人権と主権をとりあげる。彼の人権論においては、労働による所有論によって、人格の所有から、労働の所有、物的所有を基礎づける。彼は「手段の大きな不平等」を肯定するが、その基礎には労働による所有論がある。それは、商品交換を基礎づけ、労働力の商品化を承認し、労働の成果の雇い主による所有も正当化する。社会状態の基本的な目的は自由と所有権の確実な保障にあるが、一種の社会権構想もある。彼の社会権構想は、民衆の要求を変質させて、貧困者の労働力の組織化を通して、資本の本源的蓄積を行なおうとしたものである（第二部第一章第一節）。

彼は、ロック型の人権論を基礎に置きながら、フィジオクラットやアンシクロペディストと異なり、身分の区別のない社会を構想した（第二節）。

主権の問題を原理的に正面から考察している一七八八年から八九年にかけての資料を対象にして、彼の主権論の構造を検討することにする。一七八九年に執筆された「フランスの代表者達が一七八九年に行使できる執行手段に関する見解」では、既に参政権制限を正当化する納税者株主論が展開されている。（第二章第一節）。

「第三身分とは何か」において、特権身分を少数の寄生者として批判するために、多数決原理を帰結する人民主権論の形式を採用する。第三身分の中を分ける納税者株主論は、特権身分と第三身分の間の基本的な対抗関係を曖昧にするものとして、姿を消すことになる。その上で、第三身分内部の意思形成の方法としては、具体的には特別代表の選出のみが言われ、前述の「見解」では比較的明確であった命令的委任その他の制度は不明確にされる。命令的委任は選挙民が代表者の意思を拘束する制度である。このようにして、彼の本来的な反民衆的姿勢を背景としつつ、ブルジョワジーによる政治的指導性の実質的確保が図られる。しかし、第三身分内部の対抗が表面化していないこの段階では、人民主権論と対抗的な意味での国民主権論の本格的な形成を必然化する条件は存在しない（第二節）。

七月七、八日の審議において、命令的委任の禁止と見られる発言もしている（第三節）。人権宣言七月草案においては、受動的市民論によって、民衆の政治参加を拒否する結論が明確に出されておりながら、「第三身分とは何か」において展開された人民主権の形式が、一定の範囲で残されている（第四節）。

九月七日の演説の中で、彼は人民への訴えを否定し、国王を国民の代表者とするために、命令的委任の禁止を不可欠の要素とする代表制の理論を展開した。

一七八九年を通して、人民主権論の形式のもとで国民主権論の形成が進められるが、それはなお未完成である。従って、一七八九年における彼の主権論は、実質的には形成されつつある国民主権論と言うべきであろう。

③憲法思想の展開に眼をやると、革命初期には、所有権を中心とする自然権保障の法体系を実現するために、特権として維持しようとする体制をまず打破しようとする。しかし、第三身分の中でブルジョワジーと民衆との間の緊張関係が現実化すると、限定された特権を所有権として再評価することによって、所有者の統一の構想が明確化する（第三部第一章第一節）。憲法制定者としてのシエースを理論的に支えていた基礎は、所有論である。このことが、彼の理論の体系性を保障するとともに、革命のそれぞれの段階で、所有権擁護にとってより大きな障害として、攻撃の焦点を特権身分にあるいは民衆にしぼるという、柔軟な政治的態度を可能にした（第二節）。

共和歴三年（一七九五年）の憲法構想を示した演説（第二章第一節）の中で、代表制を社会的分業論によって基礎づける。従って、代表制は直接民主主義の代替物ではなく、直接民主主義が可能であっても採用すべき、積極的に優れたものとされる（第二節）。彼が主張する「協力制」または「有機的統一制」の権力分立は、異なる代理権を異なる団体に任せることによって、相互に協力させようとするものである。彼は、政府の権限強化を中心として、秩序だった権力機構をつくろうとした（第三節）。彼の「憲法陪審」は、憲法改正権その他の重要な権限について、人民主権を排除する意味を持っている（第四節）。

共和暦八年（一七九九年）憲法の制定にあたって、彼が示した憲法構想は、彼の憲法思想の流れの中で次のような特徴を有する。第一に、彼は、統治機構の目的として個人の自由を措定する点では、一貫している。第二に、無産者による統制から権力を独立させようとする傾向は、共和暦八年には極限にまで推し進められ、「信任名簿」によって選挙権も否定されるに至る。第三に、権力分立論の積極的展開がなされ、「大選任者」や「護憲院」を含む複雑精緻な権力機構が示される。

共和暦八年の種々の構想は、直接には共和暦三年の思想を具体化したものであるが、その芽はすでに革命初期に現われている。共和暦八年に、一七八九年の草案で十分であるとして、彼が新しい人権宣言作成の必要性を感じなかったことは、彼にとって初期と末期に基本的な同質性があることを示している（第三章）。

(2)　これについて長谷部恭男氏による書評があり、氏から特に方法論に関してコメントをいただいた（ジュリスト八八九号一一六頁（一九八七年））。

(3)　畑安次「一八世紀フランス憲法思想の一潮流――ケネー、シェイエス、一七八九年人権宣言――」金沢大学・教養部論集（人文科学篇）二四巻一号八三頁以下（一九八六年）参照。「所有権の制限を前提として自由と平等の理念の統一的実現を志向するルソー――ロベスピエール――一七九三年の山獄党憲法とつながる潮流」に対して、「自由と所有権の不可分関係を強調してこれを全面に押し出し、平等観念を相対的に後退させるというフィジオクラート（ケネー）――シェイエス――一七八九年人権宣言とつながる潮流」の分析を行なう。

（4） *Préliminaire de la constitution. Reconnaissance et exposition raisonnée des droits de l'homme et du citoyen*, Archives Parlementaires（以下 A. P. と略す）, 1ère série, t. 8, p. 256.

（5） *Vues sur les moyens d'exécution dont les représentants de la France pourront disposer en 1789*, Bibliothèque Nationale（以下 B. N. と略す）Lb^{39}. 1266, première section, p. 11.

（6） Réimpression de l'Ancien Moniteur, Plon Frère, Paris, t. 25, p. 295.

（7） Boulay de la Meurthe, *Théorie constitutionnelle de Sieyès–Constitution de l'an VIII*, Paris, 1836, B. N., Le^{3}. 222, pp. 9–10. 共和暦八年ブリュメール二〇日から三〇日（一七九九年一一月一一日から二一日）にかけて、ブーレーはシエースの秘書を務めながら、彼の憲法構想をまとめている。

（8） A. P., *op. cit.* 注（4）, p. 259.

（9） ここでは自然的・市民的権利と政治的権利の区別が問題とされ、自然的権利と市民的権利の関係は論じられていない。自由権を自然的権利と呼び、社会権を市民的権利としているのか。それとも、自然的権利としての起源を持つ権利が、社会状態において市民的権利となり、それを一体として自然的・市民的権利としてとらえているのか。自由権と共に社会権が論じられているので、前者であるように思われるが、明確には説明されていない。

（10） A. P., *op. cit.* 注（4）, pp. 257–258.

（11） A. P., *op. cit.* 注（4）, t. 11, p. 259.

（12） *Qu'est-ce que le Tiers état?*, éd. par Roberto Zapperi, Droz, Genève, 1970, chapitre 5, p. 180. 大岩誠訳『第三階級とは何か』八四頁（岩波書店、一九五〇年）参照。

（13） *Ibid.*, chapitre 3, p. 136. 訳四〇頁参照。

（14） *Vues sur les moyens*, *op. cit.* 注（5）, p. 25.

（15） *Ibid.*, p. 70.

(16) *L'Essai sur les privilèges*, Qu'est-ce que le Tiers état?, éd. par Edme Champion, P. U. F., 1982, p. 2. 大岩訳「特権論」前掲注(12)一二六頁参照。

(17) Moniteur, *op. cit.* 注(6), t. 25, p. 442.

(18) A. P., *op. cit.* 注(4), pp. 257-258.

(19) *Ibid.*, p. 258.「見解」の中でも、同様のことが述べられている。「市民の自由は、その人的所有(財産)の行使と物的所有(財産)の使用について、妨害や不安がないという保障にある。」(*Vues sur les moyens*, *op. cit.* 注(5), première section, p. 11.)

(20) A. P., *op. cit.* 注(4), p. 260.

(21) 田中正司『増補ジョン・ロック研究』二一七—二一八頁(未来社、一九七五年)。

(22) A. P., *op. cit.* 注(4), p. 258.

(23) A. P., *op. cit.* 注(4), p. 422.

(24) 田中・前掲注(21)二七六頁。

(25) A. P., *op. cit.* 注(4), p. 257.

(26) John Locke, *The Second Treatise of Government*, edited by J. W. Gough, Oxford, Third ed., 1966, chapter 5, pp. 25-26. 鵜飼信成訳『市民政府論』三六—三七頁(岩波書店、一九六八年)参照。

(27) 労働による所有に基づいて財産の不平等を肯定する議論は、一八世紀にはかなり存在する。フィジオクラットやアンシクロペディストの所有論について、浦田一郎『シエースの憲法思想』九七頁以下(勁草書房、一九八七年)参照。

(28) *Mémoire sur le rachat des droits féodaux*, 27 août 1789, A. P., t. 8, pp. 499-503. 田村理『フランス革命と財産権』九二頁(創文社、一九九七年)は、シエースの労働による所有が社会状態で論じられていることに着目し、同一七三頁は、労働による所有論は、既存の経済的利益を財産権として正当化することには、なじまない面があるとする。

(29) A. P., *op. cit.* 注(4), p. 257.

(30) *Qu'est-ce que le Tiers état?*, *op. cit.* 注(12), chapitre 5, p. 178. 訳八二頁参照。

(31) Moniteur, *op. cit.* 注(6), p. 292.

(32) A. P., *op. cit.* 注(4), p. 261.

（33）A. P., *op. cit.* 注（4）, p. 258.
（34）*Qu'est-ce que le Tiers état?, op. cit.* 注（12）, chapitre 3, section 1, p. 139. 訳四三—四四頁参照。
（35）A. P., *op. cit.* 注（4）, p. 259.
（36）Boulay, *op. cit.* 注（7）, pp. 11 et s.; Jean Bourdon, *La constitution de l'an* Ⅷ, thèse, Paris, 1941, pp. 68 et s.; F. A. M. Mignet, *Histoire de la Révolution française depuis 1789 jusqu'en 1814*, Paris, 19e éd., 1905, t. 2, p. 264.
（37）*Qu'est-ce que le Tiers état?, op. cit.* 注（12）, chapitre 3, section 1, p. 143. 訳四七頁。
（38）A. P., *op. cit.* 注（4）, pp. 594–595.
（39）Rousseau, *Contrat social*, The Political Writings of Jean Jacques Rousseau, edited by C. E. Vaughan, Basil Blackwell, Oxford, 1962, v. 2, livre 1, chapitre 1, pp. 23–24. 作田啓一訳「社会契約論」『ルソー全集』五巻一一〇頁（白水社、一九七九年）参照。
（40）*Ibid.*, chapitre 4, p. 28. 同訳一一六頁参照。
（41）*Discours sur l'origine et les fondements de l'inégalité parmi les hommes*, The Political Writings, *op. cit.* 注（39）, v. 1, p. 137. 原好男訳「人間不平等起源論」『ルソー全集』四巻一九三頁（一九七八年）参照。
（42）*Ibid.*, seconde partie, p. 169. 同訳二三二頁参照。
（43）*Ibid.*, p. 187. 同訳二五二—二五三頁参照。畑安次「一八世紀フランス人権思想の一潮流」矢崎・八木編『近代法思想の展開』二三九頁（有斐閣、一九八三年）参照。
（44）原好男訳「書簡集（上）」『ルソー全集』一三巻四六二頁参照。Robert Derathé, *Jean-Jacques Rousseau et la science politique de son temps*, Librairie philosophique J. Vrin, Paris, 1970, p. 157. 西嶋法友訳『ルソーとその時代の政治学』一四四頁（九州大学出版会、一九八六年）参照。
（45）*Contrat social, op. cit.* 注（39）, livre 2, chapitre 4, p. 44. 作田訳一三七頁では、"droit naturel" が「義務」とされている。Derathé, *op. cit.* 注（44）, p. 165. 西嶋訳一五一頁参照。
（46）*Ibid.*, p. 160. 同訳一四六頁参照。
（47）*Ibid.*, p. 171. 同訳一五八頁参照。

(48) 西嶋法友「ルソーにおける自然法と実定法」経営と経済六六巻四号一〇六頁（一九八七年）。
(49) 同一〇七頁。
(50) *Première version du Contrat social*, edited by Vaughan, *op. cit.* 注(39), v. 1, livre 2, chapitre 4, p. 494.
(51) 佐々木允臣「ルソーとマルクス——近代的人権の場棄をめぐって——」島大法学二七巻二号一一六—一一七頁（一九八三年）は、第一次的自然権と第二次的自然権の概念によってルソーの人権論をとらえる。「自由に自己を完成させる、あるいは自由に自己を全面的に発達させる平等な権利、それを人間性から流出する国家以前の自然権・人権として万人に認め、国家がそれに相応しい諸権利を人間的組成に基づくいわば第二次的な自然権・人権として承認し実定法化することを要請するのである。第一次的な自然権という新しい基盤の上で近代的人権は否定の否定を受けることによって保存され再興される。」興味ある議論であるが、ルソーにおける自由な自己完成権の内容と、ここでいう自然権の意味について、留保したい。
(52) *Contrat social, op. cit.* 注(39), livre 1, chapitre 6, p. 33. 作田訳一二二頁参照。
(53) *Ibid.*, livre 2, chapitre 4, p. 43. 作田訳一三六頁参照。
(54) *Ibid.*, p. 44. 作田訳一三七頁参照。
(55) *Ibid.*, p. 46. 作田訳一三九頁参照。
(56) *Ibid.*, livre 1, chapitre 8, pp. 36–37. 作田訳一二六頁参照。
(57) *Discours sur l'origine et les fondements de l'inégalité parmi les hommes, op. cit.* 注(41), seconde partie, p. 169. 原訳二三二—二三三頁参照。
(58) *Ibid*, p. 172. 同訳二三六頁参照。
(59) *Contrat social, op. cit.* 注(39), livre 1, chapitre 9, pp. 37-38. 作田訳一二七—一二八頁参照。
(60) *Disours sur l'origine, op. cit.* 注(41), p. 172. 原訳二三六頁参照。
(61) *Économie politique*, The Political Writings, *op. cit.* 注(39), v. 1, p. 259. 阪上孝訳「政治経済論」『ルソー全集』五巻八七頁（一九七九年）参照。この部分は私的所有の重要性を述べているようにも見えるが、生命と自由を実現するための所有の重要性を主張していると思われる。既存の私的所有をそのような所有として正当化しようとしているわけではない。
(62) *Contrat social, op. cit.* 注(39), livre 2, chapitre 11, p. 61. 作田訳一五九頁参照。

(63) *Économie politique, op. cit.* 注(39), v. 1, pp. 254- 255. 訳八二頁参照。

(64) Jean François Saint-Lambert, *Luxe*, Encyclopédie, ou dictionnaire raisonné des sciences, des arts et des métiers mis en ordre et publié par Diderot et D'Alembert, Paris, t. 9, p. 769. 河野健二訳「奢侈」桑原武夫編『百科全書』二七七―二八七頁（岩波書店、一九七一年）参照。

(65) 遅塚忠躬『ロベスピエールとドリヴィエ』二二六頁（東京大学出版会、一九八六年）は、ロベスピエールとドリヴィエの所有観について次のように指摘する。ルソーの思想を基礎に持ちつつ、「両者の共通点は、……所有権が無制限に絶対的なものではないことである。これは、……ドリヴィエについて見たように、所有権が、自然権ではなく、実定法によって制限されうる社会制度であることを意味し、ロベスピエールも、……このことを承認している。ところが、……ドリヴィエの論理は国民の上級所有権を根拠とし、ロベスピエールの論理は生存権の優位を根拠とするものであるから、この根拠の相異によって、制限ということの内容が次のように異なってくる。すなわち、ドリヴィエの場合には、国民があらゆる土地および土地生産物にたいして上級所有権を持ち、個人はそれに従属する部分的所有権だけを持ち、従って、個人の私的所有権は全面的に国民によって規制されることになる。これにたいして、ロベスピエールの場合には、生存権が最優先であるから、土地生産物のうちで社会の全構成員の生存に必要な部分は社会の共同所有になり、それ以上の超過部分だけが個人所有として私的所有権に委ねられることになる。」ルソーの所有論の可能性の大きさに関して、この私的は参照されうる。

(66) 「人民の自己保存・人民の自由の確保という社会的契約の基本的目的自体から帰結される規範という意味で、主権者たる人民が遵守せざるをえない性質の規範が存在することも否定できない。」（杉原泰雄『国民主権の研究』一四八頁（岩波書店、一九七一年））

(67) ここにも、「実定法に先立つ自然権の観念を拒否する思想」を見ることができる（恒藤武二「法思想史の観点から見たルソーの社会契約説」『社会契約論』（法哲学年報）四二頁（一九八三年））。

(68) 奥田剣志郎「憲法制定権力論における法的思考と政治的思考について」青山法学論集三二巻三・四合併号一八五頁以下（一九九一年）、高見勝利「『憲法制定権力』考」芦部信喜先生古稀祝賀『現代立憲主義の展開』下巻七一三頁以下（一九九三年）、大隈義和「憲法規範の変動」樋口陽一編『講座・憲法学』一巻（憲法と憲法学）一五四頁以下（一九九五年）参照。

(69) *Qu'est-ce que le Tiers état?, op. cit.* 注(12), chapitre 5, pp. 180–181. 訳八五頁参照。

（70）*Ibid.*, p. 183. 訳八八頁参照。

（71）*Ibid.*, chapitre 5, p. 188. 訳九四頁参照。

（72）*Ibid.*, chapitre 6, p. 202. 訳一〇九頁参照。渡辺良二『近代憲法における主権と代表』一九頁（法律文化社、一九八八年）。

（73）*Qu'est-ce que le Tiers état?*, *op. cit.* 注（12）, p. 119. 訳二一頁参照。

（74）*Ibid.*, chapitre 2, p. 129. 訳三二頁参照。

（75）「所有権は自然なものであり、私はそれを少しも排除しない。」（*Ibid.*, chapitre 3, p. 136. 訳四〇頁参照）

（76）A. P., *op. cit.* 注（4）, p. 259.

（77）*Vues sur les moyens*, *op. cit.* 注（5）, p. 14.

（78）*Qu'est-ce que le Tiers état?*, *op. cit.* 注（12）, chapitre 5, p. 181. 訳八五頁参照。

（79）*Ibid.*, chapitre 6, pp. 204-205. 訳一一一頁参照。

（80）*Ibid.*, chapitre 5, p. 188. 訳九四頁参照。

（81）*Ibid.*, p. 179. 訳八三頁参照。

（82）*Ibid.*, chapitre premier, p. 126. 訳二八頁参照。

（83）*Ibid.* 訳二九頁参照。

（84）A. P., *op. cit.* 注（4）, t. 8, pp. 594- 595.

（85）Moniteur, *op. cit.* 注（6）, t. 25, p. 292.

（86）シエースの構想は他人によって伝えられており、彼自身が自分の言葉として「人民主権」という表現を用いたかどうかは必ずしも明らかではない。

（87）Boulay de la Meurthe, *op. cit.* 注（7）, p. 17.

（88）*Qu'est-ce que le Tiers état?*, *op. cit.* 注（12）, chapitre 3, section 1, pp. 143-144. 訳四七頁参照。

（89）*Ibid.*, p. 139. 訳四三―四四頁参照。

（90）*Ibid.*, p. 140. 訳四四頁参照。

（91）*Ibid.*, p. 142. 訳四六頁参照。

(92) *Vues sur les moyens, op. cit.* 注(5), p. 125.

(93) A. P., *op. cit.* 注(4), p. 259.

(94) *Quelques idées de constitution, applicables à la ville de Paris en juillet 1789*, B. N., Lb^{39}. 2107, pp. 19–20. 光信一宏「シエースの代表制論についての覚書二・完――コレット・クラヴルールの最近の問題提起をめぐって――」愛媛法学会雑誌一九巻二号九―一一頁によれば、Colette Clavreul, *L'influence de la théorie d'Emmanuel Syeyes sur les origines de la représentation en droit public*, 1982（本書を手に入れることはできなかった）など、価額に見合うだけの所得や財産を前提とする直接税と違い、任意税の要求は制限選挙の意味が小さいことを指摘する見解がある。一応そのように考えられるが、選挙制度全体としては制限選挙が構想されていると思われる（浦田・前掲注（27）一八二頁）。

(95) *Quelques idées, op. cit.* 注(94), p. 21.

(96) カール・シュミット、阿部照哉・村上義弘訳『憲法論』一〇一頁以下（みすず書房、一九七四年）。

(97) 同一〇二頁。

(98) 同一〇四頁。

(99) 「国民はすべてに先立って存在し、あらゆるものの源泉である。その意思は常に合法的であり、法そのものである。その前と上には自然法しか存在しない。」(*Qu'est-ce que le Tiers état?, op. cit.* 注(12), chapitre 5, p. 180. 訳八四頁参照)。

(100) A. P., *op. cit.* 注(4), pp. 257–258.

(101) *Ibid.*, p. 259.

(102) *Ibid.*, p. 260.

(103) *Ibid.*, p. 259.

(104) *Qu'est-ce que le Tiers état?, op. cit.* 注(12), chapitre 3, section 1, p. 144. 訳四七頁参照。

(105) 野田良之「現代自然法論」尾高朝雄他編『法哲学講座』一六二―一六三頁（有斐閣、一九五八年）五巻（下）。

(106) このような傾向の中で、実定法によって保障された人権として、「公的自由」(libertés publiques) の観念が成立する (Philippe Braud, *La notion de liberté publique en droit français*, L. G. D. J., Paris, 1968, pp. 4 et s.)。

(107) シュミット・前掲注(96)九九頁。

(108)　同一〇三頁。
(109)　影山日出弥『憲法の基礎理論』九五頁以下（勁草書房、一九七五年）。
(110)　芦部信喜『憲法制定権力』四〇頁以下、三二〇頁以下（東京大学出版会、一九八三年）。
(111)　Georges Burdeau, *Traité de science politique*, 3e éd., 1983, t. 4, p. 174.
(112)　大隈義和『憲法制定権の法理』一七五頁（九州大学出版会、一九八八年）は、「ビュルドー、エロー、ボナールに代表され、そこにとどまるフランス制憲権論の状況は、その時点で、制憲論がかかわらざるをえない中心的課題であるザインとゾレンとの構造的問題にまで到達しながら、その継承・発展をみないまま今日に至っているとみることができるのである」と結論づけている。
(113)　芦部・前掲注(110)三九頁。
(114)　同四一頁。
(115)　同三二三頁。
(116)　大隈「憲法制定権力論の国際化」法政論集一四巻三号（一九八六年）は、芦部と基本的に同一の立場に立ちつつ、この立場を徹底させていくと、違憲の憲法という論点に到達するとする（五〇頁）。
(117)　影山・前掲注(109)九六頁。
(118)　「制憲権をその主体から分離することによってエームケが正当に指摘したとおり、『制憲権を純粋に《実在する》、規範的要素を欠くものと考えることが、シュミットにとって可能となる』」（芦部・前掲注(110)三七頁）と言うこともできる。
(119)　シュミット・前掲注(96)九八頁。
(120)　シュミットにおける実存の正当化機能に関して、大隈義和「『国民の憲法制定権力』論の自由主義と民主主義」法政論集九巻三・四合併号三九―四〇頁（一九八二年）参照。
(121)　小林直樹『憲法秩序の理論』九〇頁（東京大学出版会、一九八六年）は、自然法論におけるような「特定価値の絶対化をやめて、〝制憲権（者）は、自ら定立しようとする憲法の基本価値に拘束される〟という、一般的テーゼに立て直」すことを提唱する。しかし、このような一般的テーゼも、何らかの法規範としてとらえられているのであれば、やはり一種の自然法論である。

(122) 憲法制定権力は実定法によってその行使を保障されている権利ではなく、かえってその行使は実定法によって禁圧される。このような点を無視・軽視するような形で憲法制定権力論を前提に置くことは、批判を受けることになる（杉原泰雄「国民主権と憲法制定権力・4」法律時報一九八五年八月号七八頁以下）。

(123) 「『歴史的に最初の憲法』の妥当性を前提にすればそれで十分であって、特に根本規範について語る必要はないということになるだろう。……同様に、その論理的難点を度外視しても、『根本規範』と同様の役割を期待されている憲法制定権力概念も不要と考える」（菅野喜八郎『国権の限界問題』二二四頁（木鐸社、一九七八年））。

(124) 小林・前掲注(121)九六頁。

(125) *Qu'est-ce que le Tiers état?, op. cit.* 注(12), chapitre 5, p. 178. 訳八二頁参照。

(126) *Ibid.*, chapitre 4, section 7, p. 172. 訳七六頁参照。

(127) *Ibid.*, chapitre 5, p. 187. 訳九二—九三頁参照。カレ・ド・マルベールも、シエースが憲法制定に代表制を適用し、憲法制定権力が特別代表によって行使されることを要求していたことに注目している（Raymond Carré de Malberg, Contribution à la théorie générale de l'État, Sirey, Paris, 1922, t. 2, p. 488）。山本浩三「憲法制定権力論」同志社法學四二巻一号八〇頁（一九九〇年）参照。カレ・ド・マルベールは、代表制を憲法制定に拡張するのは非論理的であるとして、次のように言う。「人民主権の理論によれば、実際、まさに憲法によって、人民は代表制に同意し、直接制を放棄する。」(*Ibid.*, p. 489.) 確かに、代表制による憲法制定は代表制の確定が論理的に前提となっているが、制度の確定が論理的前提になることは、直接制の場合でも変わらない。憲法制定のための制度の確定、言い換えれば憲法の制定が、憲法制定の前提になるという矛盾は、超実定的な憲法制定権力を想定することから、来ているのであろう。直接制か代表制かの問題ではないように思われる。

(128) *Qu'est-ce que le Tiers état?, op. cit.* 注(12), p. 190. 訳九六頁参照。

(129) *Ibid.*, p. 185. 訳九〇頁参照。

(130) *Ibid.*, p. 185. 訳九〇—九一頁参照。

(131) *Ibid.*, p. 183. 訳八七—八八頁参照。

(132) *Ibid.*, p. 181. 訳八六頁参照。

(133) シュミット・前掲注(96)一〇三頁。

(134) 同一〇六頁。
(135) 同一〇七頁。
(136) 同一〇八頁。
(137) 同一一六頁。
(138) *Qu'est-ce que le Tiers état?*, *op. cit.* 注(12), chapitre 5, pp. 185–186. 訳九〇―九一頁参照。
(139) *Vues sur les moyens*, *op. cit.* 注(5), p. 77.
(140) *Qu'est-ce que le Tiers état?*, *op. cit.* 注(12), chapitre 5, p. 190. 訳九七頁参照。
(141) *Ibid.*, p. 189. 訳九六頁参照。
(142) ここで，憲法によって規定された権力は，初めて〈pouvoirs constitués〉と複数形で表現されている（A. P., *op. cit.* 注(4), p.259)。
(143) *Ibid.*, p. 261.
(144) 国民議会において憲法制定権力の実定化に向かう論議は，一七九一年八月二九日から始まる。論議の概略については，樋口陽一『近代立憲主義と現代国家』二〇六頁以下（勁草書房，一九七三年）参照。一七九一年憲法七篇一条は次のように規定する。「国民は憲法を変更する永久の権利を有することを，憲法制定国民議会は宣言する。しかしながら，経験によって不便が感じられる条項について，憲法の定める手続によって，改正する権利を行使することが，一層国民的利益に合致することを考慮して，改正は改正議会によって以下の形式で行なわれることを，憲法制定国民議会は定める。」二条以下の改正手続によれば，制限選挙によって選出された議員によって構成される立法議会と改正議会が，それぞれ改正の提案と決定を行なう。改正は極度に困難であり，受動的市民は改正手続に参加することができず，能動的市民も直接的な参加は認められていない。終節二段に以下の規定が置かれる。「憲法によって設置されたどのような権力も，全面的にも部分的にも憲法を変更する権利を持たない。ただし，前記七篇の規定に従って，憲法改正の方法によって行なわれる改正については，この限りでない。」
(145) Moniteur, *op. cit.* 注(6), t. 25, p. 293.
(146) *Ibid.*, p. 294
(147) 「政治的結合がなされるとき，各個人が社会の中に持ち込むすべての権利，個人の集合体全体のすべての力を決して共有にするわけではない。公的・政治的権力の名の下に、可能な最小限のもの、そして各人の権利と義務を維持するのに必要なものだけを共有にする。主権と呼ばれるものに、人が好んで与えてきた法外な概念とは似ても似つかない。私が語っているのは、まさに人民主権のことであることに注意してほしい」(*Ibid*., p. 292)。

(148) Paul Bastid, *Sieyès et sa pensée*, Hachette, nouvelle éd., 1970, pp. 370-371.

(149) Moniteur, *op. cit.* 注(6), t.25 p. 292.

(150) *Ibid*., p. 444.

(151) *Ibid*., p. 489.

(152) *Ibid*., pp. 449-451.

(153) *Ibid*., pp. 445, 451-452.

(154) *Ibid*., p. 93.

(155) Boulay, *op. cit.* 注(7), p. 10.

(156) *Ibid*., p. 17.

(157) *Ibid*., p. 25.

(158) *Ibid*., p. 32.

(159) *Ibid*., p. 38.

(160) 樋口・前掲注(144)一九六頁。

(161) 同二〇三頁。

(162) 同二〇五頁。

(163) 同二一三頁。

(164) 同二一四頁。

(165) Josephe Droz, *Histoire du règne de Louis XVI, pendant les années où l'on pouvait prévenir ou diriger la Révolution française*, Paris, 1893, t, 2, p. 418.

(166) 杉原・前掲注(66)一九四―一九五頁。

(167)　彼は国民公会議員になり、憲法・外交・防衛・公教育などの委員会に入っている。しかし、彼の構想はどれも受け入れられず、恐怖政治の下では沈黙を守っている。そのため、ロベスピエールから「革命のもぐら」(la taupe de la Révolution) と呼ばれたと言われている (Bastid, *op. cit.* 注(148), p. 150)。

(168)　全体として、シエース的な立場ではなく、基本的にルソー的な方向で問題が立てられるべきだと、私には思われる。ルソーにおいては、人権の具体的なあり方の決定は、市民の総体としての人民によって行なわれる。それが行なわれるためには、いくつか注意すべき点がある。シエースとの関わりで、二点だけ指摘しておきたい。

一つには、人民による決定は、そのことを必要とする市民の間の利害や意見の対立を前提にしている。ルソーが人民主権・一般意思論の下で政治に対する全市民の参加を要求したとき、一部の市民による決定では決定内容が異なってしまうような、市民の間の利害や意見の対立が存在することを想定していたと言うことができる。確かに、人民による決定が実効的であるためには、市民の間の基本的な利害や意見の一致が必要である。基本的で階級的な利害の対立があれば、決定は実質的には一部の市民によってなされ、人民による決定の形式は虚偽のものになる。基本的で階級的な利害の対立の下でも、人民による決定の形式や手続は重要であり、そこで多数の市民の意見の反映や利害の調整が行われる。それでも、多数の市民の意見の反映や利害の調整は一部の市民によってなされるのであり、人民による決定の形式には虚偽が含まれる。しかし、基本的な利害の一致の下でも、多数決による決定を必要とする重要な利害や意見の対立は、常に存在することが認識される必要がある。また、基本的な利害や意見の一致は実際には目標でもあり、出発点において論理的に前提されるべきことではない。市民の間の利害や意見の対立が軽視されると、人民による決定ではなく、人民の名による一部の市民による決定が帰結されやすい。

それは、シエースのたどった方向に他ならない。「第三身分とは何か」において、「第三身分の中の自由な階層」について、「この階層は人民の他の部分と異なる利益を持っていない」とされていた。このような主張の上に、七月草案では、受動的市民としての全市民の利害の一致の想定が前提に置かれ、能動的市民のみによる政治参加の制度が正当化された。シエースによって利害の一致が主張されたとき、逆に利害の対立とその認識が存在していた。同じような論理の逆転は、基本的でないとされる利害の対立についても生じる。

もう一つには、人民による決定は、市民に対する自由の保障によって初めて可能である。シエースにおけるような、人権の自然権的構成は、自由な生存と所有を切断し、人権のあり方の決定から民衆を排除するところに、本質的な役割がある。しかし、国家権力から国民の、多数者市民から少数者市民の、集団から個人の自由を保障する機能も同時に持っている。人権の自然権的構成が果たしていた社会的な役割が否定されたところで、それが持っていた自由保障機能が生かされうるのかどうか。市民に対する自由の保障の上に人民による決定を構想する場合、再構成された人権の自然権的構成が、積極的な役割を果たしうるのかどうか。考えてみなければならない。

ルソーの構想では、所有の社会的再構成と共に自律した市民が形成され、社会的差別の減少と共に市民の個性が積極的に発揮されることが期待されているように思われる。そのような社会の中で、人民主権の実現が目指される。そのことによって、国家権力に対する国民の、多数者市民に対する少数者市民の、集団から個人の自由の保障の問題が消滅するわけではない。問題が社会的・階級的差別によって歪曲されることなく、むしろ純粋な形で登場することになろう。人民主権の完全な実現は常に困難であり、現実には人民主権の不完全な実施しか存在しないであろう。そのことへの対処としても、自由の要求は永遠に切実である。

(169)　浦田・前掲注（27）六九頁は、私的労働が第三身分によって負担されているとした後で、次のように記述している。「そうであるのに、第三身分は公的職務から排除され、他方で、私的労働を負担していない特権身分が、公的職務を独占しているというのである。」この記述は不正確であるので、以下のように訂正したい。「公的職務についても、骨の折れる大部分の職務は、第三身分によって担われているとする。そうであるのに、必要な労働・職務を担当していない特権身分が、公的職務のうち、金や名誉になる地位を独占しているというのである。」ただし、このように記述を変更しても、基本的な論理を変更する必要はないように思われる。訂正箇所では、ブルジョワジーが特権身分との対比において労働主体であったことを指摘しているが、その点を変える必要はない。また、「私的労働」と「公的職務」が言葉として対置されていること（七一頁）も、政治的特権に対する攻撃と所有権の擁護という論理（二一〇頁）が採られていることも間違いない。

2　シエースの国民主権論[1]

はじめに

シエース（Emmanuel-Joseph Sieyès）（一七四五―一八三六年）は一七八九年一月に「第三身分とは何か」を出版して、フランス革命を理論的に準備し、一七九九年一一月にはナポレオン・ボナパルトと共にブリュメール一八日のクー・デタを起こして、フランス革命を終わらせている。フランス革命の代表的なリーダーの一人である。最近でも彼の著作が出版され、[2]彼についての研究書も出されている。[3]

与えられたテーマは「シエースの国民主権論」であるが、彼については憲法論が関心を持たれ、中でも人権論や憲法陪審論とともに国民主権論が確かに注目すべきものである。フランス憲法学では、カレ・ド・マルベールの理論を基礎におきつつ、人民主権（la souveraineté du peuple）と国民主権（la souveraineté nationale）を対置することが多い。両主権をどのように区別するかは論者によって異なるが、ここでは、論理的整理を最も徹底的に行なっている杉原泰雄説に従いたい。

「主権」は「国権つまり国家の包括的統一的支配権、国家の支配的意思力」であり、[4]要するに法的観点からとらえられた国家権力を意味する。人民主権論では、主権の主体は市民の総体としての人民であり、従って人民自身による主権の行使が要求され、その手段として人民投票や、選挙民が議員の意思を拘束する命令的委任などの制度が要求される。(5) それに対して、国民主権においては、抽象的・観念的な国民が主権者であり、それが意思決定をすることはありえないので、主権を実際に行使する国民代表を必要とする。そして、国民代表と実在する人民とは必然的な関係がないことを理由に、民衆の政治参加を拒否することが可能になる。(6) 人民主権が民衆的な主権原理であるのに対して、国民主権はブルジョワ的な主権原理だと言うことができる。

なお、主権が法的意味における国家権力であっても、それはその実体か正当性かの争いがある。それについて、国民主権の下において制限選挙その他の手段によって人民が主権行使から排除されていることを説明するために、主権を国家権力の正当性ととらえる立場がある。(7) しかしながら、国民代表によって「行使される『主権』の内容として一般意思の決定権を当然に含めていたのではないだろうか。(8)」国民に法的意味の国家権力の実体が付属していなければ、国民に代わって国民代表がそれを行使することを論理的に説明できなくなる。すなわち、主権は国家権力の実体を意味しなければならないと考える。(9)

シエースは「主権」(la souveraineté) という言葉の使用を避けていたようであるが、例えば、「第三身分とは何か」において、「共同意思」や「権力」の帰属を問題にし、(10) 法的意味における国家権力の実体の帰属を論じている。彼は、人民主権に対置された国民主権の理論を展開したと一般的に見られているが、「第三身分とは何か」においては、革命への民衆の参加を確保するために、人民主権論が採られたとする議論もある。(11) ここでも、人民主権と国民主権の対置を一応前提にして、シエースの主権論を検討していきたい。

ところで、ギヨーム・バコは、「カレ・ド・マルベールと人民主権と国民主権の間の区別の起源」と題する書物(12)のなかで、フランス革命期の主権原理は一つであり、カレ・ド・マルベールの言う国民主権論は、十九世紀になってから登場したとする。本論文との関係で最も注目されるのは、革命期の主権原理において、主権主体は有権者あるいは能動的市民の集合体であるとされている点である。[13]「公権力の行使に効果的・具体的に参加することができる市民の全体」[14]が問題にされる。有権者の範囲が時期によって異なるだけであり、主権原理に変化はなく、抽象的・観念的な国民が主権主体と考えられることはなかったと言われている。このような主張の当否を全体として検討する用意はないが、このような主張を念頭に置きながら、主権主体に焦点を合わせて、シエースの主権論を見ていきたい。[15]

ここでは、革命前夜（一七八八年夏から一七八九年春まで）、革命初期（一七九二年夏まで）、中期（一七九四年夏まで）、末期（一七九九年秋まで）に時期を分けて、彼の主権論を見ていくことにする。ただし、中期には全般的に彼はあまり活動的ではなく、主権論に関しても積極的な発言をしていないので、本論文ではこの時期を扱わない。

一　革命前夜

1　「フランスの代表者達が一七八九年に行使できる執行手段に関する見解[16]」

このパンフレットは彼が自己の憲法思想を初めて公にしようとした文書であり、一七八八年夏に執筆され、同年末か翌一七八九年初頭に出版されている。その中で、全国身分会議の目的を租税の決定と憲法の制定に求め、その実現方法＝「執行手段」を明らかにしようとした。

抽象的な原理としては、人民主権の形式が取られ、全市民による共同意思の形成が要求されている。「自己の利益を考慮し、法を審議・制定する権利」を有する「市民」を出発点において、市民の自由から国民の立法権が引き出されている。[17] 従って主権者は、政治的判断能力を有する「市民」あるいは「社会構成員」(associés) の全体であり、すなわち人民とされている。人的所有と物的所有の二つの所有を構想するため、[18] 人的所有すなわち人格と労働力のみを有し、物的所有を実際には享受できない者にも、市民の資格が認められる。このようにして、全市民による共同意思形成の基礎が与えられる。その上で、市民の自由から国民の立法権が帰結され、「個人意思は法の唯一の構成要素であり、正当な結合は結合参加者全員の意思以外の基礎を持つことができない[19]」とされる。

しかしながら、生産の発展に伴う社会的分業の展開を称賛し、納税者株主論を提示する。「社会のなかで生産と商業の技術が発展すればするほど、公務に関する労働が、私的労働と供に、排他的地位にある人々によって、より安価により効果的になされうるに違いないことは認められていた。この真理は周知のことである。この公務員または行政官の俸給と、一般にすべての支出は、毎年の租税によって支払われる。従って、納税者市民は大きな社会的企業の株主とみなされるべきであり、彼らはその基礎を作り、その主人であり、彼らのために、それは存在し、活動し、あらゆる利益を集めるのである。[20]」これは、国王ではなく納税者市民が、国家権力という社会的企業の株主であり主人であることを示すために言われ、非納税者市民を排除するところに力点があるわけではない。しかし、結果的に非納税者市民は主権者構成員から排除されている。従って、当然のことのように、納税による参政権制限がなされる。「選挙人と被選挙人になりうる条件は、年齢と納税によって決定されることになろう[21]」。

2 「第三身分とは何か」

これは一七八八年末に執筆されたようであり、翌一七八九年初めに出版され、大変な評判を集めた。彼はこのなかで、第三身分だけが国民であるとして、特権身分の代表権を否定した。そして、第三身分だけで代表者を選出し、憲法を制定すべきであると提案した。そこで、「憲法制定権力」と「憲法によって作られた権力」を区別し、主権の問題を憲法制定権力論として論じている。「憲法は各部分において、憲法によって作られた権力（pouvoir constitué）の作品ではなく、憲法制定権力（pouvoir constituant）の作品である」[22]。従って、憲法制定権力とそれを行使する国民の超実定性が強調される。「国民はあらゆる手続から独立している。そして、国民がどのような方法で意思決定しようとも、その意思が現れさえすればよい。すべての実定法は、その源泉であり最高の主人の前にいるように、国民の前で効力を失う」[23]。このような憲法制定権力の超実定性によって特権身分の支配に対する革命が正当化される。

「第三身分とは何か」における主権論は人民主権の形式をとり、市民の全体としての人民を主権者としているように見える。「政治社会は構成員（associés）の全体でしかありえない」[24]という文章は、このことを示している。意思決定の第三期になると、共同意思の行使が特定の人々に委任されるが、その場合であっても共同体すなわち人民は意思決定権を失うわけではないとする[25]。シエースは、共同意思決定権すなわち主権の主体である人民を具体的にとらえており、それは第三身分であるとする。「第三身分は、国民に属するものをすべて含んでおり、第三身分でないものはすべて、国民のものとみなすことができない。第三身分とは何か。すべてである[26]。」論理的にはブルジョワジーと民衆の全体が主権者だということになる。

主権の主体が、意思を持つことができる具体的な存在である以上、主権者の意思は個人意思に由来するはずである。「国民の意思とは何か。国民が個人の集合であるように、それは個人意思の結果である」[27]。「個人意思は共同意思の唯一の要素である」[28]。

そのことを基礎にして、参政権の平等が要求される。「政治的権利は市民的権利と同様に市民としての資格に基づかなければならない。この法的財産はすべての人にとって等しいものであり、各個人は現実の財産から自分の幸福や快楽を作りだすが、その現実の財産の多少は問題ではない。選挙人になるための一定の条件を備えるすべての市民は、自分の代表を持つ権利を有し、その代表権は他人の代表権の一部ではありえない。この権利は一つのものである。すべての人は等しくそれを行使し、そのことは、すべての人が、その制定に参加した法律によって保護されるのと同じことである」[29]。原理としては財産による差別が禁止されている。

国民の主権参加の具体的方法として、まず議員の選挙が予定され、それについては普通選挙が想定されている。「立法府に入る者はすべて、代理権（procuration）を与えられている限りにおいてのみ、人民のために投票する権限をもつ。自由な普通選挙（élection libre et générale）が存在しないときに、どこに代理権があるのか」[30]。人民が議員の意思を拘束する命令的委任の制度が想定されているようにも見える[31]。

人民主権の採用を示唆する記述も、しかしながら、実質的にはそのような意味を持っていないように思われる。「政治社会は構成員の全体でしかありえない」という文章は、特権身分の排除のために言われている。特権身分は共通の法の下に暮らしていないので、根本的には政治社会の構成員の中に入らないと言うのである[32]。具体的な市民の全体による主権行使を積極的に要求しているわけではない。

国民の人口の増大などの実際的な理由から、共同意思決定権の委任が要求される。国民が行なうことは意思決定権の委任であり、行使と切り離された国民の意思決定権自体は、言葉だけで実質がない。

シエースは個人意思と共同意思の結合を説いているが、それによって市民による意思形成を主張しているわけではない。「個人意思は共同意思の唯一の要素である」とするが、そのことによって、少数者である特権身分による意思決定を否定し、多数者である第三身分による意思決定を要求しているのである。特権身分による意思決定を少数者による意思決定として批判するためには、個人意思から議論を組み立てることが不可欠である。その限りで個人意思が論じられているにすぎない。

参政権の平等も特権身分による意思決定に抗議するために言われているに過ぎない。特権身分と第三身分の対抗関係のなかで言われ、第三身分内部の問題として主張されているわけではない。財産による差別の禁止も基本的にはそのような意味を持っているように思われる。特権身分との対抗が政治的に問題になっているときに、財産による参政権の制限を主張することは、それだけ第三身分における有権者の数を減らし、その立場を弱める論理的な意味しか持たないからである。

普通選挙制度の要求も特権身分による政治の独占に対する批判のために言われているのであり、それ以上の意味を持っていない。シエースは抽象的には命令的委任を背景にもって議論を展開していると見てよいように思われるが、具体的にこの制度を構想していたかは疑わしい。

以上のように、彼の人民主権的議論に実質的な意味があるかどうかに疑問があるばかりではなく、人民主権と相容れない議論も展開されている。彼にとって、政治の主体である国民は第三身分であるが、それは一定の財産所有者として具体的にイメージされているように思われる。

有権者を次のように限定している。「どの国でも法はある種の資格を定め、その資格がないと選挙人にも被選挙人にもなれない。このようにして、例えば、法はある年齢を決定しなければならず、その年齢以下であると、市民を代表することができないとされる。従って、良かれ悪しかれ、女性はどこでもこの種の代理権から遠ざけられている。確かに、浮浪者や乞食が人民の政治的信任を受けることはありえない。召使や、主人に従属するすべての者、帰化していない外国人が、国民の代表者の役割を果すことが許されるであろうか」[33]。ここでは、「召使や、主人に従属するすべての者」が被選挙権を持たないことを、年齢制限のように当然視していることが特に注目される。さらに、特権身分の影響の排除を理由に、従って政治的・過渡的制限として、特権身分の土地の小作人は参政権から排除される[34]。結局、全体として、政治主体からかなりの民衆を実質的に排除している。特権身分批判の基本的な論理を通して、民衆不信の姿勢が実質的に現れているように思われる。

シエースが期待する政治的主体は、積極的にはどのようなものであろうか。第三身分の代表となるほど有能な人間は第三身分の中にはいないという特権身分の主張に対して、彼は次のように答える。「第三身分の中の自由な階層(les classes disponibles)のことを考えてほしい。ある種の余裕のおかげで、自由な教育を受け、理性を磨き、つまり公共の問題に関心を持つことができる人々を、私は他の人々と同じように自由な階層と呼ぶのである。この階層は人民の他の部分と異なる利益を持っていない。この階層に、教養があり、正直で、あらゆる点において国民の優れた代表となるにふさわしい市民が十分にいないかどうか見てほしい[35]」。「第三身分の中の自由な階層」に実際の期待を寄せている。政治主体である国民を第三身分と定義するが、そのなかであくまでブルジョワジーの政治的指導性を確保しようとしている。

シエースの主権は、所有権保障を含む自然法の拘束に服しており、そのような前提の下では人民主権の成立は実質的に困難である。国民とその意思の全能性を強調する文脈においてであるが、それらに対する自然法の優位、拘束という前提が確認されている[36]。その自然法のなかに所有権の保障が含まれる[37]。所有権を自然権として前提にした場合、財産を所有する者としない者の間の不平等が発生する。そこでは、人の間の基本的な利益の共通性が存在せず、人民主権の下における一般意思の成立が困難である。人間の根源的な欲求や自由は、一定の所有と自由を自然権として保護する方法によって実現すべきものとされ、主権者国民もその点に関する意思決定権を認められない。結局、自然権的人権の具体的確定は一部の市民によって行なわれることになる[38]。その一部の市民とはまず、国民に代わって超実定

的憲法制定権力を行使する特別代表である。(39)

3 「オルレアン公爵殿下から出された指示」

「オルレアン公爵殿下から大法官裁判管轄区の代表者に出された指示。議会で行うべき議決付き」が、「第三身分とは何か」が出された直後の一七八九年二月に現れている。これの少なくとも基本的な部分はシエースの作品とされており、「憲法制定権力」論などから彼のものと私にも思われる。そこにおける多くの議論は「第三身分とは何か」と共通しているが、国民主権論の形成にかなり踏み込んだ議論も展開している。

第一に、原理として参政権の平等を主張しつつ、実際上、有権者として納税者を考えているようである。「身分による差別は正しい代表の設立にとって大きな障害となるであろう。原理に従えば、政治的権利は市民的権利と同様に個人の間で平等である。ここ（市民的権利——浦田）では、権利の平等は財産の不平等によって破壊されない。同様に、政治的平等は理性や雄弁によって破壊されるものではない。すべての納税者市民（Citoyen contribuable）は同一の価値を持ち、一人の市民は他の市民の部分ではありえない」(40)。参政権の平等は身分による差別の否定として考えられ、納税要件を備えない市民のことは、有権者として念頭に置かれていないようである。

第二に、命令的委任を批判している。議員は単なる意見の運搬人ではなく、審議できる真の代表者であるとする。(41)

第三に、「指示」全体としては、代表制を国民の人口の増大によって説明することが多いが、結論的には民主制より優れたものとしている。(42)

二　革命初期

1　七、八月人権宣言・憲法草案

一七八九年五月五日、全国身分会議が召集され、六月一七日、国民議会の設立が宣言され、七月一四日にはバスティーユが攻撃される。同月二〇、二一日シエースは、「憲法前文。人および市民の権利宣言の承認および理論的解説」と題する人権宣言案を憲法委員会に提出した。これを「七月草案」と呼ぶことにする。八月四日に封建制の廃止が宣言された後、彼は「社会における人の権利の宣言」と「憲法草案」を国民議会に提出した。こちらは「八月草案」としておく。

これらの草案においては、民衆の政治参加を拒否する姿勢が明確にうちだされている。自然状態から社会状態への移行を論じ、自然的・市民的権利について説明し、次に政治的権利を承認する。その議論の中で、受動的市民に対して参政権を否定し、その根拠として納税者株主論を出している。「この二種類の権利の間の違いは次の点にある。すなわち、自然的・市民的権利は、その維持と発展のために社会が形成される権利であり、政治的権利は、それによって社会が形成される権利である。言葉をはっきりさせるために、第一のものを受動的権利（droits passifs）、第二のものを能動的権利（droits actifs）と呼ぶほうがよい。一国のすべての住民は受動的市民（citoyen passif）の権利を享受すべきである。すべての者は自己の人格、財産、自由その他のものの保護を求める権利を有するが、すべての者が公権力の形成に能動的に参加する権利を有するわけではない。すべての者が能動的市民（citoyens actifs）であるわけではない。女性——少なくとも現状においては——、子供、外国人、公的組織の維持に何の貢献（contribuer）もしていない者は、公の問題に能動的に影響を及ぼすべきではない。すべての者は社会の利益を享受することができる。公的組織に貢献する前者のみが、大きな社会的企業の真の株主に当たる。彼らのみが本当の能動的市民、結合体の本当の構成員である」(43)。政治的判断能力を有しない子供だけではなく、公的組織に貢献せず納税しない市民も、社会の真の構成員から外され、参政権が拒否されている。

以上のように、民衆の政治参加に否定的な態度が取られながら、人民主権的な論理が採用されている場合がある。まず、一般的原理として主権者を人民または国民としている。「すべての公権力は人民、すなわち国民に由来する。この二つの言葉は同義語でなければならない」(44)。その国民について、それは社会構成員の全体であるとする。「国民は社会構成員の全体であり、すべての被治者であり、自己の意思の産物である法律に従うすべての者であり、権利において平等であり、自由に交流し、互いに契約を結ぶことができるすべての者である」(45)。さらに、参政権の平等が強調されている。「政治的権利の平等は基本的な原理である。それは市民的権利の平等と同様に神聖である。政治的権利の不平等から直ちに特権が生じるであろう」(46)。

彼の人民主権的な議論には問題が含まれている。主権者を人民または国民としながら、納税者株主論によって受動的市民の参政権を否定している。七月草案において、物的手段の所有者（有産者）のために「権利の平等」（形式的平等）による「手段の不平等」（実質的不平等）の確保が図られ、その実現のために社会的結合が構想される(47)。そこに、納税者株主論による能動的市民の限定がなされる可能性がある。

シエースは、受動的市民に対して参政権を否定し、その根拠として納税者株主論を出している。この議論に続いて、参政権の平等を基本的な原理であるとし、その不平等から特権が生じるとする。従って、彼にとって、能動的市民論と参政権平等論は矛盾しないものと考えられているようである。

彼は、「政治的権利の平等は市民的権利の平等と同様に神聖である」とする。その議論の基礎にある権利の平等は、何よりもまず特権、すなわち身分による差別に対する抗議概念である。従って、それ以外の、性、国籍、財産などを理由とする差別は、彼の論理においては問題の焦点にならない。しかも、人的所有から出発する、労働による所有論を基礎に、権利の平等に基づき所有する資格が認められている。従って、誰でも納税することができ、能動的市民になる資格が与えられている。そうだとすれば、権利の平等と受動的市民論は必ずしも矛盾しないのであろう。権利の平等に反するのは、納税した者に対しても、身分を理由として参政権を拒否することである。実際に納税できず、参政権を行使できない受動的市民が存在しても、それは手段の不平等の問題として容認されることになる。

ところで、バコは、シエースの能動的市民論を引いて、彼にとって主権者国民は能動的市民の集合体であるとする。(48)シエースの意識において彼の結論は、おそらくバコの言う通りであろうが、それだけを指摘することは、彼が主権者国民を一旦は「社会的構成員の全体」であるとしていることを無視している。このように、受動的市民を含む全市民を主権者であると発言したからこそ、能動的市民論を展開し、能動的市民だけが結合体の「本当の」構成員であると言い直さなければならなかったのではないであろうか。

2　九月七日の演説

国王ルイ一六世は、封建的特権の廃止に関する八月五日から一一日のデクレと二六日の人権宣言を裁可しなかった。そこで、九月に議会では、立法に関する国王の拒否権は認められるかどうかが問題になった。その点に関してシエースは九月七日に演説をしている。

この中で、命令的委任の禁止を不可欠の要素とする代表制の理論を展開した。市民の政治参加の方法には、間接民主主義を基礎におく「代表制」(le gouvernement représentatif) と、直接民主主義を意味する「真の民主制」(la véritable démocratie) の二つがある。[49] 前者を採用すべきであるとし、その理由として以下のような点を指摘する。

第一に、多くの市民には「真の民主制」を行なうほどの能力も時間の余裕もない。「我々は大多数の人々の中に労働の機械しか見ざるをえない。しかしながら、あなたがたは市民の資格と公民権 (les droits du civisme) をこの教育のない大衆に拒否することはできない。彼らは強制的労働によって完全にしばられている。彼らはあなたがたと同様に法律に従わなければならないのであるから、彼らはあなたがたと完全に同様に法律の作成にも参加すべきである。」「まず、我々の仲間の市民のほとんど大多数は十分な教育も十分な余暇もなく、フランスを支配しなければならない法律に、直接関与することを望ことはできない。従って、彼らの意見表明は、代表者を互いに選出することによる」。

第二に、フランスのような大国では「能動的市民」の間でも「真の民主制」は技術的に困難である。この演説では受動的市民と能動的市民の区別を前提としているようである。

第三に、政治には専門性が要求されるから、専門家に任せたほうが効率が良い。

以上の点から、「代表制」のほうを採らなければならないことになるが、そこでは命令的委任は禁止されなければならないとする。とくに、命令的委任禁止の理由として、議員は全国民の代表者であるから、選挙区の意思に拘束されてはならないということが言われている。「議員は全国民の議員である。全市民はその委任者である。さて、選挙された者が、多数者の希望に反して少数派の希望に従うことを、選挙区の集会では望まないであろうから、なおのこと、王国の全市民の議員が、国民全体の意思に反して、一選挙区または一市町村の住民だけの希望を聞くことを望んではならない。[50]」

シエースの代表制論にはいくつか特徴がある。第一に、「第三身分とは何か」や七月人権宣言草案におけるのと同様に、ここでも労働の問題が議論の基礎に置かれている。大多数の人々を労働の機械と見る前提として、古代社会と異なり現代社会においては、すべての労働主体に市民の資格を承認したために、政治的権利を行使する能力を持たない市民が生じたとされる[51]。そこで、受動的市民と能動的市民の区別が必要になり、その能動的市民についても「真の民主制」は不可能になっているとされている。

第二に、命令的委任の禁止論のなかで国民の観念化が進められている。シエースは一選挙区の意思と全国民の意思を比較しているが、そのような比較には問題がある。選挙区の意思は現実に存在しうるが、全国民の意思は議員の判断の中にしか存在しないからである。シエースが実際に行なったことは、選挙区の意思と議員の意思の比較であり、後者の優先である。

そこで言われている全国民は、一方では能動的市民の全体としてとらえられている。そこで能動的市民と議員の間の命令的委任を問題にする。しかし、他方で国民の観念化が進められている。一つには、参政権の行使から排除されている受動的市民も、実体的には国民のなかに含めて考えられる場合があるからである。もう一つには、手続的に見て、国民の意思は議員の判断の中にあり、最終的には議会の中にしかないからである。このように国民の観念化は実質的に進められているが、国民を観念的なものとして意識的に構成することは行なわれていない。

第三に、法律を「被治者の意思の表明」とするなど[52]、人民主権的な議論を維持しているが、そこには実質的な意味はない。

三　革命後期

1　共和暦三年の憲法構想

共和暦三年（一七九五年）憲法の制定に取り組んでいた国民公会において、シエースはテルミドール二日と一八日（七月二〇日と八月五日）に長い演説を行なっている。それは代表制、権力分立、憲法陪審に関するものである。

彼は「ボルドーへの手紙」の話を出し、郵便配達は自分でするより郵便局に任せたほうが便利なように、政治も代表者に任せたほうがよいとする。(53) すなわち、代表制は直接民主主義の代替物ではなく、直接民主主義が可能であっても採用すべき、積極的に優れたものであると言うのである。そこでは命令的委任は禁止されることになる。

代表の性格について次のような説明を行なう。「よく知られているように、社会には一つの政治権力しか存在せず、それは結合の権力である。この唯一の権力がいろいろな代表者に与えるさまざまな代理権が、不適切に諸権力と複数形で呼ばれることがある。同様に、我々一人一人が代表者の資格を獲得し、または与えられているというのは、誤りかまったくの儀礼による。ここには一人の代表者しかおらず、それは公会という団体である」。

これによれば、代表権を与えるのは、選挙区ではなく、「唯一の権力」である。これは、その形成の主体や方法が示されていない観念的なものである。そして、代表権を与えられるのは、議員ではなく、議会であるとする。結局この議論は、代表を、選挙区による議員に対する個別的委任ではなく、観念的な存在による議会に対する集合的委任として説明しようとするものである。この議論は国民主権論の形成に明確な理論的貢献を行なっていると言うことができるが、観念的存在になっているのは、「唯一の権力」であって「国民」ではない。「唯一の権力」は論理的には主権者国民と同一物になりそうであるが。

他方で人民主権に対する批判を明言している。「政治的結合がなされるとき、各個人が社会の中に持ち込む全ての権利、個人の集合体全体のすべての力を決して共有にするわけではない。公的・政治的権力の名の下に、可能な最小限のもの、そして各人の権利と義務を維持するのに必要なものだけを共有にする。主権と呼ばれるものに、人が好んで与えてきた法外な概念とは似ても似つかない。私が語っているのは、まさに人民主権のことであることに注意してほしい。」

違憲審査権、憲法改正権、自然法による裁判権を行使するための機関として、「憲法陪審」(jurie constitutionnaire)が構想される。(54) これらの権限はシエースにとって憲法制定権力であり、ここで憲法制定権力の実定化が図られている。

2　共和暦八年憲法草案

ブリュメール一八日のクー・デタの後、シエースは憲法草案を数人の親しい者に口頭で伝え、その草案が共和暦八年憲法起草の出発点に置かれた。

そこでは、「人民主権」(la souveraineté du peuple)を基礎に置いたとされながら、それは次のように説明される。「しかし、人民とは何であろうか。たんに分散し、混乱し、関係を持たず、無条件で、存在の統一性のない、多少とも多人数の個人の集まりのことであろうか。恐らくそうではなく、それは我々を野蛮状態に導くことになろう。人民は、人民あるいは政治体になるために、自己の欲求と利益に最も適合したやり方で生活し活動するように、組織される必要がある。人民には、単一である意思と、同じく単一である力が必要である。このことによってこそ人民は真に主権者となる。というのは、その主権とは結合された意思と力以外の何ものでもないからである。それによって人民がこれらの規範を執行させ、同様に執行権を構成する力が、それである。結局、人民には公的組織が必要なのである」。(55)人民に公的組織が必要であることを強調することによって、主権者人民の意義が弱められ、人民が市民の集合体より公的組織の中に見い出される傾向が生まれている。

このような主権論の上に、「粗野な民主制」よりはるかに優れたものとして「代表制」が置かれ、[56] 代表制を基礎とする制度は次の二つの原理によって支配される。第一原理として、「何人も、公的職務の行使の対象となる者の信任(confiance)によらなければ、この職務を与えられてはならない」。第二原理として、「何人も、権力(autorité)に服する者によって、公務員に任命されてはならない」[57]。このふたつの原理を簡潔に表現して、「信任は下から、権力は上から[58]」と言われる。

この原理を具体化するために、「信任・名士名簿」(les listes de confiance et de notabilité)が構想される。これは、市民が公務員候補者名簿を作成し、その中から上級権力が公務員を任命する制度である。この制度によって、限られた政治参加が市民に認められるが、本来の選挙は廃止される。

おわりに

革命前夜において、主権主体は一般市民の全体とされ、あるいは参政権の平等が語られ、人民主権の形式がとられているように見える。とりわけ、「第三身分とは何か」においてそうであるが、これらの議論は特権身分批判のために展開されている。そして、実際には民衆の政治参加に消極的な態度が見られ、国民主権に踏み込む議論も出されている。

革命開始後は、特権批判よりも民衆不信が前面に出てくる。シエースは受動的市民に参政権を否定し、能動的市民についても政治への直接参加を否定する。制限選挙を基礎づけ、命令的委任を禁止することによって、国民主権論の形成に貢献している。人民主権論の形式を残しながら、主権者国民の観念化が実質的に進められるが、国民の観念的構成を意識的に行なっているわけではない。

革命後期になると、人民主権批判を明言し、集合的委任論を提出する。観念的存在を前提とする主権論を展開しているが、観念的存在は「国民」とはされていない。最終的には、公的組織の役割が強調され、選挙の廃止も主張されるに至る。

革命後期には人民主権批判が行なわれるが、全体として人民主権論の形式が維持され、革命後期にもそれは完全に放棄されてはいない。その形式の下で、実質的には国民主権に踏み込む議論が革命前夜から展開され、革命開始後はそのような傾向が強まる。しかし、主権者国民を観念的なものとして意識的に構成することは最後まで行なわれておらず、シエースは国民主権論の形成に大いに貢献したが、定式化したわけではない。

バコの言うように、シエースが実質的な主権者を能動的市民の全体と考えているように見える場合が確かにあるが、他方で彼は主権者を一般市民の全体とする議論を展開している。そこには、人的所有論という理論的基礎があり、特権身分批判のために必要だという政治的理由がある。一般市民の全体を主権者とする議論を無視するわけにはいかない[59]。また、革命期の人々の意識に焦点を合わせる傾向がバコにはあるが、議論の論理構造も重視する必要があり、議論の全体を問題にしなければならない。

シエースの理論的活動の基礎には、特権身分を批判しつつ、民衆に不信感を持つ彼の立場がある。特権批判や民衆不信の強弱には変化が見られるが、基本的立場は一貫している。彼はやはり「ブルジョワジーの権化」(l'incarnation de la bourgeoisie)[60]と呼ばれるべきである。

（1）本論文は、一九八九年一二月一六日に中央大学社会科学研究所主催で開催されたフランス革命二〇〇周年記念国際シンポジウム「フランス革命とは何か――現代史認識の再建を目指して――」において行なわれた報告をまとめたものである。基本的に浦田一郎『シエースの憲法思想』（勁草書房、一九八七年）を要約したものであるが、ギヨーム・バコ（Guillaume Bacot）の議論に関する見解も含まれているので、本書に取り入れることとした。

（2） *Ecrits politiques*, Choix et présentation de Roberto Zapperi, éditions des archives contemporaines, Paris, 1985; *Qu'est-ce que le tiers état?*, préface de Jean-Denis Bredin, Flammarion, 1988; *ŒUVRES DE SIEYÈS*, EDHIS, Paris, 1989, 3 vols.

（3） Murray Forsyth, *Reason and Revolution : The Political Thought of the Abbé Sieyès,* Leicester University Press, New York, 1987; Jean-Denis Bredin, *Sieyès; La clé de la Révolution française*, Editions de Fallois, Paris, 1988.

（4） 杉原泰雄『国民主権の研究』四三頁（岩波書店、一九七一年）。

（5） 同書一六五頁以下。

（6） 同書二九五頁以下。

（7） 樋口陽一『近代立憲主義と現代国家』三〇一頁（勁草書房、一九七三年）。

（8） 杉原泰雄『国民主権と国民代表制』三三二頁（有斐閣、一九八三年）。

（9） 国民主権のとらえ方について、本書二七七―二七九頁参照。

（10） *Qu'est-ce que le Tiers état?,* 1789, éd. par Roberto Zapperi, Droz, Genève, 1970, chapitre 5, pp. 178–179.

（11） 杉原・前掲注(4)一八二頁以下。

（12） Guillaume Bacot, *Carré de Malberg et l'origine de la distinction entre souveraineté du peuple et souveraineté nationale,* Éd. du CNRS, Paris, 1985. その紹介として、光信一宏「紹介・フランスにおける最近の主権論――G．バコ教授の所説について」法律時報六〇巻九号六九―七三頁（一九八八年）がある。

（13） Bacot, *op. cit.* 前掲注(12), pp. 56, 61-65, 89.

（14） *Ibid.,* p. 92.

（15） 主権論を含む彼の憲法論について、浦田・前掲注(1)参照。

（16） *Vues sur les moyens d'exécution dont les représentants de la France pourront disposer en 1789.* Bibliothèque Nationale（以下 B. N. と略す）Lb39. 1266.

（17） *Ibid.,* p. 14.

(18) *Ibid.*, première section, p. 11.
(19) *Ibid.*, p. 17.
(20) *Ibid.*, troisième section, p. 113.
(21) *Ibid.*, p. 125.
(22) *Qu'est-ce que le Tiers état?, op. cit.* 注(10), chapitre 5, pp. 180–181.
(23) *Ibid.*, p. 183.
(24) *Ibid.*, p. 188.
(25) *Ibid.*, pp. 178–179.
(26) *Ibid.*, chapitre premier, p. 126.
(27) *Ibid.*, chapitre 6, pp. 204–205.
(28) *Ibid.*, chapitre 5, p. 189.
(29) *Ibid.*, chapitre 3, section 2, p. 145.
(30) *Ibid.*, chapitre 4, section 7, p. 172.
(31) *Ibid.*, chapitre 5, p. 190.
(32) *Ibid.*, chapitre premier, pp. 125–126.
(33) *Ibid.*, chapitre 3, section 1, p. 139.
(34) *Ibid.*, p. 142.
(35) *Ibid.*, pp. 143–144.
(36) *Ibid.*, chapitre 5, p. 180.
(37) *Ibid.*, chapitre 3, p. 136.
(38) 本書一〇頁。
(39) *Qu'est-ce que le Tiers état?, op. cit.* 注(10), chapitre 5, p. 185.
(40) *Instruction donnée par S. A. S. Monseigneur le duc d'Orléans à ses représentans aux baillages, suivie de délibérations à prendre*

dans les Assemblées, B. N., Lb^{39}. 1380. C., février 1789, pp. 42–43.

(41) *Ibid.*, pp. 60, 62–63.

(42) *Ibid.*, p. 65.

(43) *Préliminaire de la constitution. Reconnaissance et exposition raisonnée des droits de l'homme et du citoyen,* Archives Parlementaires（以下 A. P. と略す）, première série, t. 8, p. 259.

(44) *Ibid.*, p. 260.

(45) *Ibid.*, p. 259.

(46) *Ibid.*, pp. 259–260.

(47) 浦田・前掲注(15) 五六—九七頁。

(48) Bacot, *op. cit.* 注(12), pp. 63–64.

(49) *Dire sur le veto royal*, A. P., *op. cit.* 注(43), p. 594.

(50) *Ibid.*, pp. 594–595.

(51) *Ibid.*, p. 594.

(52) *Ibid.*, p. 592.

(53) Réimpression de l'Ancien Moniteur, Paris, t. 25, p. 292.

(54) *Ibid.*, p. 442.

(55) Boulay de la Meurthe, *Théorie constitutionnelle de Sieyès. Constitution de l'an* Ⅷ, Paris, 1836, B. N., Le^{3}. 222, p. 17.

(56) *Ibid.*, p. 5.

(57) *Ibid.*, p. 10.

(58) *Ibid.*, p. 25.

(59) 渡辺良二『近代憲法における主権と代表』一五二頁（法律文化社、一九八八年）の言う、「法的に平等」で、「階級的性格を捨象した等質な個人」によって構成される「国民」は、本文で言う一般市民の全体に対応すると見てよいようである。

(60) *Georges Lefebvre, Étude sur la révolution française*, P. U. F., 2e éd., 1963, p. 153.

二 立憲主義

3 憲法的公共性とフランス警察法における「公序」観念について

はじめに

当初、憲法的公共性の一端を明らかにするための歴史研究として、フランス第三共和制前半期における警察による人権規制の理由とされた「公序」観念の研究に取り組んだ。この「公序」観念について、手続的側面と実体的側面に分けて研究しようとした。手続的側面と言っているのは、誰がどのようにして「公序」の内容を決定するかという問題であり、法治主義のあり方の問題と考えた。さらにこの問題を、人権を規制する警察の側の問題と、警察によって規制される人権の側に分けて、検討することとした。前者に取り組んだのが、「憲法的公共性とフランス警察法における『公序』観念について（二）・（三）」山形大学紀要（社会科学）一二巻二号、一三巻二号（一九八二・一九八三年）である。後者に実質的に当たるものが、「議会による立憲主義の展開」一橋論叢一一〇巻一号（一九九三年）、「議会による立憲主義の確立」杉原泰雄先生退官記念論文集『主権と自由の現代的課題』（勁草書房、一九九四年）である。種々の事情から、この研究への取り組みが断続的になり、問題意識もかなり変わってしまった。そこで、「憲法的公共性とフランス警察法における『公序』観念について（二）」山形大学紀要（社会科学）一一巻二号（一九八一年）は除き、また「公序」観念に関する実体的側面の研究は将来の課題とすることとした。

フランス第三共和制（一八七五年）憲法は政府の一般的権限を法律の執行に限定し、第三共和制前半期は近代立憲主義の確立期に当たると考えられる。しかしながら、この時期には政府の警察独立命令を認める慣行が復活、確立し、この時期は法治主義にとって重大な問題をかかえた時期でもあった。そこには警察権を行政権に固有の権限と見る見方があり、また新しい時代の要請への対応という意味もあった。本稿では以上の点を明らかにしていきたい。

一　第三共和制前半期における警察による人権規制

憲法的公共性に対する関心からここでは、フランスにおいて人権に対する警察規制の目的とされた「公序」（ordre public）の観念について、第三共和制前半期を中心に考察することにする。

このように研究対象を限定したのはなぜか、それに伴ってどのような問題が存在するかについて、簡単にふれておくことにする。

1　libertés publiques

(1)　用　法

人権に当たる言葉として、フランスにおいて最もよく使われてきたのは、libertés publiques（公的自由）である。一九七〇年代以降憲法院が人権の分野で活発な違憲審査を行なうようになってから、droits de l'homme や droits fondamentaux という言葉も使われるようになったが、それ以前の伝統的な言葉は libertés publiques である。「個人が享受し、彼らのための若干の自治の領域の承認として解される権利[1]」、「実定法によって認められた自己決定権[2]」、「法的に承認、定義、保護された人権[3]」などと、論者毎のニュアンスをもって定義される。

ブローによれば[4]、この用語はフランス革命期に出現し、第三共和制以降現在の意味で使われるようになっている。現行一九五八年憲法も三四条において、「公的自由の行使について市民に認められる基本的保障」を法律事項としてあげている。

このように人権を「公的自由」として表現することが最も一般的なやり方であるが、「公的自由」という観念にはいくつか特徴がある。日本国憲法の下で考えられている人権と必ずしも一致しないので、その点に注意する必要がある。その点を明らかにするために、「公的自由」と droit de l'homme（人権）の関係を見ておくことが適当であろう。人権という言葉にそのまま当てはまるのは droit de l'homme の方であるが、すでにふれたように、伝統的に一般的なのは libertés publiques である。

両者の違いを重視しない説もあるが[5]、区別する論者も存在する。リヴェロは二点において区別する[6]。一つには平面が異なり、「人権」が自然法概念に依存するのに対して、「公的自由」は実定法上のものである。もう一つには内容の違いがあり、積極的給付を要求する社会的権利は「人権」とは考えられるが、「公的自由」を構成しない。

マディオは、「人権および公的自由」と題する著書のなかで、リヴェロによる右の区別を紹介した後で、このような区別をしないとしつつ、以下に述べるような理由から「公的自由」より「人権」の方をより多く使うとする[7]。①「公的自由」の「公的」の意味が不明である。この点については後述する。②若干の人権は「自由」の伝統的概念にうまく一致しない。例えば、社会保障を受ける権利。③「人権」という表現は、その一般性からして「伝統的自由」

と「経済的社会的権利」の両方をカバーする。

　これらの議論を参考にすると、日本国憲法の下で考えられている人権に対して、「公的自由」は次のような特徴を持つと言えるであろう。第一に、その実定法的性格である。リヴェロと異なり、マディオはこの点については論じていないが、「公的自由」が、自然法的思考が薄れた第三共和制下に、実定法によって保障された諸権利を念頭に置いて、構成された概念であることは否定できない。[8]

　第二に、「公的自由」は、リヴェロやマディオがふれたように、「自由」という言葉からして、いわゆる社会権を本来の対象としていたわけではない。社会権は「公的自由」の中にうまく納まらない。もっとも「公的自由」は歴史的に確定した概念ではないし、[9] droits sociaux や droits sociaux et économiques と一般的に呼ばれる社会権の方も、そのとらえ方は論者によって相当異なるから、[10] 公的自由は社会権を含まないと簡単には言えない。教科書の中で「公的自由」の表題の下で、社会権に属すると思われる諸権利が扱われることもある。[11]

　社会権が、「労働者を中心とする利害関係者の集団的権利・自由」の要素と、その保障のための「国家の積極的給付義務の存在」の要素からなるとすれば、[12] 前者の要素は「公的自由」として必ずしも不自然ではないが、後者の側面は納まりにくい。社会権と公的自由の関係は、単なる言葉の問題ではなく、社会権の複合的性格に関わる理論的問題であるように思う。どちらにしても、「公的自由」は社会権より伝統的自由を中心に置いた概念である。

　最後に第三として、「人権」と「公的自由」の関係に関するリヴェロとマディオの議論から直接出てくることではないが、「公的自由」として参政権が考えられることはない。「公民権」(les droits civiques) を広く取って、市民の意思表明に協力する権利として、出版・集会・結社の自由などを含めれば、「公的自由」と言えないことはない。しかし、もっと限定して、「政治的決定への直接の参加を許す限りでの市民の資格に結びつけられた諸権利」、すなわち選挙権・被選挙権を「公民権」と考えれば、これらは「公的自由」ではない。[13] 講義や教科書について言えば、これらは「憲法および政治制度」の方で扱われる。

以上の点からすると、droits de l'homme の方が、日本国憲法の下で考えられている人権に言葉の上でも考え方としても近いが、従来 libertés publiques として問題が立てられてきたのであるから、こちらで考えることとする。ただその場合、日本国憲法下の人権との違いを意識しておく必要がある。日本国憲法の下では特に一一、九七条に依拠しながら、人権の自然法的基礎づけを重視する議論が多い。「公的自由」は実定法によって保障されたものであることが強調されているが、後に見るように、広汎な自然的自由を基礎に置くかどうかは、人権に対する警察規制のあり方に関わりを持つ。

また「公的自由」は、社会権や参政権を含まず、自由権を中心に置いた概念であり、日本国憲法下の人権より範囲が相当狭い。人権に対する警察規制は主として自由権について問題となるから、警察規制について考える限り、問題の中心部分を押えることはできるであろう。

(2)　〈public〉の意味

次に、libertés publiques の public はどういう意味かということが問題になる。しかし、「公序」と異なり、「公的自由」の公共性は、そのとらえ方をめぐって激しく争われるということがなかったから、あまり多くの議論は残されていないようである。[14] 簡単に見ると、次のようなことになる。ブローの議論を基礎にして考えてみると、三種類のとらえ方が区別できるようである。第一に、フランス革命期から一九世紀の中程までの時期に liberté publique と単数で使われた場合である。憲法典では次のような例がある。一七九三年のモンタニャール人権宣言九条、「法律は、統治する者の圧制に対して、公的および個人的自由 (la liberté publique et individuelle) を保護しなければならない。[15]」一八一四年憲章前文、「暴力が政府の弱体から譲歩を奪いとるとき、王位自体と同じように公的自由（la liberté publique）は危険に陥る。」[16]

ここでは「公的自由」は、狭義の「個人的自由」（la liberté individuelle）、すなわち安全（人身の自由）や内心の自由に対置される。それは、公の場所において行使される自由（集会、集団示威運動、印刷物の頒布など）、および市民の権利（請願や選挙など）の行使に関わる自由を意味する。この区別は、一九世紀に入ってから、法律家によって行なわれた、「公的自由」と「市民的または私的自由」（la liberté civile ou privée）の区別によって強化された。

第二に、一九世紀に入って、伝統主義者や純理派によって使われ一般化していった用法で、libertés publiques と複数形で表わされる場合である。それは、「自然の自由」（la liberté par nature）や抽象的な自由に対する反発から、実定法によって保障された具体的自由を意味する。憲法典では、一八五二年一月一四日憲法が前文と二五条で、元老院を「基本的協約と公的自由の保護者」（le gardien du pacte fondamental et des libertés publiques）としている場合が[17]、それに当たると思われる。

第三に、第三共和制以降、現在と同じような意味で「公的自由」という言葉が使われているようである。第三共和制の憲法的法律には「公的自由」という言葉は登場しなかったが、第四共和制憲法七二条は、「海外領土においては、刑事立法、公的自由の制度および政治的・行政的組織に関して、立法権は国会に属する」[18]とし、第五共和制憲法三四条は、「市民の権利および公的自由の行使について市民に認められる基本的保障」を法律事項としている。

現在、公的自由が私的自由に対置される場合、前者が「市民と国家機関の関係に関する」のに対して、後者は「個人の間の関係にしか関わらない」という意味で、両者が区別されるのが一般的である。[19]このようにして、結婚の自由、私的雇傭者に対する労働組合の自由、契約の自由は私的自由とされる。「公的」の意味は何かということを積極的に述べているのではないが、現在の教科書[20]でも、第三共和制期に「公的自由」という言葉を使っていたデュギ[21]やベルテルミー[22]でも、国家と国民の関係において公的自由を考える基本的な態度を持っている[23]。このような公的自由と私的自由の区別には批判もあるが[24]、これが一般的な考え方のようである。

以上のように、「公的自由」の「公的」の意味には、①個人権に対して、公の場所で行使され、あるいは参政権に関わる自由、②自然的自由に対して、実定法によって保障された自由、③私人間の自由に対して、国家と国民の間における自由、などが存在していた。

(3)　法律による保障

「公的自由」が、実定法によって保障された自由であることはすでにふれたが、その場合の実定法は、考察の中心に置こうと考えている第三共和制においては、憲法や、それよりも効力が上にあるともされる人権宣言ではなく、議会によって制定された法律が中心である。公的自由は主として法律によって保障されたものと考えられていた[25]。一八七五年の憲法的諸法律には人権規定は含まれていなかった。そのような憲法体制の下で、人権は、議会に対抗して守られるべきものではなく、議会によって保障されるべきものとされた。そのような議会制定法律として、とりわけ一八八一年の出版に関する法律、同年の集会に関する法律、一九〇一年の結社に関する法律などが指摘される。

そこでは人権は、行政権に対抗して、法律によって保障される。従って、思想の問題ではなく実定法の問題としては、国民は法律を離れて行政権に対抗する人権を持たない。人権は法律によって保障され、命令によって規制され具体化する。その規制、具体化が法律に適合しているかどうかについて、行政裁判所の審査が行なわれる。

それに対して日本国憲法の下においては、人権は自然法思想を基礎に置きつつ、行政権ばかりではなく立法権にも対抗して、憲法によって保障される。法律は、すでに国民に保障され認められているはずの人権を規制し具体化するものと考えられ、それについて司法裁判所によって違憲審査が行なわれる。日本国憲法における「公共の福祉」は法律による人権規制についての憲法上の原理であるのに対して、フランス警察法における「公序」は行政権による人権規制についての法律のレベルの観念を中心にしていることに、注意する必要がある。

2　警察

(1)　日本

警察規制を考察の対象とするが、警察の観念は国によって違いがある。大陸法と英米法で大きく異なるし[26]、またアメリカは独特の「警察権」(police power) の理論[27]を発展させている。ドイツの学説を基礎に置いた日本の議論では、警察は次のように説明されることが多い。

警察の観念は、ギリシャ、ローマ以来種々の変遷をたどったが[28]、中世末期から近世初期において非常に広い意味で使われ、国家権力の全体を意味した。すなわち、教会事項を除くすべての国家活動が警察とされた。その後警察は内務行政に限定されるようになり、外政、司法、軍政、財政が警察から除かれるようになった。しかし、いわゆる警察国家の時期には、その内務行政が著しく強化されたが、立憲体制の下で積極的な福祉警察が除かれて、警察の目的は消極的な公安の維持に限定されるようになった。

そこで現在では、警察は、「公共の安全と秩序を維持するために、一般統治権にもとづき、人民に命令し強制し、その自然の自由を制限する作用」と定義するのが、一般的である[29]。従って、かつては国家活動全体を意味した警察も、今では、人権を規制する国家活動のうち、かなり限定された事項を対象とする。司法は除かれるから、警察と言っても、司法警察と区別された行政警察のみが問題となる。また、軍事、経済統制、公用負担なども別問題である。しかし警察の問題が、その定義からして、宮沢説のいう自由国家的公共の福祉として問題とされる人権規制の、最も中心部分をカバーしていることは明らかである。[30] 従ってまた、人権と行政の関係をめぐって形成されてきた「伝統的な行政法の原理は、おおむね警察行政を中心として展開された」[31] ということも理解される。

(2) フランス

フランスについて見ると、[32]「警察」(la police) という言葉は過去において非常に広い意味で使われたことがある。[33] すなわち、「政治社会の目的を実現するためのすべての命令」[34] を意味した。警察という言葉が、「公権力による公益のための市民の活動の制限」を意味するとき、法のかなりの部分がこれに入ることになる。「警察(＝文明)国家」(un Etat policé) という表現も存在している。ここには警察と「法」(Droit) を同一視する傾向が見られる。[35]

しかしもちろん現在ではもっと限定された意味で使われている。すなわち例えば、「公序、すなわち安全、静穏、衛生の維持にとって必要な一般的規範および個別的処分の命令を目的とする行政活動の全体を、われわれは一般行政警察と呼ぶ」(ヴデル)[36]、「行政警察によって、個人の自由な活動に対して、社会生活によって要求される規律を課すことを目指す行政の介入の全体が理解される」(リヴェロ)[37]、「行政警察は、若干の行政機関が行ない、公序の確保のために個人の自由に対して制限を課すことに存する、介入の一形式である」(ローバデール)[38] など。[39] これらの定義は、日本で考えられている警察とほぼ同様の対象をとらえていると考えてよいであろう。

行政警察と「公役務」(le service public) は伝統的にフランス行政法の二本の柱である。[40] 行政介入の種々の方法の中で、警察と公役務が区別され対置されることがある。[41] 従って、フランス公法における警察の特徴をより明確化するために、両者の関係を見ておくことは有益であろう。

警察と公役務を対置させる立場では、次の二点が指摘される。第一に、活動の性質における違いであって、「警察の通常のやり方は命令であるのに対して、公役務の通常のやり方は給付である」[42]。警察は「消極的なやり方」をとるのに対して、公役務は「積極的なやり方」をするとも言いうる[43]。第二に、活動の対象の違いであって、警察は「私的活動」(une activité privée) を対象とするのに対して、公役務では「管理された活動」(une activité régie) が問題となる[44]。

このような対置論に対しては、それを不当だとする議論が存在する[45]。すなわち第一に、内容的に見て、国防や司法の役務を公役務と言うならば、同様にして警察の役務も公役務と言いうる。また組織的にも、警察の人員は公役務を構成している[46]。第二に、警察と公役務の間には密接な関係がある。給付の要素は警察の活動の中にも見い出しうる。また、警察の規制は公役務の創設・運営に影響を及ぼすばかりではなく、警察の性質を有する内部紀律の設定も公役務を構成する。

しかし、警察も公役務と言いうるかどうかは、公役務の言葉の使い方による。また、相互に関係があるとしても、それは区別の絶対化を不当とするだけであろう[47]。やはり警察と公役務の区別は有益であると考えられる。

従って、フランスにおいても、このように限定されながら、警察が人権規制の中心問題をなす。人権に関する教科書では、人権規制において立法権とともに行政権の果す役割が強調され、その行政権による人権規制は警察規制によって説明されている[48]。人権規制の一般論は、圧倒的に警察規制に比重を置いて展開されている。

3　第三共和制前半期

本稿では、フランス警察法における「公序」がどのようにとらえられてきたかを検討する。フランスの警察に関する最も基本的な法律は、一八八四年四月五日の市町村法である。また判例による問題の検討も不可欠であるが、行政裁判制度の整備は一八七二年五月二四日のコンセーユ・デタの組織法律による。自然法論に直接の思想的基礎づけを置いた市民革命期の人権論と異なる「公的自由」の観念が確立したのも、第三共和制においてである。以上の点から、第三共和制以降の時期を対象とするのが適当である。

その中でも、後述するような理由から、第三共和制前半期に中心を置くこととする。ここで第三共和制前半期と言っているのは、第一次大戦が開始した一九一四年以前の第三共和制である。第一次大戦の前後で同じ第三共和制も大きく性格を異にする。(49)

第三共和制の開始時期については力点の置き方によって説が分かれうる。①ナポレオン三世が退位し共和制が宣言された一八七〇年、②パリ・コミューンが倒れた一八七一年、③第三共和制憲法が制定された一八七五年、④「五月一六日」事件のあと共和派が下院と内閣を握った一八七七年、⑤王党派大統領マクマオンが辞職し大統領も共和派が握った一八七九年などがありうる。マシュロンは、第三共和制前半期を人権の黄金時代とする見解を考察の対象とする問題関心から、共和制が確立した一八七九年を重視する。(50)同じ問題関心から一応この見解に従い、一八七九年から一九一四年の時期を考察の中心に置くこととする。

(1)　経済・政治・社会

第三共和制前半期の特徴を簡単に確認するために、その前後の時期を概観する。経済の発展を見ると、フランスの産業革命は七月革命後一八三〇年代から本格化し、第二帝制下の一八六〇年代にほぼ完成した。この期間に経済は高い成長を示し、各部門の機械化が進行し、産業資本が確立した。しかし、先進資本主義国のイギリスの産業革命と比べると、フランスの産業革命の過程はきわめて緩慢であった。このフランス経済の停滞は、産業資本の構成の弱さや分割地農民の停滞性などによるとされる。

産業資本主義の確立後、一八六〇年代の末には巨大企業による寡占的傾向や大銀行による資本輸出の本格化などが早くも現われ始めた。生産の集中・集積が進行し、一八七〇年代に入ると、冶金業、鉱山業、繊維工業などで独占体が形成された。一八九〇年代のフランス経済はすでに独占資本主義または帝国主義の特徴を備え始める。フランスの帝国主義は、レーニンによって「高利貸的帝国主義」(51)と名づけられた特徴を有する。その輸出される資本は、貸付資本であって産業投資ではないとされる。(52)

国家独占資本主義の特徴が現われるのは、第一次大戦を通じてであり、一九二九、三〇年の危機の一時的回避によってそれは大きく展開する。第二次大戦を経て、国家独占資本主義は、経済、政治、イデオロギーなどの要素を含み、新たな段階に達する。(53)

国家と経済の関わりを見ると、第二帝制において皇帝権力は信用制度の整備拡張と大規模な公共事業を通じて、産業革命を強力に推進した。産業革命がほぼ完了し、一八六〇年自由貿易の原則に立つ英仏通商条約が締結された。帝制は「自由帝制」(Empire libéral) に転換し、第二帝制下にすでに自由主義経済政策が登場する。(54)第三共和制の下で種々の財政政策（公債、公共事業……）、貿易政策（一八九二年メリーヌ関税）、植民地政策などが採られるが、国家が経済に全面的に介入するようになるのは第一次大戦後である。「夜警国家」(l'Etat-gendarme) から「福祉国家」(l'Etat-Providence) への転換点として、フランスでは通常一九一四年が指摘される。この時以降本格化する国家の経済への構造的介入は、「介入主義」(l'interventionnisme) あるいは後に「統制主義」(le dirigisme) と呼ばれる。それは、経済的性格を有する公役務の経営や、生活必需品の供給や生産技術のためであるとされるが、独占資本に対して新たな利潤を保障する意味を持っていた。(55)

以上から、第三共和制前半期は産業資本主義段階から独占資本主義もしくは帝国主義段階への移行期に当たり、前後の時期と比べると、国家の経済への介入の少ない時期であったと言うことができる。

第三共和制期の社会を構成する階級は、大土地所有者、ブルジョワジー、労働者、農民である。ブルジョワジーは、大ブルジョワジーまたは上層ブルジョワジーと、中小ブルジョワジーに分かれている。労働者のなかには、近代的な労働者とともに、多くの親方、職人も含まれる。農民の人口は一九世紀末においても多く、全人口のほぼ半数を占める。(56) この時期の政治権力を見ると、一八七一年のパリ・コミューンの崩壊の後、王党派による共和制の運用は一八七九年の王党派大統領マクマオンの辞任によって終わる。共和制の確立後政治権力は、共和主義的改革を妥協的に行なう穏健派（opportunistes）（一八七九—九九年）から、その徹底を主張する急進派（radicaux）（一八九九—一九一四年）によって担われる。

共和派権力の成立をもって、一八七二年九月二六日のガンベッタの演説に言う「新社会層」（les couches sociales nouvelles）が、権力の座に到達したとする議論がある。(57) 新社会層とは中産階層一般を指し、小市民層を含む。あるいはそこにブルジョワ覇権の衰退を見、「大ブルジョワジーは、少なくとも政治のように重大な分野において、もはや支配してはいない、あるいは自分だけで支配してはいない(58)」とする。

しかし、論者も認めるように、通常考えられる以上に大ブルジョワジーは政治的影響力を維持することに成功し、その経済力は決して攻撃を受けなかった。(59) 大ブルジョワジーはもはや政治権力をかつてのように独占していないとしても、それが消滅してしまったわけではない。その利益は、それを攻撃しているように見られた小ブルジョワジーによって守られていた。(60) 明確に大ブルジョワジーと連合していた穏健派権力の下においてはもちろん、社会主義に対抗しつつ金融寡頭制を攻撃していた急進派権力の下においても、帝国主義的政策が進められたのであるから、上層資本集団の利害が窮極において貫徹していたと言うことができる。(61)

共和派が政治権力を握ることによって、大ブルジョワジーの権力が衰退したわけではない。むしろ共和派イデオロギーの下に小市民層や農民などの国民諸階層を統合することによって、[62] 大ブルジョワジーを中心とするブルジョワジーの利益の政治的保証が、より安定したものになったと考えられる。

共和制の下で、男子普通選挙の実施（公権力の組織に関する一八七五年二月二五日の憲法的法律一条二項)、それに基づく議会制民主主義の発展、政教分離（一九〇五年政教分離法）を頂点とする精神的自由の保障の実現など、政治の民主化が進行する。しかしこの共和制に対する反体制運動として労働運動や社会主義運動が発展する。

労働運動は一八九〇年頃から大規模化する。一八八六年に労働組合連盟、一八九二年に労働取引所連盟、そして一八九四年には労働総同盟（C・G・T）が結成された。労働組合に関する一八八四年法が職業別組合を合法化したが、労働運動では反体制的なアナルコ・サンディカリスムが支配的であった。議会制国家を批判し、労働組合を国家に代わる組織にすべきものと考え、直接行動としてのゼネストを重視した。社会主義運動とは絶対的に分裂し、労働組合運動の政党からの完全な独立は一九〇六年のアミアン憲章に示される。

社会主義運動は一八八〇年代にゲード派の労働党の成立とともに始まる。国際的には一八八九年に第二インターナショナルが結成される。分裂、脱退、対立を繰り返していた五つの社会主義潮流は、一九〇一年フランス社会党（le Parti Socialiste Français）と仏国社会党（le Parti Socialiste de France）の二つに統合された。一九〇五年には統一社会党が結成された。一八九〇年代から改良主義、議会主義の潮流が強まる。[63]

またドレフュス事件を経て展開された一定の政治の民主化と並行して、対外的には帝国主義的政策が進められた。「一定の『内政民主化』と帝国主義政策の同時並行的展開という、帝国主義期政治構造の特殊フランス的類型が打ち出された」。[64]

共和制の下で一定の民主化が進められ、国民諸階層のそれへの統合が図られる。しかしこの枠組によって国民すべてを統合することはできず、そこに反体制運動が展開することになった。またこのような共和制イデオロギーによる統合によって、帝国主義的政策の展開が可能になった。

この共和制の下での生活は、後に「良き時代」(la belle époque) の生活として回想されることになった。この時期のフランス経済は、一八七三年から一九世紀末まで停滞期であったが、一八九六年から第一次大戦までは膨脹期であった。労働者の名目賃金は一八七三年から一九〇〇年の間に平均して約三分の一上昇し、一九〇〇年以降は一〇年間で一〇から二〇パーセント上がった。(65) 実質賃金はこの通り上昇しているわけではない。労働運動の発展とともに、労働時間の制限や社会保険に関する立法がなされた。結局、労働者の生活は全体として改善されたと言えるであろう。

農民の物質的条件は一九世紀半ばに向上した。一九世紀末には、農産物価格の低落傾向とともに、農業賃労者の離村が進行する。二〇世紀初頭には家族経営が絶対多数を占める。しかし、農業技術の進歩と市場経済化によって、農民の経営や生活の多様化が進行した。(66)

経済の成長とともに、科学、技術、教育、芸術など、諸分野で華やかな発展が見られた。一九一四年以降の危機の時代から、この時代は「良き時代」と呼ばれることになった。

(2)　憲法・人権

第三共和制憲法は、元老院の組織に関する一八七五年二月二四日法、公権力の組織に関する一八七五年二月二五日法、公権力の関係に関する一八七五年七月一六日法の三つの法律からなる。これらは統治機構に関するもので、人権条項を含まない。国民主権は明示されていないが、当然視されていた。共和制の採用は「共和国大統領」という名称に示され(一八七五年二月二五日法二条ほか)、共和制の改正は禁止されるようになった(一八八四年八月一四日法)。

議会は、間接選挙による元老院(一八七五年二月二四日法一条二項)と、直接普通選挙による代議院(一八七五年二月二五日法一条二、三項）からなる両院制である（同法一条一項）。命令的委任は禁止されていたが（一八七五年一一月三〇日法一三条）、議会は民意を反映すべきだとする半代表制の考え方が採られていたとされる。執行権は大統領と内閣によって行使される。憲法上大統領の権限は法律の執行権など非常に大きい（一八七五年二月二五日法三条）。大統領による代議院解散権は規定されているが（同法五条）、一八七七年五月一六日事件以降行使されなくなった。

大統領の権限は大きく、オルレアン型議院内閣制が展開する可能性があったが、一八七七―七九年の経過の中で、大統領は統治しない「古典的議院内閣制」が確立した。議会が優位に立ち、内閣の不安定性から政府は弱かった。しかし大臣はあまり変わらず、行政にも一貫性があった。これらの状況は解散権の死文化と政党の弱さによる(67)。議会の中では、政党の違いにもかかわらず、議員の間にある種の統一があった。そのような状況の中で、「多数決制、野党の尊重、市民の権利の尊重、公的介入の制限、法の支配…」など、自由主義的な方向が採用されるようになった(68)。

第一次大戦後は、法律を改廃する効力を有する委任命令であるデクレ・ロワを始め、議会軽視、執行権強化の方向が打ち出される。それ以前の第三共和制前半期は、議会中心主義の下で種々の自由主義的制度が運用された時期と言うことができる。

人権史において第三共和制前半期はどのような時期であったのか。自然権と実定法上の権利、実体法と手続法、自由権と社会権という三つの観点から見ると、①市民革命期の自然権思想は、一九世紀に入って実定法上の権利の思想に変わり、このような思想は第三共和制の下で確立する。一九四六年と一九五八年の憲法前文がそれぞれ、自然権思想に基づく一七八九年人権宣言を再確認し、一九七〇年代に入って憲法院はそれを援用するようになった。

②リヴェロは、人権に関する実体的憲法規範とその保障手続の観点から、三つの時期を区別している(69)。それによれば、一七八九年から一八七五年が「手続なしの法典」の時期であり、一九四六年以降が一九四六年に「法典」、一九

五八年に「手続」の定められた時期である。それに対して、一八七五年から一九四六年の第三共和制期は「法典も手続もない」時期であるとされる。

③一七八九年人権宣言にすでに自由権が一般的に宣言されていたが、集団的な精神的自由権まで含めて自由権が法律のレベルで保障されるようになったのは、第三共和制になってからである。(70) 一八四八年に一定の過渡的な社会権が規定されていたが、現代的な社会権に対応すべき、所有権の絶対性に対する批判が本格化するのは第三共和制の下においてであり、一九四六年憲法前文に種々の社会権が規定されるに至る。

一八七五年憲法は人権条項を含まなかったが、第三共和制前半期はフランスの歴史上実際に人権が最もよく尊重されていた時代であったとする見解が、かなり一般的である。(71)「良き時代」という見方や自由な政治制度と結びつけて、この時代は「公的自由の黄金時代」(l'âge d'or des libertés publiques) と呼ばれることもある。人身の自由に関してであるが、ロベールは、やがて厳しい体制に移行していったことを指摘しつつ、「第三共和制は恐らくフランスの歴史において個人的自由 (les libertés individuelles＝人身の自由) に対して最も好意的な体制であった」(72) とし、一九世紀末における刑事手続の自由化立法によって人身の自由の「黄金時代」が認められたとする。(73)

このようにとらえる根拠は、そのようなとらえ方に対する批判者であるが、マシュロン(74)によりながら整理すると、次のようなことになろう。第一にこの時期に自由の保障のために種々の措置がとられた。一七八九年に宣言された自由の原則は、それまで飾り物のようなものでしかなかったが、第三共和制の下で実行に移された。自由が原則で制限は例外であって、その例外は法律によって規定される。行政訴訟の発展が自由の手続的保障に寄与した。また法律によって定義された自由の領域が拡大した。集会の自由（一八八一年六月三〇日法）、出版の自由（一八八一年七月二九日法）、労働組合結成の自由（一八八四年三月二一日法）、結社の自由（一九〇一年七月一日法）などが保障された。流刑、執行猶予、刑事補償、防禦権の保障、犯罪記録などに関する立法が、人身の自由の保障に役立った。

第二に自由の保障は自由主義的な政治制度に依存している。特に議会活動の持つ意味は大きい。その中で急進共和派が大きな働きをした。第三に社会に自由な雰囲気があった。レッセ・フェールが唱えられ、経済的自由主義の下で私的自治が尊重されていた。中小の所有がまだ広く存在し、社会は比較的落ちついていた。

「公的自由の黄金時代」というとらえ方は、多くのニュアンスを含みながら、かなり一般的なものとなっている。他の時期と比べると、第三共和制前半期は自由が尊重されていた時期と言うことはできるであろう。

一七八九年以来自由は宣言されていたが、実際上多くの制限を受けていた。とくに第二帝制は、普通選挙を採用したが（一八五二年憲法三六条）、自由に対しては消極的であったので、「自由なき民主政」（une démocratie sans liberté）（ジュール・シモン）と呼ばれた。一八五二年憲法一条は、「憲法は、一七八九年に宣言され、フランス人の公権（le droit public des Français）の基礎である大原理を承認し確認し保障する」としているが、それは形だけであり、他に人権条項は存在しない。「基本的協約と公的自由の保護者」である元老院は、「憲法、宗教、道徳、信仰の自由、個人的自由、法律の前の市民の平等、所有権の不可侵および裁判官の終身制の原則に反しまたは侵犯する法律」の公布に反対することになっていたが（二六条一号）、実際には人権保障機関として機能しなかった。

この体制の下で共和派に対する弾圧が行なわれた（一八五八年二月二七日法ほか）。定期刊行物の許可制（一八五二年二月一七日デクレ）、結社の規制（刑法二九一条、一八三四年四月一〇日法）、集会の許可制（一八五二年三月二五日デクレ）など、自由に対する種々の規制が行なわれた。しかし帝制下で後に自由に対する規制が緩められるようになった。一八六四年五月二五日法は刑法四一四―四一六条を改正して、団結を刑法上自由にしたが、労働手帳の制度は維持された。一八六八年六月六日法は、一八五二年三月二五日デクレを廃止したが、政治的・宗教的集会については許可制を維持した。一八六八年五月一一日法は出版の自由に対する規制を緩めたが、事後に課せられる刑罰はなお厳しかった。これらの解決は第三共和制を待たなければならなかった。

第一次大戦後は現代憲法状況の下で自由に関して種々の困難な問題が発生する。それは第三共和制の下でも一九一四年以降現われる。戦争中は自由に対する制限が広く認められた。例えば出版物は検閲制に服した。政府は、憲法上の根拠のない緊急命令によって種々の人権規制を行ない、コンセーユ・デタも「非常事態理論」によって緊急措置を合法化した。(75) 一九三〇年代にはデクレ・ロワが頻繁に利用されるようになった。集会の自由や出版の自由のように法律によって保障された自由であっても、警察措置が優先することもあった。伝統的に公的自由の保護者とされてきたコンセーユ・デタでも、自由尊重の態度が弱まった。一九三六年一月一〇日法は出版犯罪に関する陪審制の制限を認め、特定の結社について行政解散の制度を導入した。

これらの点からすると、他の時期と比べて第三共和制前半期が、最も自由の保障されていた時期と見てもよいと思われる。しかし、「公的自由の黄金時代」とされるこの時期に、文字通り自由の保障に基本的に問題がなかったと見てよいか、議論の余地がある。批判的な見解も出てきているが、この点については後に検討することにする。

4　ま と め

警察規制の対象となる人権は、フランスにおいては通常 libertés publiques としてとらえられる。これは実定法によって保障されたものと考えられ、社会権や参政権を含まない、自由権中心のものという特徴を有する。なお、libertés publiques の public は、現在では国家と国民の間における保障を意味する。フランスにおいて特に第三共和制期には、人権は法律によって保障され、命令によって規制され具体化すると考えられた。

かつては警察と法を同一視するほど警察が広くとらえられたこともあるが、近代社会においては公序のための自由の規制を意味する。公役務は給付によって行なわれるのに対して、警察は命令によってなされる。結局、警察による人権規制は人権規制の中心であり、近代国家においては特にそうである。

第三共和制前半期を中心において問題を考察することにするが、この時期は経済的には産業資本主義段階から独占資本主義段階への移行期に当たる。経済への国家介入は、他の時期と比べると少ない。政治的には一定の民主化政策が進められ、後の時代から「良き時代」として回想された。共和制憲法体制の下で立法化を中心にして人権保障が進み、「公的自由の黄金時代」と呼ばれることもある。

そこで、人権の最も中心な部分をカバーする「公的自由」に対する、代表的な人権規制である警察規制が、「公的自由の黄金時代」とされる第三共和制前半期を中心にして、どのように行なわれていたかを見ていくことにする。

二　警察と法治主義

人権保障や国民主権の原則に立った市民憲法を前提にしたとき、公権力の内容を決定するのは誰か。警察について言えば、その目的である「公序」の内容を決定するのは誰か。この問題について、立法権なのか行政権なのかを中心にして、検討することにする。それは基本的には、国民代表機関である議会が制定する法律でなければならないはずである。すなわち、法治主義とりわけ法治行政の原理である。

国民の利害に関わる基本的なことは、原理的には国民自身が決定しなければならない。議会が国民代表であるからといって、議会が法律を制定しさえすれば、それで手続的に十分であるかは問題である。すなわち国民主権か人民主権か、純粋代表か半代表か、議会か国民かという問題がある。このことを問題意識として持ちながら、しかしここでは直接の対象としないことにする。このような観点からの根本的な検討は必要であるが、その前に法治行政が基本的に確保されていなければならないであろう。その点を問題にすることにする。

公権力の行使のあり方は、法的には裁判所が最終的決定を行なうと言うこともできる。確かに裁判的統制がどこまでどのように及ぶかは、重要な問題である。しかし裁判所による判断の中心は、行政権の行為が法律に適合しているかどうかをめぐって行なわれる。その意味でも法治行政の問題を考えてみたい。もちろんこの点に関する判例の検討は行なわれる。

そのために、ここでは法治主義と警察制度について概観することとする。

1　法治主義

フランス行政法において、その重要な基本原理として、「法への適合」(la conformité au droit)[76]を意味する「適法性の原理」(le principe de légalité) が置かれてきた。それは次のように定式化することができる。すなわち、「一般的な方法で事前に規定された条項に適合しない個別的決定を行なうことができる国家機関は存在しない。[77]」この適法性の原理を承認する「法治国家」(l'Etat de droit) と、そうではない「警察国家」(l'Etat de police) がよく対置される。「適法性の原理を認めなかったり、認めながらそれに留保や例外を設けている社会は、真に法治国家体制の下で生活しているとは言えない。」

適法性や法治国家は人権保障のための原理として考えられてきた。「国家は、それ自身の上位にある法規範に従属する」ということを、自己の著作を支配する考え方とするデュギ[78]は、適法性原理を「本質的に個人を守る原理」としている。[79] 法と国家の関係についてデュギと非常に異なる議論の仕方をするオーリューも、[80] 法規範による権力の制限について一般論を展開する前に、憲法についてであるが、「政治的自由を保障するために、憲法体制によって使用される基本的な手段の一つは、憲法規範によって政治権力に限界を置くことである」[81] として、人権保障のために法による権力の拘束を考える立場を明らかにしている。カレ・ド・マルベールは、統治機構のあり方に関わる「適法国家」(l'Etat légal) と区別しつつ、「法治国家制は市民の利益のために考えられ、国家権力の専制に対して市民を保護、防衛することを特別の目的としている」[82] とする。法、特に法律の一般的性格が個人の人権保障に適していることが指摘される。[83]

法による国家権力の拘束という一般的問題の中心は、フランスにおいては法律による行政権の拘束である。第三共和制期においても立法権の拘束を主張していたデュギやオーリューでも、そうであった。オーリューは、「法治制」(l'état de droit) には、「裁判官への服従」によるものと「成文法律への服従」によるものとの二形態が存在したとする。[84]「裁判官への服従による法治制」は「慣習法的・司法的旧体制」であって、英米では現在でも行なわれている。これは「裁判官統治」(le gouvernement des juges) になり、従って法による統治であるだけではなく人による統治にもなるので、法治制の完全な実現とは言えない。

それに対して、「成文法律への服従による法治制」は、「適法的・行政的新体制」であり、フランスに起源を有する。ここでは成文法律の適用は裁判官と行政権によって行なわれ、裁判官の権限は限定される。さらに法律の創造と適用の間の権力分立によって権力が弱められ、権力の法律への服従が可能となる。従ってこの体制のほうが改善された法治制と言うことができるとする。

「客観法」(le droit objectif) を理論の基礎に据えるデュギも、現代は「立法時代」(la période législative) であるとし、

「文明化された近代社会の法は、議会制定法にほとんど一致する」とする。従って、適法性の原理を説明して、「近代国家は、行政および裁判を行なうものとしては、法律に適合してのみ活動することができる」とする。(85)

このように法律による行政権の拘束を中心に置く適法性の原理が実効的なものになるには、裁判的保障が必要である。フランスにおいては特に「越権訴訟」(le recours pour excès de pouvoir)によって保障される。

法律による行政権の拘束を中心に置いた法治国家は、次のような内容を有する。「法治国家」と「適法国家」を区別しつつ、やや詳しい議論を展開しているカレ・ド・マルベールは、法治国家制の特徴は、「行政の相手方(administrés)に対して、行政権は、現行法秩序、とりわけ法律によって認められた手段しか行使することができない」ところにあるとする。そのことは二つのことを意味し、一つには、市民に対する関係で行政権は法律に反することができない。「もう一つには、完全な発展を見るに至った法治国家においては、行政権は法律によらなければ市民に義務を課すことはできない。法律によって明示的に規定された手段または法律によって黙示的に認められた手段しか、行政権は行使することができない。」すなわち、市民との関係では行政権の活動は法律に反してはならないばかりではなく、法律の授権を必要とする。(86)

ところで第三共和制においては、一八七五年二月二五日憲法的法律三条が、「共和国大統領は法律の執行を監視し確保する」と規定している。そこから行政権の任務は法律の執行に帰着すると考えられている。この体制をカレ・ド・マルベールは「適法国家制」(le régime d'Etat légal)と呼んでいる。これは「法治国家制」(le régime d'Etat de droit)といくつかの点で異なるとする。

すなわち第一に、法治国家が市民の保護のための制度であるのに対して、適法国家は、行政権の立法権への従属を要求する統治機構のあり方に関わる。したがって、法治国家が市民との関係においてのみ適用されるのに対して、適法国家は市民と無関係な場合を含めて、すべての行政活動について問題となる。第二に、ドイツの君主制においても侵害行政に法律の留保が要求されるから、法治国家は大部分の国家で認められているが、適法国家は、立法権の優越性を承認する民主制の原理である。第三に、法治国家では法秩序によって認められた手段しか市民を義務づけないから、行政権は命令にも従属する。さらに適法国家から、行政権の活動は法律の執行に限定されるから、行政権は、法律に規定されていない義務を市民に課すことはできない。[87]

第三共和制では、カレ・ド・マルベールが区別した法治国家と適法国家の両方の原理が採られていたのであるから、ドイツ立憲君主制における法律による行政と比べて、行政権は法律によってより強い拘束を受ける建前となっていた。すなわち、①行政権は法律に違反することができない、②法律の授権がなければ活動できない、③その活動は法律の執行に限定される、④これらのことは、市民に関わる活動だけではなく、すべての活動について言えるなどということになろう。[88]

しかし、これらの原則の実際の適用には、とりわけ警察法の分野において多くの問題が存在した。それについては後に述べる。

2　警察制度

フランスにおける警察と法治主義の関係を検討するために、まず警察の制度を概観しておくことにする。フランスの行政警察について次のものを区別しておく必要がある。

まず「一般警察」(la police générale)[89] と「特別警察」(la police spéciale) が区別される。一般警察は、「権限と活動手段の全体」を行使する場合であり、「安全、静穏（善良な秩序）、衛生」を目的とする場合である。[90] それに対して特別警察には二つの意味がある。一つには、一般警察と目的は異ならないが、「特別の法制度」の下にある場合であり、危険な建物等の警察や鉄道警察などがその例である。もう一つの特別警察は、目的自体が一般警察と異なるものであって、美観、狩猟、賭博などに関する警察がそれに当たるとされる。[91] 特別の法制度の下にない一般警察を中心に考察を進める。

「一般警察」も二つの意味で使われることがあり、[92] 特別警察だけではなく「市町村警察」(la police municipale) にも対置される。そのときは「国家一般警察」(la police générale de l'Etat) と呼ばれることもある。国家全体の秩序の維持を目的とするときは国の名で権限が行使され、市町村の秩序維持については市町村の名で行使されるが、その違いによって権限行使に伴う損害に関する賠償責任の主体が異なる。

一般警察と市町村警察の関係に関わって、第三共和制に至るフランスの地方制度の展開を見るとき、[93] 次の三つの時期が画期をなす。第一に、フランス革命によって地方分権の方向が打ち出された。一七八九年一二月一四日デクレ五〇条五号が、[94] 警察を「市町村の権限に固有の職務」の一つとして確認したのが注目される。一七九五年憲法による改革を経て、第二に、ナポレオンによって極端に中央集権的な地方制度が作られた（共和暦八年雨月二八日法）。市町村長は中央政府によって任命され、その警察事務は直接国から指示を受けた。第三に、地方分権化と中央集権化の動きを繰り返した後、第三共和制の下で一定の地方分権を目指した制度が確立した。県知事は、内務大臣の推薦により大統領によって任命される（前述共和暦八年雨月二八日法）が、県会 (le conseil général) は普通選挙によって選出された議員によって構成される（一八七一年八月一〇日法）。市町村制度を確立した一八八四年四月五日法によれば、[95] 市町村長は市町村会 (le conseil municipal) によってその議員の中から選ばれ（七六条一項）、市町村会議員の選出は普通直接選挙による（一四条一項）。

第三共和制期において市町村警察および一般警察の作用を行なう機関がどのようなものであったのか、簡単に見ておくことにする。[96] すなわち、「市町村長は、上級行政庁の監視（la surveillance）の下に、市町村警察、農事警察ならびにそれに関連する上級行政庁の行為の執行を任務とする。」同法六一条一項は、「市町村会は議決によって市町村の事務を規律する」として、市町村の事務を市町村会の権限とする原則を明らかにしている。市町村警察権を市町村長の権限とする九一条は、この六一条一項の原則の例外である。従って、市町村会が市町村長に対して警察に関して命令することは、違法であるとされている。[98]

このように市町村長は市町村会から独立して警察権を行使し、またそれには「上級行政庁の監視」が行なわれる（九一条）。「知事は、市町村長の行った命令（les arrêtés）を取消しまたはその執行を停止することができる」（九五条二項）とされているように、上級行政庁による監視は知事によってなされ、それはかなり強力なものである。これらの点から、市町村長の行使する市町村警察権は、国の機関委任事務に近いという見方も可能である。[99] フランスの警察は国家的性格を強く持っているが、市町村警察は、市町村の名によって行なわれ、損害について市町村が責任を負う点で、一般警察となお区別される。

一般警察権は市町村長、県知事、大統領によって行使される。市町村長が国の機関として行使する一般警察権については、九二条が規定する。すなわち、「市町村長は上級行政庁の指揮監督（l'autorité）[100] の下に以下の事項を行なう。①法律および命令の公布および執行。②公安（sûreté générale）上の措置の執行。③法律によって与えられた特別の職務。」

一般警察に関する県知事の権限の根拠として、九九条一項が挙げられる。すなわち、「九一条によって市町村長に属するとされる権限は、県内のすべてのもしくは数個の市町村において、市町村当局によって措置がとられていないすべての場合に、公共の衛生、安全および静穏の維持に関するすべての措置をとる知事の権利を妨げない。」大統領の一般警察権については、明文の根拠規定は存在しないが、通説および実務で認められている。判例は、市町村長や県知事が法律によって警察権を認められるならば、法律の委任がなくても、「固有の権限」(pouvoirs propres) によって、大統領は国土全体について警察権を有するとする。(101)

以上の点から明らかなように、警察権の根拠は一八八四年四月五日の市町村法から議論されている。そこでは、市町村長は、一般警察と異なり市町村警察について、広い権限を与えられている。それとの関係で、知事の一般警察権が認められ、さらにそれらとの関わりで大統領の一般警察権が肯定されている。従って、フランスにおける警察権の基礎は市町村長の市町村警察権にあると言うことができる。

3　警察法における法治主義の不徹底

法治行政の原理から見て、第三共和政下の警察法についてとくに問題になる点を検討することにする。自由を規制する警察活動の目的である「公序」の内容を決定するのは、法律か命令かという問題を中心に置く。法治行政の原理から、それは法律であるのが原則である。この点については、とくに一七八九年人権宣言四条がよく挙げられる。(102)すなわち、「自然権の行使の限界は法律によらなければ決定できない。」また五条を挙げることもできるであろう。すなわち、「法律によって禁止されないすべてのことは妨げることができず、法律の命じないことを行なうように、何人も強制されることはない。」

従って自由の限界、すなわち公序を決定するのは法律のはずである。「通常は、自由に対して行政権によって課せられる限界は、法律によって根拠づけられなければ有効ではない。(103)」公用制限に関するものであるが、判例でも、「行政庁に対してこのような権限（個人的自由に対して重大な侵害を加えること——浦田）を与えることは、立法府にしか属していなかった(104)」とされている。しかし実際は命令が重要な働きをしている。

警察については、市町村長の命令と大統領の命令を取り上げる。

(1)　市町村長の命令

i　制　度

すでに見たように、一八八四年四月五日市町村法九二条が規定する市町村長の一般警察権は、「法律によって与えられた特別の職務」（三号）を除けば、「法律と命令」（一号）および「公安上の措置」（二号）の「（公布および）執行」に任務が限定されている。それに対して、市町村長は九一条から執行に限定されずに「市町村警察」の任務に当たる。従って問題になるのは市町村警察権である。

市町村長の命令制定権については、九四条が次のように規定する。「市町村長は以下の事項に関して決定（arrêté）を行なう。一号　法律によってその監視と権限に委ねられた事項について地方的措置を命ずること。二号　改めて法律および警察命令を公布し、その遵守について市民の注意を喚起すること。」二号の決定は公布と注意の喚起に対象が限定されているから、一号の決定の方が問題になる。ここでいう arrêté は、「行政機関が発する一般的または個別的効力を有する執行的決定(105)」であって、個別的処分とともに一般的命令を含む。

命令は「法律によって委ねられた事項」について制定されるが、その法律として、市町村長に市町村警察権を一般的に認めた市町村法九一条と、市町村警察の対象を明らかにする九七条がある。市町村警察権の発動に、これ以外に個別の法律の根拠が必要だとは考えられていない。すぐ後で見るように、九七条は市町村警察の一般的任務を明らかにした規定としては確かに詳細に過ぎるが、この一般的な規定のみに基づいて市町村長は命令を制定することができるとされている。ベルナールは、自由の制限には法律の根拠を必要とするとした上で、「市町村長の警察命令制定権は一八八四年四月五日法九七条の立法的基礎に根拠を有する」としている。(103)

後で見るように、この市町村長の市町村警察権を出発点として、大統領の一般警察権を正当化する議論についてはは批判があるが、その場合にも九一、九七条に基づく市町村長の命令制定権は疑われていない。また、個別の法律に基づかずに制定された市町村長の命令が、九七条の規定する事項を対象としているかどうかが裁判上よく争われるが、そこでは、九七条の対象事項であれば、個別の法律の委任は必要ないとする理解が前提となっている。

九七条は重要な規定であり、考察の前提ともなるので、長いが全訳する。

「市町村警察は善良の秩序、安全および公衆衛生を対象とする。それはとりわけ以下のものを含む。

一号　街路、埠頭、公共の広場および道路における通行の安全と便宜に関するすべてのこと。それは以下のことを含む。清掃、照明、障害物の除去、崩壊の恐れのある建物の取り壊しもしくは修復、落下によって損害を発生する危険のある物を建物の窓その他の部分に置くことの禁止、または通行人を傷つけもしくは有害な発散物の原因となる恐れのある物を投げることの禁止。

二号　街路における騒ぎを伴なう乱闘や喧嘩、公衆の集まる場所で引き起こされた喧噪、住民の休息を妨げる騒々しい集まり、夜間の騒音や集会その他公共の静穏を害する性質を持ったすべての行為のような、公共の静穏に対する侵害を抑止するための配慮。

三号　定期市、市場、公の祭りや儀式、見世物、競技場、カフェ、教会その他の公共の場所のように、多数人の集合する場所における善良の秩序の維持。

四号　死体の運搬方法、埋葬および死体の発掘、墓地における善良の秩序と礼儀の維持。ただし、死者の信仰、宗教もしくは死に伴なう事情を理由に、特別の区別もしくは規則を設定することは許されない。

五号　目方もしくは寸法で売られる商品の小売りの正確さ、ならびに店頭販売される食料品の清潔さについての監視。

六号　火事、洪水、流行病、伝染病、獣疫のような、事故または災厄を、適当な予防措置によって防止し、必要な救助の提供によって終止させるための配慮。

七号　公衆道徳、身体の安全または財産の保持を侵害する恐れのある精神異常者に対する必要な措置を暫定的にとるための配慮。

八号　有害または凶暴な動物の徘徊によって起こりうる事故を予防し対処するための配慮。」

この九七条の事項に関する九四条に基づく命令制定権には、一定の制限があると説明されている。第一に、この命令はどのような手段でも命じることを許すものではない。この点に関して、カレ・ド・マルベールは三種類の警察法律を区別できるとする。すなわち、①特定の目的を規定すると同時に、行政機関によってとられるべき手段を命じている法律。②特定の目的のために、行政機関によって有益と考えられるすべての手段を、行政機関に与えている法律。③目的も相当一般的で、そのための手段も決定していない法律。市町村法九七条がこれに当たる。(106)

この第三の場合、カレ・ド・マルベールによれば、どのような手段をとることも行政機関に否定されていると見るべきではなく、目的と緊密に結合した手段が考えられるときは、それは認められていると解されるとする。例えば、市町村法九七条一号の道路上の通行の安全の規定から、駐車規制、道路上での資財の留置や祭の際の通行の禁止などが許されるとする。(107)しかし、目的と手段の間でこのような推測のできない場合には、行政機関は住民に対して、公序にとって有害な事態を取り除くように命ずることはできるが、そのための「特別の義務」、「特定の手段」を課すことはできない。公序を確保するための手段の選択は、住民に任されていなければならない[108]。この点についてカレ・ド・マルベールは、行政機関は法律によって特定の手段を決定されていないが、公序維持の責任を課せられているからだと説明している。

警察命令に対する制限の第二として、警察罰命令が否定されていると言われる。かつては警察機関が命令違反に対する刑罰を命令中に規定することができたが、特別の法律規定のない限り、刑法の規定するところとなった。すなわち、一八三二年四月二八日法[109]九五条によって改正を受けた刑法典四七一条一五号によって、命令違反者は一フラン以上五フラン以下の罰金が課せられる。

ii　性　格

この市町村長の命令には、法治主義の観点から多くの問題点が含まれている。

第一に、市町村法九七条一号ないし八号の規定によって、市町村警察の対象はある程度具体化されているが、それでも相当一般的で抽象的である。しかも、本文において「とりわけ以下のものを含む」と規定されているところから明らかなように、一号ないし八号は例示規定に過ぎないと一般的に解されている。従って、九七条によって示された市町村警察の対象は、「善良の秩序、安全および公衆衛生」であって、要するに公序ということである。結局、市町村長は市町村の公序の維持のために、個別の法律の根拠なしに、命令を制定することができるのである。

第二に、目的を実現する手段について制限があるとされるが、市町村法九七条の目的と緊密に結合しているとされる特定の手段が命ぜられる場合がある。しかし、目的が公序という抽象的な概念に帰着する以上、どのような手段が目的と緊密に結合しているとされるか、言い換えれば、どのような行為が規制を受けるのか、法律規定によっては国民には予想がつかないであろう。これ以外の場合は、特定の手段を命ぜられることはないが、公序の回復を命ぜられることがある。

第三に、以上のような問題があるだけに、罰則が刑法典に規定されていても、罪刑法定主義の点でも問題がある。

以上のような点からすれば、市町村長による命令を市町村法九七条による委任命令として説明することはできない。実質的に見れば、フランスにおいては市町村長に独立命令制定権が認められていると言うことができる。[110]

iii　背　景

市町村長に対して市町村警察に関して広汎な独立命令制定権が認められている理由は、独立命令制定権に関する一般的説明を別にすれば、伝統的な地方の固有事務の考え方によって説明される。[111] 一七、八世紀に国王に権力が集中した時代にも、古いコミューンから引き継いで、市町村に「主権的特権」(une prérogative souveraine) が残っていた。その一つとして、命令制定権を含む警察権が存在した。

これはフランス革命期においても一七八九年一二月一四日のデクレ[112]によって認められた。その四九条は、「市町村体は、果たすべき二種類の職務を有する。一つは、市町村の権限に固有(propres au pouvoir municipal)のものである。他は国の一般行政に固有のもので、一般行政によって市町村庁に授権されるものである」とする。その上で五〇条は、「行政会の監視および検査の下で、市町村の権限に固有の職務は、以下のものである」として、その五号に、「良い警察、とくに公共の街路、場所および建物の清潔、衛生、安全および静穏の利益を住民に享受させること」を挙げている。

この考え方が後の時代にも引き継がれ、一八八四年市町村法の基礎にも置かれていたとされる。モルガンは、市町村法九七条を、一七八九年一二月一四日デクレ五〇条と一七九〇年八月一六—二四日法一一章三条の、若干の修正を伴った再録であるとしている。[113] そうであるとすれば、市町村警察権は市町村の固有の権限であるから、個別の法律の授権は必要ないし、個別の法律の授権を要求することは、市町村の固有の権限という考え方にむしろ適合しないということになる。

このような考え方は地方自治の理念を表現しているように見えるが、フランスの地方自治の実態に問題がないわけではない。[114] 中世的自治は絶対主義的中央集権制に圧倒され、この体制の下で、警察権を中心とする地方の行政権は、王権の忠実な官僚である地方総監（intendant）によって行使されていた。すでにふれた一七八九年一二月一四日デクレに見られるように、革命初期に一時的に地方分権が図られたが、一九世紀初めにはナポレオンによって近代的中央集権制が確立させられた。

この基本的な枠組の中で、一八八四年市町村法は一定の地方自治への改革を行なったものである。この法律においても、大統領による市町村会の解散権（四三条一項）や、大統領による、裁判を経ない市町村長の罷免権（八六条二項）など、中央政府の統制は強力であり、その地方制度は地方自治の理念からほど遠い。

市町村庁の内部について見ても、市町村長に独立命令制定権が認められている点は問題になりうる。市町村法六一条一項は市町村の事務を市町村会の権限とする原則を立てながら、その例外として九一条は市町村警察権を市町村長の権限としているのである。従って市町村会は、市町村長に対して市町村警察に関して命令することはできない。このように、市町村警察権は市町村長の権限であり、それについての市町村長の命令（九四条）には市町村会の条例の根拠を必要としない。

他方で、「市町村長は、上級行政庁の監視のもとで（sous la surveillance de l'administration supérieure）市町村警察を任務とする」（九一条）。そして、上級行政庁として県知事が行なう監視は、市町村長の命令の取消権や執行停止権を含み（九五条二項）、非常に強力なものである。

上級行政庁の監視については、一八八四年市町村法九一条の制定過程を見てみると、[115] 問題が一層明らかになる。政府案（ジュール・シモン案）の基礎には、一八三七年七月一八日法[116]が置かれていた。そこでは、市町村長が行使する警察権を、国家警察権と市町村警察権に区別する考え方が採られていた。前者は上級行政庁の「権威」(l'autorité) の下で行使され（九条）後者はその「監視」(la surveillance) の下で行使される（一〇条）。後者はさらに、市町村および田園の警察と、市町村道に関する警察に分けられる。

結局、三分法がとられていたが、政府案はこれを採用した。市町村と田園の警察の節は、「上級行政庁の監視の下で、市町村および田園の警察の担当者として、市町村長によって行使される権限」という題が付けられていた。それに対して、市町村道に関する警察については、「上級行政庁の監視および市町村会の監督 (le contrôle) の下で、市町村の利益の管理担当者として、市町村長によって行使される権限」の題が付けられていた。従って、道路警察を除いた市町村警察には、市町村会の監督が及ばないことが明らかにされていた。警察は、市町村会の監督に服する通常の行政権とは、性質が異なると考えられていた。

ところが、代議院の委員会はこの三分法を採らず、国家警察と市町村警察のみを区別した。その上で、市町村警察についても、上級行政庁の「権威」のもとで行使されるとした。その後委員会は修正を加え、「権威」を「監視」に戻し、それが確定九一条になった。さらに、新たに九九条を作り、県知事が警察権を行使できる場合を明らかにした。すなわち、「九九条一項　九一条によって市町村長に属する権限は、県内のすべての市町村または数個の市町村において、市町村当局によって措置がとられていないすべての場合に、公共の衛生、安全および静穏の維持に関するすべての措置をとる県知事の権限を妨げない。二項　この権限は、一つの市町村に関するとき、市町村長に対する催告に回答のない場合のみ、知事はこれを行使することができる。」元老院における審議については、ここでの問題にとって重要でないので省略する。

この審議経過から明らかになることは、一方で市町村警察を市町村会の監督から外すとともに、他方でそれを上級行政庁の監視に服させようとする態度が採られていたことである。市町村会の監督が排除される市町村警察事項から、原案では市町村道の警察が除かれていたが、審議の中でこのような例外が否定された。すべての市町村警察について市町村会は関与することができなくなった。

前述のように、警察を「市町村の権限に固有の職務」として宣言していた一七八九年一二月一四日デクレ五〇条も、それを「行政会」(les assemblées administratives) の監督と検査の下に服させていた。(117) 行政会は市町村にとって県とディストリクトにおける上級行政庁である(一七八九年一二月二二日―一七九〇年一月デクレ五、六条)。「市町村の権限に固有の職務」を強調していた革命初期から、市町村警察は上級行政庁の監視に服することになっていた。一八八四年市町村法の審議の中で、知事による警察権行使のための九九条が加えられ、(118) 上級行政庁の警察権に関する権限はさらに強められた。

以上の点からすると、市町村長の市町村警察に関する独立命令を、市町村の固有の権限という考えでは十分に説明できないことになろう。結局、市町村警察を一方で法律や条例から独立させ、他方で上級行政庁の強力な影響力の下に置くのであるから、そこには警察を立法から独立した行政の固有の権限と見る考え方が存在するように思われる。従って、独立命令はやはり法治主義や人権保障の観点から大きな問題を含むと言わなければならない。その点についてのより立ち入った検討は、自覚的な議論の対象となってきた大統領の命令に関して行なうことにする。

(2) 大統領の命令

i　歴史と運用

法治主義の観点から最も問題になるのは、大統領の命令である。すでにふれたように、一八七五年二月二五日憲法三条は、「大統領は法律の執行を監視し確保する」と規定している。従って、行政権の任務は法律の執行であり、その命令は執行命令でなければならないのが原則である。この原則に立ちながら、しかし実際上フランスにおいても一種の委任命令（règlement d'administration publique）[119]が存在してきた。その根拠の法的説明については議論が分かれているが、どちらにしてもこの場合には基本原則が法律によって定められ、命令の役割はある程度限定されている。

しかし、警察に関しては、第三共和制以前から、特定の事項について政府に非常に広い命令制定権を与える立法が存在していた。例えば、衛生警察に関する一八二二年三月三日法[120]一条一項二、三号は、海岸、港、停泊地、検疫所その他決められた場所において守られるべき措置、ペストの流行またはその恐れが国境または国内において必要とする特別の措置を決定する権限を政府に与えている。同様に第三共和制下でも、公衆衛生の保護に関する一九〇二年二月一五日法[121]八条によれば、「流行病が共和国の領土の全部もしくは一部を脅かしまたは進行し、かつ地方的な防衛手段が不十分と認められるとき、公衆衛生委員会の意見を聞いた後、大統領の命令は、その流行病の蔓延を防止するのに適当な措置を決定する」とされている。このように広汎な命令制定権を通常の委任命令によって説明することができるか問題がある。デュギは、これらの規定の合憲性に異論をさしはさむ者はいないとし[122]、カレ・ド・マルベールもその合憲性を前提にしているようであるが[123]、議論の余地があろう。しかし、この場合には対象が特定の事項に限定されている。

すでに見た市町村長の命令制定権は、市町村警察全体を対象としているので、さらに問題が大きい。その実質が委任命令ではなく独立命令であることはすでに見たが、それにしても、市町村警察権を市町村長に与える市町村法九一、九七条があり、それについて命令制定権を認める九四条が存在する。県知事の一般警察権についても、その九一条との関係で九九条一項が存在する。従って、これらの場合には、手がかりになる法律規定が存在する。もちろん法律によって憲法原則を破ることはできないから、市町村長や知事の命令制定権の憲法適合性の問題は残る。しかし、大統領については、その一般警察権の根拠となる法律規定も、従ってそのための命令制定権を認める法律規定も存在しない。この点が最も大きな問題であるので、以下それについて検討していく。

a　歴　史

まず政府の命令制定権の歴史を概観してみる。(124) 一七九一年憲法三篇四章一節六条は、「執行権は、暫定的なものにせよ、どのような法律も作ることはできないが、その執行を命じまたはそれに注意を喚起するために、法律に適合する布告（proclamation）を出すことのみできる」としている。この布告は文字通り執行を命じまたはそれに注意を喚起する役割しか持たず、執行のための新たな規範、すなわち執行命令を意味しなかった。

このように、国民議会は国王の執行命令を認めない原則を立てていたが、実際上の必要性から執行命令や委任命令を認める例も存在していた。例えば、補助兵の召集に関する一七九一年四月一六―二七日法(125)四条は、次のように規定していた。「一月二八日デクレ四条に基づき、兵役志願の手続……に関して必要な命令（les réglemens）を作るように、国王は依頼される。」また、前述の憲法規定を拡大解釈して、国王が自発的に執行命令を出すこともあった。このような例は一七九一年憲法の制定後も存在している。このように、執行命令や委任命令の例はあったが、独立命令や、法律を変更する命令の制定を国王に認めようとする考えは存在しなかった。

公会時代は、権力が公会に集中していたので、命令制定権の問題は起こらなかった。共和暦三年憲法一四四条は、「執政府は、法律に基づいて、共和国内外の安全に備える。執政府は、法律を執行するために、法律に適合する布告を出すことができる」としている。この規定は、一七九一年憲法の文言との違いから、執行命令を認める趣旨と理解することが可能である。また三〇七条は次のように規定している。「執政府は租税の徴集と納入を指揮、監督し、この点に関して必要なすべての命令（les ordres）を出す。」この規定は特定の問題に関して独立命令を認めているように見える。

この執政府の下で命令が発達し、執行命令が一般的に制定されるようになった。そして言葉の上でも「布告」（proclamation）より「命令」（arrêté）が多く使われるようになった。この時期に独立命令の例が生じていることに注意する必要がある。それは警察または公役務に関するものである。前述の憲法一四四条は、「共和国内の安全に備える」として一般警察権を政府に認めるに当たって、「法律に基づいて」としていたが、その文言に反して、警察独立命令が生じていた。例えば、亡命貴族の名簿に関する手続を定める共和暦六年収穫月二七日命令は、どのような法律とも無関係である。

共和暦八年憲法四四条は執行命令を明確に認めた。すなわち、「政府は法律を発議し、その執行を確保するために必要な命令を制定する。」エスマンは、これが首長の命令制定権の出発点となっているとしている。[126] これは執行命令であるが、他に独立命令を示唆する憲法規定があるとデュギは指摘している。[127] 四七条は、「政府は国内の安全と国外の防衛に備える」とする。この規定は政府に対して一般警察権を与えているが、論理的には警察に関する独立命令制定権を含むものではない。しかし、すぐ後で見るように、数多くの警察独立命令の実例が存在するところからすると、実際上この規定によって独立命令制定権が認められていると理解されていた可能性がある。四八条は、「活動中の国民軍は行政庁の命令（règlements d'administration publique）に服する」としている。règlement d'administration publique という言葉は、第三共和政期には一種の委任命令の意味で使われるようになったが、デュギによれば、統領時代には公役務に関する独立命令を意味した(128)。

統領制と第一帝制の下で、多くの執行命令や委任命令とともに独立命令が作られた。独立命令には、公役務に関するもののほか、共和暦八年憲法四七条を利用して作られた、警察に関するものがある。後者の例として、危険、不適切、不衛生な建物に関する一八一〇年一〇月一五日デクレを挙げることができる。さらに命令制定権を濫用して、刑事手続を変更したり刑罰を設定することによって、自由を制限するものも多数生じた。その最も極端な例は、監獄に関する一八一〇年三月三日デクレである。

ナポレオン・ボナパルトの失権を定めた一八一四年四月三日元老院令は、失権を正当化する理由として多数の権力濫用の例を挙げ、その中で次のような命令制定権の濫用と思われるものを指摘している。「法律によらずに租税を徴収し税金を定め」た（前文二項）。「彼は憲法に違反して死刑に関する多数のデクレを定めた」（五項）。「彼は監獄に関するデクレによって憲法を侵害した」（六項）。「国民の権利の一つとして定められ確認された出版の自由は、警察の専制的な検閲に絶えず服させられた」（八項）。ここでは、税金を負課し、刑罰を設定し、法律に違反する命令は非難されているが、そうではない独立命令は否定されていない。

一八一四年憲章一四条は、「国王は、……法律の執行および国家の安全に必要な命令（les règlements et ordonnances）を制定する」としている。執行命令以外に、国家の安全に必要な命令を規定している。この憲法体制の下でも、国王の独立命令によって警察概念が過度に広くとらえられ、権限が濫用された。このような経験を経て、一八三〇年憲章一三条は、「国王は、……法律の執行のために必要な命令を制定するが、法律自身を制定したり、その執行を免除したりすることはできない」とした。これは執行命令について規定したものであり、警察独立命令を含んでいない。実際にもルイ・フィップはそのような命令を作らなかった。しかし、王制復古期と七月王制期に、特定の事項について、法律を変更する命令や、人身の自由、所有権、税金のように、法律によらなければ規制できない事項に関する命令の制定を、法律自身が首長に認める例も存在し、「立法委任」（la délégation législative）と呼ばれた。例えば、一八一四年一二月一七日法[129]三四条は政府に一時的な輸出入規制の権限を認めていた。

一八四八年憲法四九条二項は、「大統領は法律の執行を監視し確保する」とする。後に同じ規定が一八七五年二月二五日憲法的法律に入ることになる。一八四八年憲法七五条二項は、「コンセーユ・デタは行政庁の命令を準備する。コンセーユ・デタは、国民議会が特別の委任を与えた事項について、これらの命令を制定する」としている。第二共和制の下で数多くの命令が制定されたが、それらは執行命令や委任命令であって、独立命令は存在しない。

一八五一年一二月二日のクー・デタの後、あらゆる事項にわたって命令が制定されたが、その中には、定期刊行物の許可制を定める一八五二年二月一七日デクレや、集会の許可制を定める一八五二年二月二五日デクレのように、自由に対して重大な制限を加える命令も存在した。一八五二年憲法五八条二項によって、一八五一年一二月二日から「憲法の定める国家機関が構成される日」[130]までに制定された、立法事項にわたるデクレは、法律効が認められた。

一八五二年憲法六条は、「大統領は、法律の執行に必要な命令（les règlements et décrets）を制定する」とする。一八七〇年三月二一日元老院令一四条も、大統領を皇帝に変えただけで、同じ規定を維持した。一八五二年憲法の施行後、第二帝制の下では、すぐ後で述べる例外を除けば、以前とほぼ同じ枠組のなかで、多くの命令が作られた。先行する四〇年間のどの時期よりも、法律の数は少なく、その規定は大まかであって、法律による命令への委任が数多くなされた[131]。執行命令や委任命令は存在するが、公役務に関するものを除けば、独立命令は作られていない。警察に関する独立命令はない。

ただしこの時期には例外として、一八五二年憲法二七条二号に規定する元老院の権限に反して、両院の奉答投票に関する一八六〇年一一月二四日デクレのように、憲法を直接執行するための命令が制定されている。また、一八五二年憲法二七条一号の元老院令の代わりに、あらゆる事項にわたって植民地に関する命令が作られた。これらは実質的には独立命令である。

ティエールに大統領の称号を与えた、一八七一年八月三一日のいわゆるリヴェ法(132)二条二項は、一八四八年憲法とほぼ同じように、「大統領は法律の執行を確保し監視する」とした。

以上の命令制定権の歴史の概観をまとめると、アンシャン・レジームを打ち倒したばかりのフランス革命初期に、首長の命令制定権に対して否定的な態度から出発したが、早くから実際上執行命令や委任命令が作られており、共和暦八年憲法以来執行命令は明確に認められるようになった。独立命令もフランス革命期から出現しており、それらは内容的には公役務と警察に関するものである。首長の任務として法律の執行以外に国家の安全の確保を挙げている共和暦三年、同八年の憲法、一八一四年憲章の下では、実際上も警察に関するものを含めて独立命令が多く作られている。それに対して、首長の任務として法律の執行のみを挙げている一八三〇年憲章、四八年、五二年の憲法の時代には、警察独立命令は作られていない。後者のタイプの憲法の下では、警察独立命令を認めない考えが採られていたように思われる。

一九世紀の初めには独立命令の慣行が存在していたが、その濫用、とりわけ第一帝制と王制復古期における濫用を経て、警察独立命令の慣行は一九世紀中頃には一旦姿を消した。その原因の一つとして、警察独立命令の濫用に対する批判があったと考えられる。しかし、もう一つの原因として、この時期には委任命令が非常に多く作られ、独立命令を制定する必要が少なかったと言うこともできる。とくに第二帝制の下で委任命令が濫用されたが、ここでは議会の力が極端に弱く、委任命令の形式を容易に作ることができた。

結局、一八七五年憲法は、憲法規定の形式からすると、一八三〇年憲章以来の、警察独立命令を認めないタイプの憲法に明らかに属している。カレ・ド・マルベールは、首長に法律裁可権や独立の条約締結権を認めている一八一四年憲章、一八三〇年憲章、一八五二年憲法の下では、首長に独立命令制定権が認められても自然であると言う。それに対して、一八七五年憲法は一八四八年憲法とともにこのような権限を首長に認めておらず、従って独立命令制定権も認められないことになるはずだとしている。[133] カレ・ド・マルベールの言うような首長の立法権への参加等の有無と、首長の一般警察権の有無や警察独立命令の実際の運用状況は、必ずしも一致しているわけではないが、どちらにしても一八七五年憲法は、警察独立命令を認めない憲法のタイプに属することになると思われる。

b　運　用

しかしながら、第三共和制の下でも、警察に関して何らの法律の根拠なしに大統領によって制定された独立命令が数多く存在している。第三共和制の初めから存在していたわけではなく、一九世紀末から目立ち始める。その例として、フランスにおける外国人の居住に関する一八八八年一〇月二日のデクレ、浮浪者の監視に関する一八九六年一一月一三日のデクレ、自動車の製造および交通に関する一八九九年三月一〇日デクレおよび一九〇一年九月一〇日デクレ（これは後に、「道路法典」と呼ばれる一九二二年一二月三一日デクレに含められる）などを挙げることができる。これらの独立命令に対する違反者には、市町村長の独立命令の場合と同じように、刑法四七一条一五号によって刑罰を課すことができる。また、原則としてそれ以外の刑罰を課すことはできない。[134]

独立命令の実例は多いが、政府も初めはこれを許されないものと考えていたふしもある。自転車の規制の必要が出てきたとき、一八九五年に内務省で県条例のモデル案を作り、各県知事に送って条例を作らせたことがある。[135] そこには、政府には全国的な警察命令制定権はないとする理解が前提にあると思われる。しかし、自動車の規制のときには、政府は非公式にコンセーユ・デタ評議員の意見を求めたようである。それに対して評議員は、市町村長が市町村において警察命令制定権を有し、知事が県において有するならば、政府は全国に関して持っているはずだと答えた。この意見に基づいて作られたのが、前述の一八九九年三月一〇日デクレおよび一九〇一年九月一〇デクレである。[136] 結局、第三共和制の下でも政府による独立命令は作られるようになった。

判例も、首長に全国的な警察権と独立命令制定権を認めた。それは、すでにふれたラボンヌ事件に関する一九一九年八月八日のコンセーユ・デタ判決[137]である。第三共和制下で一九世紀末から独立命令は生じていたが、それを承認する判決が現われ判例として確立したのは、第一次大戦後である。このラボンヌ事件では、すでに何度かふれた一八九九年三月一〇日デクレの適法性が争われた。このデクレは知事の決定（arrêté）による運転免許の取消を認めている。取消を受けた原告は、免許の取消を認めているデクレの規定の権限踰越を理由に、知事の決定の無効を主張した。

この判決は、次の理由によりデクレの適法性を認め、原告の請求を退けた。「もし諸法律、とりわけ一七八九年一二月二二日―一七九〇年一月法および一八八四年四月五日法によって、県および市町村の機関が公道の維持および交通の安全を監視する任務を与えられているならば、どのような立法の委任とも無関係にその固有の権限によって（en dehors de toute délégation législative et en vertu de ses pouvoirs propres）、どちらにしても領土の全体に適用されるべき警察措置を決定する権限が、国家の首長に帰属する。もちろん、地方において公益上必要なすべての補完的命令規定を、国家の首長によって命ぜられる一般的規制に付け加えるために、前述の諸機関は、それぞれに関することについて、完全な権限を保持する。従って、一八九九年三月一〇デクレは、自動車の走行が引き起こす危険を理由に、すべての自動車運転者が、資格証明の形式の下に交付された運転免許証を携帯するように、有効に要求することができた。

（省略）」

ii　学　説

結局、第三共和制の下で政府に警察独立命令制定権を認める実務が確立し、判例もそれを正当化した。学説はどのような態度を採っているであろうか。前述のラボンヌ事件判決でこの問題が注目を浴び、学説もこの判決の後それについて盛んに議論している。肯定する説が圧倒的に多い。「裁判官、公務員、市民、すべての人が独立命令を認め、執行している。法学者自身、命令は法律の補完物以外のものではありえないと宣言した後で、彼らの原則から非常に外れた慣例に対して何ら批判をしていない。」[138]ラボンヌ判決には、地方的機関が一八八四年四月五日法などに基づいて地方に関して警察命令制定権を有していることから、国家の首長が全国に関して同様の権限を有することを類推するような議論がある。しかしこれは本質的な説明になっておらず、「法的アクロバット」（デュエズ）と学説から批判されている。[139]学説が大統領の独立警察命令制定権を肯定する理由は、以下のようなものである。

a　必要説

それが必要であるということである。あらゆる理由の最も基礎にある理由である。デュギはそのことを強調する。「安全、静穏、衛生の実際上の必要性が、政府に命令制定権を認める義務を課す領域が存在するとしたら、それは警察命令制定権である。」細かい規定を設けたり、緊急の措置をとる必要がしばしばあるが、議会はそういうことには適さない。科学や交通手段の発達に伴って、全国的な措置をとる必要も出てきたとする。[140]そこで、「実質的法律は形式的法律にのみ由来することができる」のが原則であるが、「実際の必要性の支配の下で」、公役務の組織と警察についてのみ、例外として「独立命令」(le règlement autonome) が認められるとする。[141]

デュギは、「客観法」に優位を認める立場から、実質的基準を中心において、「命令（も）実質的法律」であるとする。[142]従って、そもそも命令制定権自体が、「権力分立を実行している国では、原則として存在でき」ず、[143]例外としてのみとらえられる。そのため、独立命令制定権も実際の必要性から肯定されるほかはない。デュエズとドゥベールも、独立命令制定権を認めた前述のラボンヌ判決による解決について、「柔軟で詳細な命令の必要性によってのみ説明される、原則の一つの歪曲」であるとしつつ、独立警察命令を違憲とはせず、それを肯定しているようである。(144)ラボンヌ判決自身、地方機関の権限との関係や固有の権限という法理論的な説明の後で、「自動車の走行が引き起こす危険」という実際上の理由を付け加えて、デクレによる全国的な自動車免許制度を正当化している。

しかしもちろん、実際の必要性があるということは、そのまま法的に独立命令が許されることの証明にはならない。「政府がこの（警察――浦田）事項について若干の命令制定権を有することは、非常に有益であり不可欠である」とさえ認めるカレ・ド・マルベールも言うように、「しかしこれらの権力は法律によって政府に付与されていたことが必要である」(145)からである。警察命令が必要であるとしても、それは委任命令でなければならず、独立命令までは正当化されない。

以上のように、独立命令を政府にとって公序の維持のために必要であるとするばかりではなく、フェリックス・モローのように、市民の自由のためにも独立命令は必要だとする議論もある。(146)法律と同じように、命令も市民に対して行動の枠組を事前に示すことになるからであるとする。また、一般的法規という意味では、命令は法律と変わるところはなく、従って不公平な内容になりにくい。その点で、「命令は自由の要素でもある」と言えるとするのである。しかしこの議論は、個別の措置のみによる自由の規制は危険であって、一般的法規である命令が自由の保障のために必要であるということを示しているに過ぎない。命令が自由にとって必要であるということは説明されているが、独立命令が必要であることは示されていない。

b　憲法慣習説

そこで次に憲法慣習による説明がなされる。これもデュギであるが、「法的には、警察に関する一般的規定を定める権限を政府に対して承認する憲法慣習（une coutume constitutionnelle）の形成によってしか、独立命令（des décrets spontanés et autonomes）は説明されえない」とする。(147)

すでに見たように、首長に独立の警察命令制定権を認める一つの慣習は、たしかに執政府から王制復古に至る時代には存在した。しかしこの慣習は、七月王制から第二帝制に至る時代には一旦姿を消し、一八七五年憲法は、独立命令を否定するタイプの憲法に属する。従って、憲法規定からすれば、政府に独立の警察命令制定権を認める憲法慣習は、第三共和制の下では排除されていたはずと見られる。

c　自立権説

他の議論は、大統領の権限が法律の執行に限られることを前提として、独立命令を正当化する議論を試みているが、「国家の首長は単なる法律の執行に役割を限定されない」とするフェリックス・モローの立場がある。(148)「大統領が法律の執行を監視し、確保するということから、法律が欠けているが実際に必要な命令を大統領が作ることができないと、どのようにして結論を下すのか」(149)という。「執行権は、すべての法律を執行するどころか、法律の執行より広く興味のある任務を持っている。執行権は統治する責任を有している」(150)とする。

モローがこのように考えるのは、フランスでは立法権と執行権の間の厳格な権力分立は存在しないと見るからである。アンシャン・レジームの下で国王は立法権と命令制定権の両者を持っていたが、フランス革命は厳格な権力分立を導入しようとした。しかしそれは成功せず、一七九一年憲法にもかかわらず、国王は法律から独立して一般的な措置をとり続けた。国民議会もそのような事態を容認し、最も重要な問題に関する立法権を国民代表に留保することで満足した。従ってそれ以外の問題については国王の命令制定権は介入することができた。そのような状況は、国王が大統領に代わっただけで、第三共和制まで続いている。首長の命令制定権の範囲は狭められてきているが、独立命令制定権は存在し続けている。そのことを否定するためには明確な規定が必要であるが、一八七五年憲法には独立命令制定権を否定した規定は存在しないとするのである。(151)

フランスでは厳格な権力分立は採用されておらず、行政的、執行的行為のカテゴリーに入るべき個別的、具体的行為も議会はしているし、首長の方も条約を締結することによって実質的に立法に参加している。(152)「結局、政府と議会の間の関係によって、社会生活の最も重要な行為は諸公権力の協力でなされている」(153)とする。そうであるとすると、法律によって制限を受けない範囲で、独立命令は可能だということになる。「どのような明確な法律にも結びつかないが衝突もしていない命令は、正当なものであると一致して考えられている。(154)」結局、法律に違反しなければ命令は認められるということであるから、「法律の役割は、国家の首長の活動に対して限界と条件を課すことのみに存する」(155)ということになるのである。

オーリューも、命令制定の目的は法律の執行に限定されないと言う。なぜなら、警察権や命令制定権は、立法権によって執行権に対して委任された権限ではないからである。一つには、委任という解釈は歴史的事実に反する。警察権は、執行権と立法権を同時に含む国王の権力に属していた。従って、それは本来立法権と行政権の両方によって表現されるものである。そこで、革命期に立法権と執行権の間で警察権の分割が行なわれた。そこで、命令制定権に法律の執行という役割が与えられるようになったが、「公序」を確保するための命令制定権は存続している。立法権が執行権から取り上げなかったものは、執行権に帰属している。(156)

もう一つには、立法権の委任ということと権力分立は矛盾する。委任という説明は、命令の制定を立法行為と見るが、一旦権力分立が行なわれると、権力の委任ということはありえない。従って、命令の制定は行政行為と見なければならない。行政権は、「自立的な権限」(un pouvoir autonome) によって命令を制定することができる。従って、すべての命令が法律の執行を目的とするというのは言い過ぎである。それは、公役務の組織と公序の確保という「固有の対象」(un objet propre) を持つ。結局、命令は、法律の条項や、法律によって認められた自由と矛盾することはできないが、法律の執行に目的が限定されるものではないとするのである。[157]

このモローやオーリューの議論は、国家の首長に国家権力が本来帰属している事態を想定して、憲法や法律によって制限を受けない限り、その国家権力は維持されるとするものである。そこでは、憲法や法律によって基礎づけられない国家権力が前提となっており、憲法や法律の役割は国家権力を制限することに限定されている。しかし、フランスの公法理論が革命期に経験した自然法思想は、何が自然権の保全にとって必要な国家権力か確認しようとした。そのような確認を経ない国家権力を議論の出発点に置く思考は排除されている。その確認は憲法や法律によってなされることになるから、憲法や法律によって基礎づけられない国家権力を考えることはできないはずである。すでに見たように、国家の首長に独立命令制定権を認めていた可能性のある憲法の例も存在するが、一八四八年憲法とともに一八七五年憲法は、そのような立場を採らない憲法と見られる。

d　秩序維持責任説

執行権は秩序維持の憲法上の責任を負っており、そのために命令を制定することができると見る立場である。その秩序維持の責任は法律の執行と関係づけて説明される。第三共和制期の議論ではないが、リヴェロはコンセーユ・デタの立場の解説として次のように言う。「秩序が確保されていなければ、一般的に法律の執行は不可能であると、コンセーユ・デタは実際上考えていた。それゆえ、秩序の維持にとって必要とされる命令を制定することは、特定の法律の執行に必要な一般的な枠を作ることである」[158]とする。警察命令は、特定の法律の執行として説明できないときでも、秩序の維持という、法律の執行の一般的な条件を作るものである。このようにして、警察命令と法律の執行を広い意味で結びつけようとしているように見える。コンセーユ・デタがこのような立場に立ったものとして、前述のラボンヌ判決を挙げている。判決自身はこのようなことを言っていないが、その基礎にはそのような考え方があるものと、リヴェロは見ているようである。

同様の考え方をヴデルも示している。[159]ラボンヌ判決が独立命令を基礎づけた「固有の権限」は、憲法上のものでなければならない。それは、一八七五年二月二五日憲法的法律三条の「執行権」のことに外ならない。「法律の執行という憲法上の任務は……とくに命令制定の形における、警察権の行使による秩序の維持を含む。しかも、法律の執行ということで、各法文の項毎の奴隷的執行に理解されてはならず、固有の権限と、憲法に基づきそしてどのような立法の委任とも無関係に行使される一般的権限を、法律の執行は含む」（傍点の箇所は原文ではイタリック）。

ベルナールも、大統領の命令制定権を「法律執行の一般的権限」に結びつける。その上で、命令における公序維持の動機は、自由に対する「自立的で合法的な介入の権限」を構成するとする。[160]

しかし、秩序維持のために独立命令を制定する権限を政府に与える規定は、一八七五年憲法には存在しない。「もし憲法が政府にこのような権限を与えることを欲していたとすれば、憲法がその限界を確定しないですませることはありえなかったであろう。警察措置の方法で市民に義務を課す無限の権能を、憲法が大統領に認めたと、どのようにして考えることができようか。[161]」法律の執行にとって秩序の維持が一般的に必要であるとしても、それゆえに政府に独立命令制定権が認められるとするのは無理であろう。秩序を維持するために、どの機関がどのような権限を行使することができるかは、憲法によって定められていなければならない。結局、法律の執行と独立命令を結びつけることはできないと考えられる。

e　立法事項説

ヴデルは次のような説明も加えている。憲法または法律によって独立命令制定権が認められているから、憲法または法律による人権規制という条件を充たしているとするのである。[162]「公的自由の行使に加えられる最初の制限は、立法者からしか生ずることができない」（傍点の箇所は原文ではイタリック）。しかし、「公的自由が問題になっていないからにせよ、公的自由が立法者の側の最初の措置の対象となったからにせよ、問題が執行権の権限に入るとすぐに、とくに授権する法律が何もなくても、執行権の首長は領土の全体に関して必要な命令を制定することができる。」同じことを次のようにも言っている。「制憲者または立法者の側の最初の制限の対象となった公的自由について、警察権を行使しようと考える機関についていえば、執行権の首長は領土の全体について憲法上の一般的な授権を得ている。」

言おうとしていることは、次のようなことであろう。公的自由の規制は、憲法または法律の対象事項である。しかし、一旦憲法または法律が命令による規制を認めれば、それでも憲法または法律による規制という条件を充たしている。警察に関する独立命令制定権もそのようなものとして認められるとするのである。具体的にはラボンヌ判決が念頭に置かれている。この判決は、一七八九年一二月二二日—一七九〇年一月法および一八八四年四月五日法によって、地方機関が警察権を与えられているならば、国家の首長には全国に関して警察権が認められるとしている。この議論は、ヴデルによれば、単に地方に限定せずに一般的に、警察に関しては命令によって活動することが、法律によって認められたことを示しているということになるのである。

しかしこの説明にも難点がある。第一に、憲法について言うと、すでに繰り返してきたように、独立命令制定権を認める憲法上の規定や原則は存在しない。第二に、法律について見ても、憲法上の根拠がないときに、憲法に反して法律で独立命令制定権を政府に与えることはできない。第三に、その点をおくにしても、地方機関に関しては独立命令制定権を与える法律規定が存在すると理解されているが、中央政府に関しては法律規定も存在しない。地方機関に関する法律規定を一般化したり類推することには無理がある。第四に、仮りに法律規定が存在したとしても、人権規制の代表的なものである警察規制について、独立命令制定権が認められたのでは、実質的に言って、公的自由は憲法または法律によってのみ規制されるとする原則が空洞化するであろう。

違憲論者はカレ・ド・マルベール一人であるようであるが[163]、結局、独立命令は一八七五年憲法に違反すると考えざるをえない。政府の命令制定権は一定の範囲で必要であるとしても、一八七五年憲法の原則からすれば、命令の制定には、独立命令制定権を一般的に認める法律ではなく、個別の法律の根拠が必要である。

iii　背　景

憲法原則からすれば、政府の独立命令制定権が憲法違反であることは、簡単に言えるはずである。それにもかかわらず、これを正当化するための様々な説明が試みられているが、それらはすべて論理的な難点を含んでいる。このような論理の誤りや飛躍を可能にしている共通のものは、表立った理由としてはっきり述べられているわけではない場合にも、結局警察権や命令制定権を行政権の固有の権限と見る考え方であるように思われる[164]。

ラボンヌ判決は、国家の首長に「どのような立法の委任とも無関係にその固有の権限によって」警察命令制定権が認められると正面から述べている。独立命令制定権は必要だから認められるとする説は、法的論証を省略してしまっている。このような論理の飛躍がなされるのは、警察権を行政権の固有の権限と見る見方があるからではないであろうか。また、憲法慣習説は、国家の首長に固有の警察権を認める、一八七五年憲法では排除されたはずの古い憲法慣習に依拠した立場である。

執行権は秩序を維持する憲法上の責任があるとして、そこから直ちに独立命令制定権を正当化する議論も、論理の飛躍を犯している。秩序維持のために何ができるかは、憲法と法律によって定められなければならないはずであるが、その点を看過するのも、命令制定権を執行権の固有の権限と見る見方が基礎にあるからであろう。独立命令を認める憲法や法律の規定があれば、憲法や法律による人権規制という条件を充たすとする説にも、論理の飛躍がある。しかも、実際にはこのような憲法や法律の規定は存在しない。にもかかわらず、独立命令を認めようとすることには、やはり同じような見方があると考えざるをえない。

執行権の任務は厳格な法律の執行に限定されないとするフェリックス・モローやオーリューが、執行権に固有の権力を認める立場に立っていることは明らかである。とくにオーリューは、行政権は「自立的な権限」によって「固有の対象」を持つ命令を制定することができると明言している。

同様の立場がヴデルによっても強調されている(165)。公役務に関してエイリエス判決(166)を、警察に関してラボンヌ判決を検討した後、次のようなまとめを行なっている。「行政活動における政府の諸権限は固有で自立的な（propre et autonome）性格を有する。」それは二つの理由から言える。「執行権の資格は、憲法それ自身によって直接に授権されているのであって、個別のそれぞれの点について立法者の同意した委任の合計に由来するものではないということが、第一の理由である。われわれの憲法的伝統およびコンセーユ・デタの判例によれば、法律の執行という任務は二つの側面を持っているということが、第二である。分析的な観点からすれば、それは各法律の執行を確保するところに存する。総合的な観点からすれば、それは合法的な秩序の諸条件を確保するところに存する。そのことは、秩序の維持と公役務の運行による国家と国民生活の存続の維持を意味する」（傍点の箇所は原文ではイタリック）。

ヴデルは執行権の固有性の根拠として憲法による授権を挙げているが、一八七五年憲法の場合、それが執行権に授権したことは法律の執行である。もう一つの根拠である、総合的観点からする法律の執行は、「国家と国民生活の存続」という超憲法的な概念に帰着している。結局、執行権は、法律だけではなく憲法に対しても、固有で自立的な性格を与えられているのである。

市町村警察に関して市町村長に対して独立命令制定権が認められる点についても、市町村警察が地方の固有の事務だからだとする説明がなされるが、警察権を行政権の固有の権限と見る見方が基礎にあることはすでに見た。

行政権に固有の権限としての警察権およびそのための独立命令制定権という見方は、フランスにおける「警察」の定義の仕方自体に表れているように思われる。定義は権力分立観に対応している。その点についてのフランス的な見方を次のように要約して紹介したものがある。「フランスにおける警察概念の特色は、フランス型権力分立理論の特色に由来する。すなわち、司法警察と行政警察の峻別は、司法権と立法権（行政権の誤りと思われる――浦田）との峻別に由来するのであり、また、一般行政警察の概念は、行政権と立法権との峻別に由来するのである。(167)」すなわち、特別の法制度の下にある特別警察には法律の根拠が必要であるが、安全、静穏、衛生の確保を目的とする一般警察は行政作用として立法権とは別に考えられているようである。

司法警察と行政警察を区別するとき、立法権との関係が曖昧である。法治主義の下では警察に関する基本原則を定めることは、立法権に属するはずである。しかし、行政警察と言うとき、立法権とは別の行政権の作用が念頭に置かれているように見える。行政警察の定義においても、(168)立法権に対する言及なしに、「行政活動」（ヴデル）、「行政の介入」（リヴェロ）、「行政機関が行なう……介入」（ローバデール）などと言われている。ローバデールは「立法警察」（la police législative）と行政警察を区別している。(169)しかも、行政警察は立法警察を「越えておよびその枠内に」（en outre et dans le cadre）存在するとする。行政警察は立法警察の枠内においてのみ存在するものではなく、立法警察を越えて独立しても活動するものであることを承認している。

おわりに

結局、憲法と法律によって認められた警察権を行政機関が行使するという考え方は、確立していない。憲法や法律から独立して存在する行政権に固有の警察権が、前提とされているように思われる。そのような見方に基づいて実務がなされ、法治主義との関係で若干の不完全な説明が試みられているというのが実情のようである。警察権や命令制定権だけではなく行政権を、憲法や法律から独立した固有のものと見る見方が、フランスでは根強く存続してきた(170)。革命期の自然法思想はこのような思考を克服する構造を持っていたが、自然法思想を経験した後も、固有の行政権という思考は消滅しなかった。

政府の任務として法律の執行以外に国内の安全の確保を挙げている共和暦三年憲法から一八一四年憲章に至る憲法は、警察権や命令制定権を行政権に固有のものと見る見方と結びつきやすい構造を持っている。このような見方を前提とし、それを確認しているようにも見える。このような憲法体制下における警察独立命令の濫用を経験した後、政府の任務を法律の執行としている一八三〇年憲章から一八七五年憲法に至る憲法は、固有の行政権という考え方に対して否定的な構造になっている。行政権の任務が個別の法律の執行に限定されるとすれば、固有の行政権は存在できないはずだからである。七月王政から第三共和制下の一九世紀末までの間は、一八五一年一二月二日のクー・デタから一八五二年三月二九日の憲法施行までの短い期間を除けば、実際にも政府は独立の警察命令を作っていない。しかし、このような憲法体制の下でも公役務の組織に関する独立命令は存続していたのであり、実際上は固有の行政権の考え方が消滅してしまうことはなかった。

独占資本主義段階に到達する一九世紀末には、自動車の普及のような技術の発達とともに、労働運動や社会主義運動の活発化などの政治的、社会的変化が現われ始める。支配にとって新たな秩序維持の必要性が生まれ、自由に対する迅速な全国的規制が要求されるようになった。第三共和制下の議会主義の一定の確立によって、第二帝制期と違って、行政権の要求に簡単に委任命令の形式を与えることが困難になり、独立命令の慣習が復活したものと思われる。国民諸階層を政治的に統合しつつ、支配層の利益を確保する共和派権力の確立によって、支配層にとって、政府に独立命令制定権を認めることによる危険性は、以前の時代と比べて減少した。第三共和制下で独立警察命令の慣習が復活したのは一九世紀末であるが、それを認める判例、学説が確立したのは第一次大戦後である。議会主義の一定の確立下で独立命令を正当化する困難を乗り切るために、改めて行政権の固有の権限という考え方が強く出てきたのではないであろうか。

（1）Claude-Albert Colliard, *Libertés publiques*, Dalloz, Paris, 5e éd., 1975. p. 18. 詳しくは次のように定義している。「公的自由の名の下に法律および命令による法的地位が指示される。その中で、個人は制限の枠内で拘束なしに活動する権利が認められている。その制限は、有効な実定法によって確定され、場合によっては、裁判官の審査の下で、公序維持について責任を有する警察権によって決定される。この権利は、訴訟によって、本質的には適法性審査の行使によって、保護される」(*ibid.*, p. 25)。

（2）Jean Rivero, *Les Libertés publiques*, P. U. F., Paris, 2e éd., 1978. t. 1, p. 23.

（3）Raymond Guillien et Jean Vincent, *Lexique de termes juridiques*, Dalloz, Paris, 3e éd., 1974.

（4）Philippe Braud, *La notion de liberté publique en droit français*, L. G. D. J., Paris, 1968, pp. 4-7.

（5）「公的自由の観念は人権の観念の一側面に過ぎない」(Jean Roche, *Libertés Publiques*, Paris, Dalloz, 1974. p. 3)。Francine et André Demichel, Marcel Piquemal, *Pouvoir et libertés*, Editions sociales, Paris, 1978, p. 16 は、「人権」と区別せず「公的自

由」という概念を使う。

（６） Rirero, *op. cit.* 注(２), pp. 23–24.

（７） Yve Madiot, *Droits de l'homme et libertés publiques*. Masson, 1976, p. 14.

（８） 従来公的に使われてきたのは「公的自由」であるが、マディオが指摘するように（Madiot, *op. cit.* 注(７), p. 36)、一七八九年宣言では「公的自由」ではなく「人権」が語られている。周知のように、第五共和制になって一九七一年以来、憲法院は憲法前文を手がかりに人権裁判を行なうようになり、前文によって言及された一七八九年宣言に実定法的効力を与えるようになった。

（９） Colliard, *op. cit.* 注(１), p. 18 によれば、ジェーズは、一九三八年に公法国際学会に提出した公的自由に関する報告の中で、この観念は定義されたことはなかったと述べている。

（10） 中村睦男『社会権法理の形成』一三―四三頁（有斐閣、一九七三年）。

（11） Georges Burdeau, *Les libertés publiques*, L. G. D. J., Paris, 4e éd., 1972, pp. 367 et s.; Colliard, *op. cit.* 注(１), pp. 687 et s.; Maurice Duverger, *Eléments de droit public*, P. U. F., Paris, 8e éd., 1977, pp. 196 et s.

（12） 中村・前掲注(10) 四三頁。

（13） Burdeau, *op. cit.* 注(11), p. 23; Braud, *op. cit.* 注(４), p. 6 も、「公的自由」の言葉で、一八八一年の出版に関する法律、同年の集会に関する法律、一九〇一年の結社に関する法律によって保障された自由が考えられるようになってから、厳密な意味での参政権は「公的自由」から除かれるようになったとする。

（14） Braud, *op. cit.* 注(４), pp. 4–7.

（15） Maurice Duverger, *Constitutions et documents politiques*, P. U. F., Paris, 8e éd., 1978, p. 71. 高木八尺ほか編『人権宣言集』一四四頁（岩波書店、一九五七年）参照。

（16） *Ibid*., p. 121. 野村敬造『フランス憲法・行政法概論』五七四頁（有信堂、一九六二年）参照。

（17） *Ibid*., pp. 152–153. 同六一〇―六一一頁参照。

（18） *Ibid*., p. 201. 同六三三頁参照。

（19） Rivero, *op. cit.* 注(２), p. 22.

(20)　Burdeau, *op. cit.* 注(11), p. 22; Colliard, *op. cit.* 注(1), pp. 18–20.
(21)　Léon Duguit, *Traité de droit constitutionnel*, Paris, Fontemoing, 2e éd., 1925, t. 5, pp. 1-3.
(22)　H. Berthélemy, *Traité élémentaire de droit administratif*, Rousseau, Paris, 2e éd., 1930, p. 274.
(23)　Jacques Robert, *Libertés publiques*, Paris, Montchrestien, 2e éd., 1977, pp. 16–17は、異なる考え方を出しているが、これは一般的ではないようである。彼は、公的自由は「すべての者に認められた自由」であるが、私的自由は「若干の者にしか留保されない」とする。後者の例として所有権を挙げているが、これは理論的に明確な議論とは言えないように思われる。
(24)　Rivero, *op. cit.* 注(2), pp. 22–23は、フランス法において、公法（droit public）、公的セクター（secteur public）、公役務（service public）のように「公的」という言葉を使うとき、「権力の介入」を表わすとする。私的自由についてもその保障のために権力の介入が行なわれるので、すべての自由が公的自由ということになり、この区別は無意味であるという。
　Madiot, *op. cit.* 注(7), p. 14も、同じ考え方に立ち、それゆえに私的自治というようなものは存在しえないとする。権力の介入でもって公的性格をとらえようとする議論は、それを実定法による保障によってつかまえる、すでにふれた議論とつながるのであろうが、それゆえに公的自由と私的自由の区別が無意味だとするのは、行き過ぎであろう。
(25)　法律による人権の保障について、樋口陽一『現代民主主義の憲法思想』四一頁以下（創文社、一九七七年）、および、フランスにおいては人権問題は憲法問題ではないとする黒田覚「フランス人の憲法観理解のための仮説」神奈川法学二巻二号一七頁以下参照。
(26)　この点の違いを強調するものとして、戒能通孝「警察権の歴史と理論」、同編『警察権』（岩波書店、一九六〇年）参照。
(27)　アメリカの警察権理論について、渡辺宗太郎ほか『新警察法と米国警察制度』（有斐閣、一九四八年）、芦田一良『米国警察の理論と実際』（立花書房、一九四八年）、檜山武夫『アメリカ憲法と基本的人権』一三二頁以下（日本学術振興会、一九六〇年）、戒能通孝『市民の自由』（法律文化社、一九六八年）、綿貫芳源「基本的人権と公共の福祉（六）」自治研究三四巻一二号（一九五七年）、高原賢治「アメリカにおける『警察権能』の理解の展開」国家学会雑誌七四巻九・一〇、一一・一二号（一九六一年）、高橋正俊「ポリス・パワーの意義について」香川大学教育学部研究報告一部四九号（一九八〇年）など。
(28)　警察観念の変遷について、鵜飼信成「Polizei の観念」『公法学の諸問題』（有斐閣、一九三四年）、田上穣治『警察法〔増補版〕』三頁以下（有斐閣、一九七八年）、保木本一郎「ドイツにおける営業警察の展開（一）」社会科学研究一九巻五号一三頁以下など。

(29) 田中二郎『新版・行政法』下二巻二五五頁（弘文堂、全訂二版、一九七四年）、田上・前掲注(28) 三〇頁。

(30) 田上穣治「憲法的秩序と警察権」警察学論集八巻八号（一九五五年）参照。

(31) 田上・前掲注(28) 八頁。

(32) Hamilton and Rodee, "*Police Power*", in Encyclopedia of the Social Sciences（ed. by Selgman, 1934）を基にした高橋・前掲注(27) 二二七―二二八頁によれば、フランスの la police の観念が一五世紀にドイツ、一六世紀にイギリスに伝えられている。従ってフランスの警察の観念がドイツを経由して日本に入ってきたことになる。

(33) フランスにおける警察権の観念を概観したものとして、松元秀之「仏蘭西に於ける警察権の観念について」警察学論集六巻六号（一九五三年）。

(34) Georges Vedel, *Droit administratif*, P. U. F., Paris, 6e éd., 1976, p. 779.

(35) Marcel Waline, *Droit administratif*, Sirey, Paris, 9e éd., 1963, p. 637.

(36) Vedel, *op. cit.* 注(34), p. 784.

(37) Jean Rivero, *Droit administratif*, Dalloz, Paris, 8e éd., 1977, p. 412.

(38) André de Laubadère, *Traité de droit administratif*, L. G. D. J., Paris, 8 éd., 1980, t. 1, p. 601.

(39) 第三共和制期においてもほぼ同様の定義がなされている。例えば、警察法についての代表的テーズである Pierre-Henri Teitgen, *La police municipale générale*, Sirey, Paris, 1934, p. 1 は、「警察は、言葉の全体的な意味においては、すべての者の自由を、その濫用から生じる喧噪、事故、病気を予防するために、限定し制限する立法および命令による規定の全体である」とする。なおこれらの定義は、その下で実際に扱われている問題と一致していないとして、やや異なる定義が行なわれることもある。すなわち、Démètre Papanicolaidis, *Introduction générale à la théorie de la police administrative*, L. G. D. J., Paris, 1960, pp. 15–16 は、行政警察を、「社会においてあるいは公役務の内部において健全な秩序を確保し、あるいは公物の物質的完全性を保護するために、行政権によって遂行される、規範的、刑罰的、物質的活動の総体」とする。

(40) Paul Bernard, *La notion d'ordre public en droit administratif*, L. G. D. J., Paris, 1962, p. 241.

(41) Papanicolaidis, *op. cit.* 注(39), p. 17.

(42) Vedel, *op. cit.* 注(34), p. 783.

(43) Duez et Debeyre, *Traité de droit administratif*, Dalloz, Paris, 1952, p. 501.

(44) 「公役務の存在するところには、もはや私的活動は存在せず、公法によって、全面的にあるいは少なくとも部分的に管理された活動が存在する。他方で、警察の規則の枠内で市民が行ないうる活動は、警察の規制が市民の自由の余地を残す限り、当然純粋に私的な活動のままである」(Waline, *op. cit.* 注(35), p. 638)。

(45) Papanicolaidis, *op. cit.* 注(39), pp. 18–19.

(46) 「警察の役務も非常に早くから公役務として設けられた」(Duguit, *op. cit.* 注(21), 1923, t. 2, pp. 58–59)。Waline, *op. cit.* 注(35), p. 639; Vedel, *op. cit.* 注(34), p. 784; Rivero, *op. cit.* 注(37), p. 412.

(47) Vedel, *op. cit.* 注(34), p. 784.

(48) 人権規制の中心に警察を置くもの（Burdeau, *op. cit.* 注(11), pp. 36 et s.）、人権規制理由として警察法における公序を論ずるもの（Rivero, *op. cit.* 注(2), pp. 193 et s. ; Madiot, *op. cit.* 注(7), pp. 128 et s.）、人権に関する法制度としての命令を警察命令によって説明するもの（Colliard, *op. cit.* 注(1), pp. 109 et s.）、人権の承認における命令の重要性を警察命令によって検討するもの（Robert, *op. cit.* 注(23), pp. 114 et s.）など。

(49) André Siegfried, *De la IIIe à la IVe République*, Grasset, Paris, 1956, p. 16 は、前半を「確立と成功」、後半を「危機と没落」の時期とし、「一九一四年以降、とくに一九一八年以降、新しい世界、異なる雰囲気、実を言えば、第三共和制ではあっても、別の共和制が問題となるだろう」とする。

(50) Jean-Pierre Machelon, *La République contre les libertés?*, Presse de la fondation nationale des sciences politiques, 1976, p. 13.

(51) レーニン「資本主義の最高の段階としての帝国主義」『レーニン全集』二二巻二六九、二七九—二八〇頁（大月書店、一九五七年）。

(52) この点はより立ちいった検討を要する。ジャン・ブーヴィエ、権上康男ほか訳『フランス帝国主義研究』特に七二頁以下（御茶の水書房、一九七四年）参照。

(53) フランス共産党中央委員会経済部「エコノミー・エ・ポリティーク」誌、大島雄一ほか訳『国家独占資本主義』上巻二〇頁以下（新日本出版社、一九七四年）。

(54) ただし貿易政策については、「フランスは、一八六〇年の対英条約締結の時期を除いて、伝統的に保護貿易主義をとってきた」（森恒夫「フランス帝国主義財政と直接税の改革（一）」経済学論集二七巻三号六九頁（一九六一年）。

(55) Michel Miaille, *Constitutions et luttes de classe* (*de 1789 à nos jours*), Faubourg, Montpellier, 1978, p. 135.

(56) Georges Dupeux, *La société française 1789–1960*, Armand Colin, Paris, 1964, p. 168. 井上幸治監訳『フランス社会史』一五四頁（東洋経済新報社、一九六八年）。

(57) *Ibid.*, p. 187. 同訳一七七頁。

(58) Jean Lhomme, *La grande bourgeoisie au pouvoir* (*1838–1880*), P. U. F., Paris, 1960, p. 271. 木崎喜代治訳『権力の座についた大ブルジョワジー』三五七頁（岩波書店、一九七一年）参照。

(59) *Ibid.*, p. 340. 同訳四五〇頁。Dupeux, *op. cit.* 注(56), pp. 189–190. 井上・前掲注(56) 一八〇―一八一頁。

(60) Miaille, *op. cit.* 注(55), pp. 137–138.

(61) 中木康夫『フランス政治史』上巻二四七、三三九頁（未来社、一九七五年）。

(62) 喜安朗「フランス第三共和制の形成と政治支配の論理」歴史学研究三五〇号（一九六九年）、同「第三共和制の形成とフランス急進主義」日本女子大学文学部紀要二一号（一九七一年）参照。

(63) この問題を「社会主義の急進主義化」および「制度民主主義」への統合としてとらえる、同『民衆運動と社会主義』一五九頁以下（勁草書房、一九七七年）参照。

(64) 中木・前掲注（61）三三九頁。

(65) Dupeux, *op. cit.* 注(56), p. 193. 訳一八三頁。

(66) *Ibid.*, pp. 121 et s., 177 et s. 訳一〇八頁以下および一六五頁以下。

(67) Maurice Duverger, *Institutions politiques et droit constitutionnel*, P. U. F., Paris, 13ᵉ éd., 1973, t. 2, pp. 76 et s.

(68) Jacques Ellul, *Histoire des institutions*, P. U. F., Paris, 7ᵉ éd., 1979, t. 5, pp. 323–324.

(69) Jean Rivero, *Les garanties constitutionnelles des droits de l'homme en droit français*, Revue internationale de droit comparé, 1977, pp. 9 et s.

(70) 稲本洋之助「一九世紀フランスにおける『出版の自由』」東京大学社会科学研究所編『基本的人権』四巻（特に、三二八、三六五頁（東京大学出版会、一九六八年）。一般的には、同「現代資本主義における人権」宮坂富之助ほか編『豊かに生きる権利』六頁（法律文化社、一九七二年）。

(71) Georges Burdeau, *Traité de science politique*, L. G. D J., Paris, 2e éd., 1971, t. 6, p. 66; Colliard, *op. cit.* 注(1), pp. 85–86; Rivero, *op. cit.* 注(2), t. 1, p. 82. 樋口・前掲注(25) 四一—四二頁。

(72) Robert, *op. cit.* 注(23), p. 189.

(73) Robert, *Les violations de la liberté individuelle commises par les agents publics et le problème des responsabilités*, thèse, L. G. D. J., Paris, 1955, p. 42.

(74) Machelon, *op. cit.* 注(50), pp. 1-5.

(75) 浦田一郎『現代の平和主義と立憲主義』一五九—一六三頁（日本評論社、一九九五年）。

(76) Vedel, *op cit.* 注(34), p. 266.

(77) Duguit, *op cit.* 注(21), 1923, t. 3, p. 681.

(78) *Ibid.*, p. 547.

(79) *Ibid.*, p. 681.

(80) Maurice Hauriou, *Précis de droit constitutionnel*, Sirey, Paris, 1923, pp. 252 et s.

(81) *Ibid.*, p. 252.

(82) Raymond Carré de Malberg, *Contribution à la théorie générale de l'Etat*, Sirey, Paris, 1920, t. 1, p. 490.

(83) Duguit, *op. cit.* 注(21), t. 3, p. 552; Colliard, *op. cit.* （注1）, pp. 99–100.

(84) Hauriou, *op. cit.* 注(80), pp. 257 et s.

(85) Duguit, *op cit.* 注(21), t. 3. pp. 551–552.

(86) Carré de Malberg, *op. cit.* 注(82), p. 489.

(87) *Ibid.*, pp. 490–494.

(88) 第三共和制の下で立法権は、法律の執行ということにならないすべての決定を行なうことができ、立法事項は限定されていないと考えられていたが（*ibid.*, p. 327. 大石眞「立法権と権限分配の原理（一）」法学四三巻四号三八頁（一九七九年）、現行第五共和制で立法事項が限定されている（一九五八年憲法三四条）。それ以外は命令事項とされ（三七条）、法律事項についても例外が認められている（三八条）。従って現在は行政権に広いイニシァティブが認められ、建前自体が第三共和制とはかなり異なっている。

(89)　Rivero, *op. cit.* 注(37), p. 415.

(90)　Vedel, *op.cit.* 注(34), p. 781.

(91)　*Ibid.*, p. 783.

(92)　Waline, *op. cit.* 注(35), p. 638.

(93)　全般にわたって、松元・前掲注(33)。フランス革命を中心とする時期について、清水新太郎「フランス警察制度史概論（一）―（四）」警察学論集二六巻八、九、一一号、二七巻二号（一九七三、一九七四年）。

(94)　J. B. Duvergier, *Collection complète des lois*, A. Guyot et Scribe, Paris, 1834-60, t. 1er, p. 66. 訳、東京大学社会科学研究所『一七九一年憲法の資料的研究』九七頁（一九七二年）参照。

(95)　*Loi du 5 (-6) avr. 1884 sur l'organisation municipale*, D. 1884. 4. 25; Léon Morgand, La loi municipale, Berger-Levrault, 10e éd., 1925, revu et mis à jour par Henri Morgand, t. 1 は、一八八四年四月五日法のコメンタールであり（pp. 99 et s.）、始めにその原文が出ている（pp. 13-98）。

(96)　その点については、松元・前掲注(33) 六九頁以下に整理がある。フランスの警察制度の概要については、第三共和制以降のものについてであるが、同「フランスの警察（一）―（五）」警察研究二五巻四号、二六巻四、七号、二七巻一、五号（一九五四―一九五六年）。関根謙一「警察の概念と警察権の限界（一）―（五）」警察学論集三三巻一一、一二号、三四巻一、二号（一九八〇、一九八一年）。

(97)　この点について芦田一良「フランスにおける市町村警察に就て」警察学論集五巻四号（一九五二年）。

(98)　C. E. 9 juillet 1924, de Boissieur, D. H. 1924. 544. ロレットの市町村会が、宗教的な示戒運動を禁止するよう、市町村長に命じたことは、希望の表明にとどまっておらず、市町村会の権限を越えているとされた。

(99)　田上・前掲注(28) 一一頁、松元・前掲注(33) 七〇頁。

(100) 市町村警察における「監視」がかなり強力なので、それと一般警察における「指揮監督」のどちらが強力かは、簡単には言えない。その点について、松元・前掲注(96) 警察研究二五巻四号六一頁以下。
(101) C. E. 8 août 1919, *Labonne*, D. 1921. 3. 23.
(102) 例えば、Colliard, *op. cit.* 注(1), p. 109.
(103) Paul Bernard, *La notion d'ordre public en droit administratif*, L. G. D. J., Paris, 1962, p. 83.
(104) T. C. 30 oct. 1947, *Barinstein*, D. 1947. J. 476. 一九四五年一〇月一一日オルドナンスに基づくアパートの公用制限が、一九四七年一月一六日デクレ八条ないし一一条によって強制執行された。そこで判決は、この強制執行は法律の根拠を与えられていないとして、これを暴力行為と認定して、司法裁判所の審査権を認めた。
(105) Raymond Guillien et Jean Vincent, *Lexique de termes juridiques*, Dalloz, Paris, 9e éd. 1993. 中村・新倉・今関監訳『フランス法律用語辞典』(三省堂、一九九六年)。
(106) Carré de Malberg, *op. cit.* 注(82), pp. 505–507.
(107) *Ibid.*, p. 509.
(108) *Ibid.*, pp. 510–511; Maurice Hauriou, *Précis de droit administratif et de droit public*, Sirey, Paris, 7e éd., 1911, p. 52; Hauriou, *op. cit.* 注(80), pp. 131–132.
(109) Duvergier, *op. cit.* 注(94), t. 32, p. 215.
(110) 田上穣治『警察法〔増補版〕』一一頁(有斐閣、一九七八年)も、「一八八四年の市町村制の規定する市町村長の警察権は、独立命令権を含むものである」として、同様の理解に立っている。
(111) Duguit, *op. cit.* 注(21), t. 4, 1924. pp. 729-732.
(112) Duvergier, *op. cit.* 注(94), t. 1, p. 63.
(113) Morgand, *op. cit.* 注(95), p. 729.
(114) 内田新「フランスにおける地方制度の形成(一)—(五)」自治研究三五巻六、八、一〇号、三六巻六、七号(一九五九、一九六〇年)参照。
(115) Morgand, *op. cit.* 注(95), pp. 701–702.

(116) Duvergier, *op. cit.* 注(94), t. 37, p. 227.
(117) *Ibid.*, t. 1, p. 73.
(118) この規定は一八八四年市町村法によって創設されたものであって、それ以前に立法例はない（Morgand, *op. cit.* 注(95), p. 943)。
(119) フランスの委任命令について、芦部信喜『憲法と議会政』二一三頁以下（東京大学出版会、一九七一年)。
(120) Duvergier, *op. cit.* 注(94), t. 23, p. 463.
(121) D. 1902. 4. 41.
(122) Duguit, *op. cit.* 注(21), t. 4, p. 733.
(123) Carré de Malberg, *op. cit.* 注(82), pp. 654–655.
(124) cf. Duguit, *op. cit.* 注(21), pp. 661 et s.
(125) Duvergier, *op. cit.* 注(94), t. 2, p. 307.
(126) Adhémar Esmein, *Eléments de droit constitutionnel français et comparé*, Sirey, Paris, 7e éd., revue par Henri Nézard, 1921, t. 2, p. 76.
(127) Duguit, *op. cit.* 注(21), t. 4, pp. 672–673.
(128) *Ibid.*, pp. 673–674.
(129) Duvergier, *op. cit.* 注(94), t. 19, p. 284.
(130) それは、元老院と立法院が開会した一八五二年三月二九日だと思われる。
(131) Félix Moreau, *Le règlement administratif*, Albert Fontemoing, Paris, 1902, pp. 180–181.
(132) Duvergier, *op. cit.* 注（15), p. 161.
(133) Carré de Malberg, *op. cit.* 注(82), p. 494.
(134) Duguit, *op. cit.* 注(21), t. 4, p. 738.
(135) *Ibid.*, p. 734.
(136) *Ibid.*, pp. 734–735.

(137) C. E. 8 août 1919, *Labonne,* D. 1921. 3. 23.
(138) Moreau, *op. cit.* 注(131), p. 168.
(139) Bernard, *op. cit.* 注(103), p. 84.
(140) Duguit, *op. cit.* 注(21), p. 732.
(141) *Ibid.,* pp. 738–739.
(142) *Ibid.,* t. 2, 1923, p. 182. 第三共和制期における命令制定権に関する学説の整理については，Jean-Claud Douence, *Recherches sur le pouvoir réglementaire de l'administration,* L. G. D. J., Paris, 1968, pp. 44 et s. デュギについては，*Ibid.,* pp. 45 et s.
(143) Dugit, *op. cit.* 注(21), t. 2, p. 188.
(144) Paul Duez et Guy Debeyre, *Traité de droit administratif,* Dalloz, Paris, 1952, p. 513.
(145) Carré de Malberg, *op. cit.* 注（82), p. 656.
(146) Moreau, *op. cit.* 注(131), pp. 173–174.
(147) Duguit, *op. cit.* 注(21), t. 4, p. 736.
(148) Moreau, *op. cit.* 注(131), p. 171.
(149) *Ibid.,* pp. 177–178.
(150) *Ibid.,* p. 172.
(151) *Ibid.,* pp. 169–170.
(152) *Ibid.,* pp. 179–180.
(153) *Ibid.,* pp. 180–181.
(154) *Ibid.,* p. 168.
(155) *Ibid.,* p. 172.
(156) Hauriou, *op. cit.* 注(80), p. 484.
(157) Hauriou, *op. cit.* 注(108), pp. 56–57.
(158) Jean Rivero, *Les libertés publiques,* P. U. F., Paris, 2e éd., 1978, t. 1, p. 181.

(159) Georges Vedel, *Les bases constitutionnelles du droit administratif*, André de Laubadère et autres, Pages de doctrine, L. G. D. J., Paris, 1980, p. 154.
(160) Bernard, *op. cit.* 注(103), p. 84.
(161) Carré de Malberg, *op. cit.* 注(82), p. 657.
(162) Vedel, *Droit administratif*, P. U. F., Paris, 7e éd 1980, p. 996.
(163) Carré de Malberg, *op. cit.* 注(82), p. 657.
(164) 「法律は警察権の原動力かそれとも限界」かという、問題の立て方も可能である（Jacques Moreau, *Théorie générale des polices administratives*, Jur. Cl. Adm., fasc. 200, p. 4）。警察権を行政権の固有の権限と見るときは、法律は原動力ではなく、単に限界に過ぎないことになる。
(165) Vedel, *op. cit.* 注(159), p. 158.
(166) C. E., 28 juin 1918, *Heyriès*, S. 1922. 3. 49.
(167) 関根・前掲注(96) 三三巻一一号七六頁（一九八〇年）。
(168) 本書九五頁。
(169) André de Laubadère, *Traité de droit administratif*, L. G. D. J., Paris, 8e éd., 1980, t. 1, p. 601.
(170) Bernard Schwartz, *French administrative law and the common-law world*, New York University Press, 1954 は、英米では行政権の命令制定権は、抽象的であっても立法権の委任を必要としているのに対して、フランスではそれが固有の権力と考えられているとする（pp. 89–92）。その違いの基礎には、行政権の出発点の違いがあると見るようである。すなわち英米では約三世紀前から行政権は制限された権力であり、その後それは増大した。しかし、フランスでは行政権は立法から独立した無制限の権力として出発して、後に代表制が導入されるとともに、行政権は法律に従属するようになったとする。しかしその出発点の違いが大きいとしている（pp. 76–79）。

4　一八七五年憲法制定過程における執行権論

はじめに

一八七五年二月二五日憲法的法律三条一項は、「大統領は法律の執行を監視し確保する」と規定している。この規定は、この時期の立憲主義と法治主義の基礎をなす重要なものであり、憲法制定過程においてこの規定がどのようにして作られたかということを見ておきたい。王党派は強い執行権を望んでいたが、それは実現しなかった。その根本的な理由は、議会外で君主制の復活が求められていなかったことにあると思われる。

一　経　過

一八七一年二月一七日、王党派多数の国民議会で、中央左派のティエール（Louis Adolphe Thiers）を「執行権の首長」（Chef du Pouvoir exécutif）にする決議がなされた。(1)「国民議会は、主権的権威（l'autorité souveraine）の受託者として、以下のことを考慮する。フランスの諸制度に関して決定がなされるまで、統治に必要なことおよび交渉の遂行に直ちに当たることが重要である。したがって、以下のことを決定する。ティエール氏はフランス共和国の執行権の首長に任命される。彼は、国民議会の下で、彼が選任し指揮する大臣の協力を得て、その職務を行使する。」そこでは、「統治に必要なことおよび交渉の遂行に直ちに当たる」ことの重要性を指摘し、それらのことを執行権の任務としていたと思われる。(2) しかし、そのような任務を無条件で認めたわけではなく、ティエールの職務を「執行権」と規定した上で、議会の権威を確認していた。「共和国」という言葉を使う点に関しては議論は行なわれたが、(3) ティエールの職務を執行権と規定する点については議論はなかったようである。

一八七一年八月三一日法（リヴェ法）(Loi Rivet-Vitet) 二条二項は、「大統領は法律の執行を確保し監視する」としていた。ティエールに大統領の称号を与える点に関しては論争が行なわれたが、この規定については議論は行なわれなかったようである。リヴェ法に基づくティエール大統領の政権の下で、憲法のプログラムを定める一八七三年三月一三日法五条に基づき、(4) 一八七三年五月一九日、国璽尚書で司法大臣のデュフォール (Jules Armand Stanislas Dufaure) が、「公権力の組織」に関する法案を国民議会に提出した。(5) この憲法案の中に、前述のリヴェ法の規定と文言の順序を入れ換えただけで、同趣旨の規定が置かれていた。すなわち、一四条一項後段は、「大統領は法律の執行を監視し確保する」としており、一八七五年憲法と一致している。この憲法案に関する審議は拒否され、直ちにティエールの政治姿勢に関する問題に論点が移った。(6)

ティエール失脚（一八七三年五月二四日）後、「七年制」(le Septennat) に関する法案の審議の中で、王党派のマクマオン (Edme Patrice Maurice Mac-Mahon) に与えるべき権力の内容や性格について、本格的な議論はなされなかった。一八七三年一一月一九日国民議会において、王党派のブローイ (Albert Broglie) 首相は、法案を支持する立場から、「任期を別にすれば、現在の条件に今日何も変化が加えられておらず、残りのことは憲法に委託されている」と答えていた。[7] すなわち、リヴェ法における大統領の権限を前提とする建前が採られていたと思われる。確定した一八七三年一一月二〇日の七年制法[8]一条は、七年間にわたってマク・マオンに委任すべき権力を「執行権」(le pouvoir exécutif) としている。そして、この権力は「現在の状態において」行使されるとする。ブローイの述べた趣旨が基礎にあると考えられる。

一八七四年五月一五日、マク・マオン大統領によって三〇人（憲法）委員会に提出された憲法案[9]でも、「一八七三年一一月二〇日法によって七年間マク・マオン元帥に授与された執行権は、……現在の条件において現在の権限とともに引き続いて行使される」（一条）とされていた。

一八七五年一月二一日、三〇人委員会が国民議会に対して提出した公権力に関する法案[10]は、この七年制法の趣旨を確認している。その一条では、マク・マオンは、「彼が一八七三年一一月二〇日法によって託された執行権」を引き続いて行使するとされている。しかしながら、この憲法案は、確定憲法と異なって、代議院解散権（四条）を除くと、法律の執行その他の大統領の権限を列挙していない。

共和制の明示を避け、マク・マオンの個人的七年制を排除するワロン (Henri Alexandre Wallon) 修正案を三〇日に採用した後、バルト (Marcel Barthe) は、委員会案が大統領の権限について沈黙しているのは、独裁制を認める趣旨と解される可能性があるとして、大統領の権限を列挙する修正案を二月一日に提出した。そこでは、特に大統領の軍隊指揮権を問題にしたが、「共和国大統領、マク・マオン元帥は法律の執行を監視し確保する」とする規定も置かれていた。それに対して、シャボー・ラトゥール (Chabaud La Tour) 大臣は、委員会案は一八七三年一一月二〇日法を暗黙の前提としており、後者は諸法律特に一八七一年八月三一日法に由来する大統領の権限を想定しているので、独裁の危険はないと述べた。結局、バルトは修正案を取り下げている。[11]

同じ日に、中央右派のワロンは、大統領の権限を一八四八年憲法の条項に基づかせることを内容とする修正案を提出した。そこでの中心的な問題は大統領の代議院解散権であったが、この修正案は委員会に付託されることになった。(12)公権力の組織に関する憲法案の審議の最後の段階の二月二四日、大統領の権限を列挙するワロン他三名の修正案が提出された。この中にも、「大統領は法律の執行を監視し確保する」とする規定が含まれている。(13)ワロンは、同様の案を既に提出したが、委員会はそれを国民議会に提出していないこと、自分の案は、一八七三年のデュフォールの憲法案から着想を得ていることを指摘した。国民議会はそれを委員会に付託した。(14)この修正案は委員会によって受け入れられ、翌二五日国民議会で採択されて、一八七五年二月二五日憲法的法律三条になった。(15)

以上の経過から明らかなように、第二帝制崩壊後早い時期から、国家の首長に与えられる権力を「執行権」ととらえ、その職務として「法律の執行を監視し確保する」ことを挙げる考え方が採られていた。私の見たところでは、この点に関して異論はないようであり、そもそも論争の対象ともならなかったようである。その「執行」の意味については、「現在の条件（や権限）」を確認する形式が採られ、実際に制憲過程において国家の首長に認められていた権限が、憲法によって定式化されたとする建前が採られていた。

二　背　景

このような経過にはどのような背景があったのであろうか。立法権だけが国民代表であり、執行権は立法権の執行者（agent）と見るのは共和左派であり、これは国民議会では少数派であった。多数派である王党派や穏健共和派は、執行権を立法権から独立した国民代表にしたいという意図を持っていた。(16)

1　強い執行権論

王党派の制憲者達は強い執行権を望んでいた。それは第一に、彼らが執行権に対して、議会に対抗するものとして、共感を持っていたからである。モー子爵（le vicomte de Camille Meaux）によれば、議会は「独立した効果的な執行権」を作り、それが元老院を背景に持って、代議院の民主的な権力と均衡を保つことができるようにしようとした。[17]

第二に、国民議会が憲法に大統領について規定したとき、そのときの王党派は大統領マク・マオン元帥を念頭に置いていた。憲法が確定する直前までマク・マオンの個人的権力が考えられていた。そのため、大統領に大きな権力を与えることについて、躊躇する理由が無かった。

しかも第三に、王党派の主観では、一八七五年憲法は君主制待ちの共和制憲法であったので、できるだけ君主制に近い権力を大統領に与えようと彼らは考えていた。一八七五年一月二八日ラブレー（Edouard Laboulaye）は、王党派に対して共和制憲法に妥協するように求めて、次のように言っている。「両院と大統領、すなわち我々が知り実施している制度を備えた共和制を、我々はあなた方に求めている。それ故、この政府と、立憲君主を備えた政府の間で、どこに違いがあるであろうか。[18]」

ブローイも、「有効な責任を負いうるとしても、不可侵の首長、王制のすべての特質を備える首長、名前と任期を除いて、立法府の二部門によって一〇年間任命される、国王のような首長（un chef roi）」を望んでいた。[19]

このように大統領を国王のような首長にしたいという制憲者達の意図は、確定憲法の中で実現され、そのことは大統領に次のような権限が与えられた点で示されると、バルテルミーは言っている。[20] それは、法律案の提出権（一八七五年二月二五日憲法的法律三条一項前段）、恩赦権（同二項前段）、軍隊統帥権（同後段）、臨時議会招集権（一八七五年七月一六日憲法的法律二条一項二段）、議会停止権（同二項）、法律（案）の再審議要求権（同七条二項）、条約批准権（同八条一項)、戦争布告権(同九条)である。

これらの権限から、大統領は、名前と任期を除いて、立憲君主であり国民代表であると言うのである。執行府が立法府の単なる執行者である場合には、それは執行命令しか制定することができないが、大統領が立憲君主に代わるものならば、絶対君主が持っていた立法権のうち、議会によって取り上げられなかったものは行使できる。従って大統領は、法律に違反しない範囲で、法律の執行に限られない命令制定権を一般的に持つことになるという結論を、バルテルミーは出している。[21]

制憲議会の多数派である王党派が、大統領の地位をできるだけ君主制に近いものにして、国民代表の資格も認めたいという希望を持っていたことは、事実と考えてよいであろう。しかし、大統領の国民代表資格を推察させるものとして、バルテルミーによって挙げられた規定は、特定の行為に関して特別の権限を与えているに過ぎない。[22]結局、大統領の権限については一般的には「法律の執行」としか規定されなかったのである。

2　「法律の執行」

国民議会の多数派である王党派の希望にもかかわらず、大統領の一般的任務が法律の執行とされたのは何故であろうか。次のような理由が考えられる。

第一に、国民議会がすべての権力を持つ建前から出発したということである。プロセインとの間で結ばれた一八七一年一月二八日の休戦条約[23]の二条一項は、戦争継続か講和かの問題を決定するために、議会を招集することを認めていた。従って、この条約に基づき、二月一二日にボルドーで成立した国民議会は、この問題に権限が限定されているはずであった。

しかし、敵国との間で結ばれた条約が、憲法のように、権力のあり方を決定してしまうということは本来ありえないことであった。そして実際上、議会の権限を講和の問題に限定することは不可能であった。国民議会は、自分を組織し条約を結ぶためにも、政府を成立させ国の緊急問題に対処せざるをえなかったからである。またそのことを阻止するどうような手段も存在しなかった。そして、「普通選挙から生まれた議会が、絶対的、主権的権力を持っていることは明らかであった。[24]」結局、国民議会は唯一の権力であり、立法権も執行権も手にしていると考えられたのである。[25]前述の一八七一年二月一七日決議も、その決議を行なった国民議会を「主権的権威の受託者」と規定していた。

しかし、国民議会自身で執行権を行使することはできないので、この決議はティエールに執行権を認めた。そのとき以来、政府の権限を執行権とする確認が繰り返されたのである。共和制か君主制かという重要な論点について争いがあるときに、憲法制定過程において、議会から独立性の高い政府を作ることは不可能であった。この点の決定を含む憲法制定権は国民議会が確保し、政府は国民議会の忠実な執行機関になるという建前が採られざるをえなかった。ティエールの強い個性の下で法的に議会に従属すればするほど、逆に実際上は彼が大きな権力を振るうという実態が生じた。[26]従って、実際上単純に政府が国民議会の執行機関にとどまっていたわけではなかった。しかし、この建前が崩されることはなかった。

共和制か君主制かの問題が政治的に解決しないまま、暫定的な妥協によって一八七五年憲法が作られた。従って、憲法制定過程における既成事実から大きく離れた憲法制定は不可能であり、それを基礎に置いた憲法が作られることになった。「一八七五年（憲）法は事実上の状態を再演し承認しているに過ぎない[27]」。王党派の要求に基づいて、大統領の権限は強化されたが、その一般的な任務を法律の執行とする枠組が変えられることはなかった。

しかし第二に、大統領の任務が法律の執行とされた根本的な理由は、議会外で君主制の復活が望まれていなかったことであろう。法律の執行に限定されず、議会から独立した行政権を首長に認める考え方は、立憲君主制を含めた君主制と結び付いてきた。しかし、民衆は、即時和平を主張する王党派を一八七一年二月八日の選挙では勝たせたが、君主制を望んでいたわけではなかった。また支配層も、大土地所有の利害を背景とする君主制の復活を望まず、資本の支配を貫徹できる政治形態は共和制であることを意識しつつあった[28]。このような社会的背景の下で、王党派が多数の国民議会も、君主制型の行政権のあり方を確定することはできなかった。一九世紀末には、君主制の伝統とつながる独立命令の慣行が復活したが、それは一八七〇年代後半における共和制の政治的確立を前提としていた。

おわりに

国家の首長の権力を「執行権」ととらえ、その一般的任務を「法律の執行を監視し確保する」こととする考え方が早くから採られていた。王党派は君主制をモデルにして執行権以上の強い権力を首長に与えることを望んでいたが、それは実現しなかった。その理由は、一つには議会が主権的権力を持つ前提から出発したことにあり、もう一つには議会外で君主制の復活が望まれていなかったことにあると考えられる。

（1）Léon Duguit, *Les constitutions et les principales lois politiques de la France depuis 1789*, L. G. D. J., Paris, 1952, p. 286.
（2）Joseph Barthélemy, *Le rôle du pouvoir exécutif dans les républiques modernes*, Giard et Brière, Paris, 1906, p. 11 は、その点を強調する。
（3）Maurice Deslandres, *Histoire constitutionnelle de la France*, Paris, 1937, t. 3, pp. 74–75.
（4）D. P. 1873. 4. 29.
（5）*Journal Officiel*（以下J. O.と略す）*du 20 mai 1873*, annexe n° 1779, p. 3208.

(6) Deslandres, *op. cit.* 注（3）, p. 204.

(7) *J. O. du 20 novembre 1873*, p. 7081. これはブローイを「副首相」(le vice–président du conseil) としている。

(8) Duguit, *op. cit.* 注（1）, p. 290.

(9) D. 1875. 4. 31.

(10) *J. O. du 22 janvier 1975*, pp. 564–565.

(11) *Ibid.*, pp. 335–336.

(12) *Ibid.*, p. 336.

(13) D. 1875. 4. 34.

(14) *Ibid.*, p. 367.

(15) *Ibid.*, p. 367.

(16) Barthélemy, *op. cit.* 注（2）, p. 605.

(17) *Ibid.*, pp. 632–633.

(18) *J. O. du 29 janvier 1875*, p. 771; Barthélemy, *op. cit.* 注（2）, p. 633.

(19) Barthélemy, *op. cit.* 注（2）, p. 635.

(20) *Ibid.*, p. 636.

(21) *Ibid.*, pp. 646–648.

(22) Raymond Carré de Malberg, *Contribution à la théorie générale de l' État*, Sirey, Paris, 1920, t. 1, p. 495.

(23) D. 1871. 4. 5.

(24) Jules Simon, *Le Gouvernement de M. Thiers, –8 février 1871–24 mars 1873–*, Calmann Lévy, Paris, 5e éd., 1880, t. 1, pp. 53-54; Deslandres, *op. cit.* 注（3）, p. 70.

(25) Barthélemy, *op. cit.* 注（2）, p. 608.

(26) *Ibid.*, p. 612.

(27) René Rémond, *La vie politique en France depuis 1789*, Armad Colin, Paris, 1969, t. 2, p. 317.

(28)　中木康夫『フランス政治史』上巻二二九頁（未来社、一九七五年）。

5　議会による立憲主義の形成
——〈droits de l'homme〉から〈libertés publiques〉へ

はじめに

議会による立憲主義または法律による人権保障から、違憲審査制による、議会に対する立憲主義または法律に対する人権保障への展開は、世界的な傾向である。そこでは、前者が前提になって、その不完全さを補うために後者が考えられている。ところが現在の日本では、前者の経験や自覚が弱いいま、前者の代わりに後者を考える傾向が強くなっているのではないであろうか。

言うまでもなく、人権の本来のあり方として、人権は法律によっても侵されてはならないものである。しかし、国民代表である議会が制定する法律によって人権が保障されるという考え方も、市民憲法のあり方としてごく自然なことであるはずである。

その法律による人権保障の典型として、「公的自由」（libertés publiques）という、フランスの伝統的な考え方を見てみることにする。その内容は日本で必ずしも紹介、検討されていない。[1] ここでは、フランス革命から一九世紀後半の第三共和制の前まで、「人権」（droits de l'homme）から「公的自由」に考え方が変わっていく過程を見ていくことにする。それも、法律と人権の関係という観点から見て、特に気になるいくつかの場面をスケッチするにとどまる。「公的自由」論の構造については、後に論ずることとしたい。(2)

一　フランス革命期における自然権論

1　考察の前提

(1)　人権と法律の関係に関する類型

人権保障にとって法律がどのような意味を持つかは、自然権論にどのように関わるかに関係している。ただ、誰がどのような場面でどのような内容の自然権論を主張するかによって、自然権論は多様な働きをする。また、人権と法律の関係についても、法律や人権の内容次第で多様な人権論が成立する。一概に割り切った議論をすることはできない。

それにもかかわらず、一定の思想傾向を持った類型として、自然権思想の強い影響の下にあったフランス革命期において、ロック型の思想とルソー型の思想を一応考えることができる。(3)

(2)　ロックの一部譲渡論

ロックは自然権を基礎に置いて議論を展開しているから、彼における人権は国家や法律に先行して存在するのであって、法律によって初めて保障されるものではない。「国家」(commonwealths) を形成する主たる目的は、自然権としての「所有権」(property) のより良い維持にあるから、そのために必要な限りで自然権を放棄する。いわゆる一部譲渡である。放棄しなかった部分は、「政治社会」(political society) において法律によっても制限されないことになる。

ロックは自然権論を前提にしつつ、国家や法律の役割を強調しているとする見方がありうる。(4)しかしながら、その積極性は、低い生産力の段階において、支配階級の全体的利益の観点からもたらされるものであって、(5)既存の財産秩序の社会的再編成を目指すものではない。

(3)　ルソーの全部譲渡論

それに対してルソーによれば、自然状態が変質し自己保存が困難になると、人間は社会契約を結ぶ。そこで、一般意思の最高指揮に対して全部譲渡が行なわれる。ここでは、人民主権による権力の民主化が目指され、財産権に対する積極的な制限と自己保存の回復が考えられている。(6)

各人は「自然的自由」(la liberté naturelle) を失うが、その代わりに「一般意思によって制限される市民的（社会的）自由 (la liberté civile)」を獲得することになる。(7)従ってこれは、一般意思の表明である法律によって保障された自由ということになるであろう。

ルソーも自然権思想を前提にし、その強い影響を受けながら、個人の自由な生存に根源的な価値を置いている。(8)従って、一般意思もその根源的価値に論理的に拘束されていると考えることができる。しかしながら、その根源的な価値を実現するために全部譲渡によって財産秩序の社会的再編成を目指すルソー的な議論は、既存の財産秩序の維持が帰結されるロック的自然権論と明らかに区別される。(9)民衆による社会的変革を目指す場合、自然に対して人為を強調せざるをえない側面があるからであろう。

2　一七八九年宣言における人権と法律

(1)　ブルジョワジーと民衆

ルソーの影響を受けた議会外の民衆運動の人権論[10]に対して、実定憲法に見られる人権論は、基本的にはロック型と見られる。[11]その代表的なものとして、一七八九年宣言を取り上げることにする。

(2)　法律に対する保障

一七八九年宣言では、「人および市民の権利」(droits de l'homme et du citoyen) は自然権であることが強調されている。「人の譲渡不能で神聖な自然権」を示すことを決意したのであり（前文）、「あらゆる政治的団結の目的は、人の時効にかかることのない自然権の保全である」（二条）とする。したがって、国家に自然権の保全以外の社会的役割が認められない以上、原理的には自然権の限界は他人の自然権以外には存在しないことになる。「自由は、他人を害しないあらゆることをなしうることにある。従って、各人の自然権の行使は、社会の他の構成員にこれらの同種の権利の享有を確保すること以外の限界を持たない」（四条）。

自然権行使の限界は、「法律によってのみ規定することができる」（四条）が、以上のような原理の下では、その限界づけも法律の自由ではない。以下のように、宣言は法律の内容を限定している。その基本は、四条を受けて五条が明らかにしている。「法律は社会に有害な行為のみを禁止する権利を持つ。」それを具体化して、六条は平等に関して、八条は刑罰に関して法律内容を限定している。このように宣言は、法律に対する信頼と同時に、法律に対する不信を示している。[12]

人権は自然権であるから、国家以前に存在しているとされる。人権宣言も人権を創設するものではなく、「示す」(exposer)（前文）だけである。従って、自由の行使は法律による保障を待つ必要はない。[13]法律は積極的に人権を保障

するものではなく、消極的にその限界を明らかにするものである。(14)

(3)　法律による保障

他方で、宣言は立法中心主義（légicentrisme）の態度を明らかにしている。法律は「一般意思の表明」とされ（六条）、人権行使の限界は法律によって規定され（四条）、自由の範囲は法律によって明らかにされる（五条）。個別人権には法律の留保がついている（七―一一条）。

確かに実体的には、自然権思想を背景に、法律によっても侵されないものとして、人権は宣言によって確認されていた。(15)しかし手続的には、その保障内容の確定は、権力分立（宣言一六条）下の議会が制定する法律に委ねられていた。それに対して、違憲審査制のようなサンクションは不要と考えられていた。(16)

その背景には、法律を一般意思の表明とするルソー的定式が採られたところに見られるように、ルソーの影響がある。それを含めて、法律に信頼を寄せる思想が広く存在した。それは、複数の政治的利害に基づくものであり、(17)単純にルソーの影響に帰することは許されない。(18)政治的特権と経済的特権を区別した上で、経済的特権の有償廃止＝実質的存続の路線が採られ、宣言一七条には既存の経済的利益の財産権としての保障が含められた。無償廃止の路線、すなわち財産秩序の社会的再編を目指すルソー的方向が排除された上で、法律＝一般意思の表明の形式が採られたことに注意を払う必要がある。人民主権的定式は、政治的特権を否定するためであって、ルソーのように所有権を批判するためではなかった。(19)

以上のように、一七八九年宣言には、法律に対する人権保障と法律による人権保障の二つの要素が含まれていた。法実証主義の傾向の強い一九世紀と比べると、前者の要素が強かったところに特徴がある。その点に着目すれば、市民は、人権を積極的に保障する法律がなくても、憲法上の人権が存在するはずであるから、法律の根拠のない行政庁

の命令によって人権を制限されることはないはずであった。(20)

3　シエースにおける人権と法律

(1)　シエースの原理

法律に対する人権保障という原理が実際にどのように扱われていたかについて、その事例としてシエースの議論を見てみることにする。

彼の人権宣言七月草案は、その解説の中で法律と人権の関係に関して一七八九年宣言と同じ原理を明らかにしていた。「個人的自由の限界は、それが他人の自由を侵害し始める地点にしか置かれない。これらの限界を認識し指示することは、法律の仕事である。法律の外では、あらゆることが全ての人にとって自由である。(21)」

(2)　信教の自由とパリ県規則

信教の自由に関する発言の中で、シエースはこの問題を論じている。教会が反革命に利用されているのではないかという疑いから、一七九〇年一一月二七日の宣誓に関するデクレ(22)は、国民等に対する一定の宣誓を僧侶に要求し（一、二条）、宣誓しない僧侶（反抗僧）は辞職したものとみなした（五条）。その結果、反抗僧は洗礼授与等の仕事ができないことになった。そこで反抗僧は一七八九年宣言一〇条の宗教的意見表明の自由を援用し、宗教闘争が激化していった。(23)

パリでは一七九一年四月、ローマ・カトリック僧侶の礼拝を市民が妨害するという事件が発生した。一七九一年四月一一日のパリ県執行部規則(24)は、この混乱を回避するために、反抗僧の礼拝行事を黙認することにした。国民議会では、このパリ県規則は、法律に代わって信教の自由を保障している点で、国民議会の立法権を侵害するものだとする非難がなされた。それに対して、この規則の作成に参加していたシエースは、一七九一年五月七日、国民議会においてその規則の弁護を行なった。(25)

(3)　シエースの主張

その論点は次のようにまとめることができる。第一に、問題となった礼拝も、それを保護する規則も、法律に違反していないということである。(26)

第二に、信教の自由は一七八九年宣言によって既に保障されているのであり、市民がそれを享受するために、それを具体的に保障する法律の制定を待つ必要はないとする。信教の自由が法律によってまだ保障されていないのに、パリ県規則がそれを保障したのは、国民議会の立法権を侵害するものだと論敵は主張しているとして、シエースはそれに反論しているのである。

「最も厳粛なやり方で信教の自由の偉大な原理を公布しながら、あなた方の隠れた意図は、新しい指令が下されるまで、その自由を奪っておくことであると、あなた方は言うことができるのか。承認され公布された権利の享受は、立法権に留保された行為であり、どのような個人も、主権の簒奪者になることなしに、それを享受することができないと、あなたがたは考えているのか。」「例えば、原理の個別の適用、自由の個別の行為は、特別の法律の中で詳細に規定され列挙して明示されない限り許されないと、我々の論敵は主張しているのであろうか。(27)」

第三に、信教の自由を保障するためには、それに対する妨害を排除する権力行使が必要であるとする。(28) このように自由保護のための権力行使義務が存在するから、法律が無いときには行政権の独自の行使も許されるとする。(29)「自由がその限界を逸脱しやすいとき、それを放置しておくかどうかを判定する権限は立法者にある。立法者が沈黙していれば、司法官、行政官はその職務の遂行に苦痛を感じる。しかし、彼らが熱心に職務に従事しているときに、軽率なあるいは無思慮な告訴によって、彼らの熱意を妨害し大事な仕事をやめさせるべきであろうか。[30]」

(4)　主張の意味

人権保障と法律の関係という観点から見た場合、彼の議論は次のようなことを意味している。第一に、ここで問題になっているのは、教会に押しかけた市民の行動をパリ県当局が規制し、パリ県執行部がそれを正当化する規則を作ったという、権力行使である。この権力行使は、主として、教会の活動に反対する市民の行動に対して向けられているのであって、信教の自由を対象としているのではない。シエースはそれをもっぱら信教の自由の問題として論じている。

第二に、信教の自由の享受は保障立法を待つ必要がないということは、他の市民から自由の享受が妨害されてはならないということを主張するために言われている。そこでは、公権力に対する人権ではなく、社会における人権が考えられている。このような社会における信教の自由を考える点では、シエースの論敵も変わらない。

第三に、公権力に対する自由が考えられると、公権力の行使が制限されるが、社会における自由が出発点に置かれると、それに対する妨害を排除するための権力行使が正当化される。さらにそこでは、立法が無ければ、独自の行政権行使が認められている。結局この議論は、法律による保障が無いことを理由にする行政権による自由の規制を排除しようとしているのではなく、逆に法律に基づかない行政権の行使を正当化している。

それにもかかわらず、自由は法律を待って初めて保障されるものではなく、人権宣言によって既に確認され保障されたものだとする考え方は、はっきり打ち出されていると言うことができる。

4　フランス革命期の人権論

革命期には、人権は実体的には法律によっても侵されない自然権であったが、その内容は手続的には法律によって明らかにされることになっていた。革命期のどの憲法でも法律は一般意思の表明とされており、法律に高い権威を認める思想が定着していった。

これは形式的にはルソーの人民主権論の定式化であるが、実質的には人民主権の基礎づけが弱められていたと思われる。シエースは、個別意思の集合をルソーの言う全体意思にしかならないと簡単に考え、従って個別意思から超越したところに一般意思を求める傾向を持っていたが、(31) これは、民衆に対する不信感から生まれやすい一般的な思想傾向である。法律を一般意思の表明とする一七九一年憲法や九五年憲法が、同時に制限選挙制を採用することができたのは、このような思想傾向があったためと思われる。

市民革命期における自然権論と一般意思論の結合は、一般意思論の矮小化と観念化を前提としていた。法律を一般意思の表明とする定式は、その後フランス実定法の中に定着していくが、このような定式に基づく法律の権威づけは、ルソー的一般意思論の実質的拒否と結合していった。すなわち、制限選挙制の採用などによって、法律の形成における一般性が排除され、法律が積極的な所有権制限のために機能しない保障を前提としていた。実質的には人民主権の基礎が無いまま、法律の権威が高められていった。

しかし同時に、自然権論は人権の実質的保障を要求する民衆運動に手がかりを与える。また、公権力の社会への介入に対して、それに抵抗する論理も提供していた。

二　一九世紀における「公的自由」論

1　注釈学派と自然法

一九世紀に入って、実定法によって具体的に保障された人権としての「公的自由」の観念が成立するが、そのことは、一九世紀にフランスの法学界で盛んであった「注釈学派」(l'École exégétique または l'École de l'exégèse) の考え方＝法実証主義と関わりを持つと見てよいであろう。

この学派は法源として成文法特に法律に絶対的な信頼を置き、成文法以外の法源を認めない。一般意思を表明し理性を表現するものとして、法律を絶対視するこの学派の態度は、フランス革命期の議論と共通するものを持っている。

しかし、革命期の自然法論が、実定法に超越する自然法から実定法を批判する側面を持っていたのに対して、註釈学派では、法律は自然法を成文化、内在化したものとして観念される。従って、註釈学派とほぼ同じ時期のドイツの「概念法学」が、自然法を排除しようとする姿勢が強かったのに対して、フランスの註釈学派は必ずしもそうではなかったと言うことができる。[32] このような註釈学派の考え方と、実定法によって保障されたものとしての公的自由の観念は、法律を重視し成文法以外のものを軽視する点で、共通の思想を持つ。

2　シャトーブリアン――一九世紀初め

(1)　シャトーブリアン「シャルトによる君主制」

実定法によって具体的に保障されたものとして公的自由を考える態度は、一般的には一九世紀の法律や政治の世界に共通する実証主義的傾向の中で生まれたが、具体的には王政復古期の伝統主義者（les traditionalistes）が人権を〈libertés publiques〉と複数形で表現するときに見られる。(33)伝統主義者の中でシャトーブリアン（François René Chateaubriand）がこの表現をよく使っている。彼は君主主義者の中の自由派であり、「シャルトによる君主制」（la monarchie selon la Charte）（一八一六年）において議院内閣制の原理を示したことによって有名である。従って、伝統主義者といっても、単純に革命前の伝統への復帰を主張していたわけではない。

全集の序文の中で、彼は君主制とともに公的自由を賛美している。「私は、王権の没落をもたらした過ちをあくまでも指摘し、公的自由（les libertés publiques——以下同じ）を称える。(34)」「フランスは宗教における統一、正統君主制、公的自由を望んでいた。(35)」そして、人民による君主制に対する攻撃を防止し支配を安定させるためには、公的自由の保障が必要であることを力説している。このような彼の考え方を明らかにしている次の文章は、同時に、公的自由という言葉で、実定法によって保障された具体的な自由を考えていることをよく示している。

「基本法（la loi fondamentale）が尊重されていれば、何ものも人民を極度に動かすことはない。人民が蜂起するとすれば、それはなぜであろうか。自己の自由（ses libertés）のためであろうか。いや人民はそれらの自由を持っている。……全ての人は、自分の意思によって、したいことをし、好きなところに行き、自分の財産を使用しあるいは使いつくすことができる。代表君主制は人民の動揺の主な原因をこのように消滅させている。この君主制にとってはただ一つの原因しか残っていない。繰り返すまでもなく、それは公的自由の侵害である。(36)」

ここでは、具体的自由としての公的自由は、すでに実定法によって保障されていることが強調されている。

(2)　他の政治勢力

従って、このようなlibertés publiquesという用語法は、革命派や自由派の中にも、ある種の伝統主義者の中にも存在しない。[37] スタール婦人（Germain Necker Staël-Holstein）やドヌー（Pierre Claude François Daunou）のような前者の場合には、抽象的な自由を意味する〈la liberté〉という言い方しかしなかった。また、メストル（Joseph de Maistre）やボナール（Louis de Bonald）のように、伝統主義者の中のはっきりした反革命派[38]は、復古王政は具体的な自由を認めていないと考えていた。

3　ラフリエール――一九世紀半ば

(1)　ラフリエールと「公的自由」

〈libertés publiques〉という表現は一九世紀の法律家の間でも使われるようになる。一九世紀の半ばに活動した法律家ラフリエール（Louis-Firmin Julien Laferrière）[39]は、次のような言い方をしている。「諸制度と公的自由の範囲内で市民の権利と義務……を知りたいと願っている全ての人をも、この本は対象としている。[40]」文脈から見て、この公的自由という言葉が、実定法によって具体的に保障された自由を指していることは明らかである。

(2)　自然法的傾向

しかし彼は、具体的に保障された自由のみを考えるのではなく、その基礎に抽象的な自由を置いて考察を進めている。その点では自然法論に近い傾向も見られる。「参政権（le droit politique）の理論に適用された哲学的帰結」を見るために、人間の考察から議論を出発させる。[41]「いわゆる人間、人間としての私を構成する要素は意思であり、それは自由（la liberté）と同じものである[42]」とする。ここで人間の特質として指摘されている自由は、抽象的な自由と考えられる。その上で、「自然法または神法（la loi naturelle ou divine）に服するために、人間はその自由によって情念に優越し理性に従わなければならない[43]」と言う。このように明確な自然法への言及もある。

また、一七八九年から一八五二年までの人権宣言を考察する中で、一八四八年憲法が「実定法に先行し優越する権利と義務」を承認している(前文三号)ことを指摘し、それを好意的に紹介している。(44) さらに、一八五二年憲法によって「承認された……個人権」(les droits individuels… reconnus)のカタログを挙げ、「これらすべての権利は個人的自由(la liberté personnelle)の基礎の上にある」(45)とする。これは自然法的な色彩を持った議論である。

その上で、「原理と基本権(droits fondamentaux)の宣言としての個人権の宣言は、憲法に属する。個人権の行使を保障し、その手続、条件、範囲および限界を決定することを目的とする法規は、教会公法および行政法に属する」(46)と言う。これは、憲法による人権宣言に一定の注意を払っており、人権を実定法、特にその中心となる法律によって初めて保障されたものと見る見方とは、異なる形式の議論である。

(3) 権利の制限

このように、ラフリエールには自然法的な議論は多いが、しかしそれは権力批判的あるいは革命的な意味を持たない。自然法や抽象的自由は、権力を肯定し権利制限を正当化するために言われていることに注意する必要がある。すなわち、個人権の基礎に抽象的自由を置くことは、制限選挙を正当化する文脈の中で言われている。個人権と参政権を対置し、それぞれを自由(la liberté)と能力(la capacité)に対応させる。「個人的・自然的権利の観念は自由の基礎の上にある。参政権の観念は能力の基礎の上にある。」そして、人間は自由において平等だが、能力においては不平等であるとする。「第一の場合に、市民的平等の原理は人間の自然的自由における平等の基礎の上にある。第二の場合に、政治的不平等の原理は人間の自然的能力における不平等の基礎の上にある。(47)」このようにして、自由と能力の対置から制限選挙が正当化される。(48)

また、一八四八年憲法による「実定法に先行し優越する権利と義務」の承認を、ラフリエールが肯定的に紹介するのは、そのことによって一八四八年憲法が、「人民の絶対的な主権」に対抗して、「家族と所有権」を防衛しようとしたからである。[49] 自然法論に革命制御の役割が期待されている。さらに、個人権は憲法によって宣言され、教会公法および行政法によって具体的に規定されると言うときにも、力点は後者にある。すなわち、人間は個人的存在であると同時に社会的存在であるので、個人権も無制限なものではありえず、社会的制限を受けるとする。[50] そのことを言うために、憲法と教会公法や行政法が対置されているのである。

このように、ラフリエールには自然法的な議論や思考が存在するが、それは権力を正当化し権利の制限を肯定するために言われている。そのことを彼自身が認め、さらにそれを一九世紀の一般的傾向としている。すなわち、一七八九年宣言は「時効にかからない自然権」の中に個人権を含めたが、後世の宣言はその言葉を模倣したと言う。しかし、現代（一九世紀前半）の論者が個人権と言うとき、そこには絶対権とか自然権という意味は伴っていないとして、コンスタン（Benjamin Constant, Cours de politique constitutionnelle, 1818）、ドヌー（M. F. Daunou, L'essai sur les garanties individuelles, 1819）[51]、アーラン（Ahrens, Cours de droit naturel）などを例として引いている。[52]

4　一九世紀の人権思想

以上の簡単な検討を基に、第三共和制になる前の一九世紀の支配的な人権思想の特徴を見ると、次のようにまとめることができよう。

第一に、実定法によって具体的に保障された人権としての「公的自由」の観念が成立し始めている。ただし、この時期の全ての憲法は人権に関する何らかの条項を持ち、また自然法的な思考や論理形式が消滅してしまうことはなかった。一九世紀にも、大きな変形や部分的な破綻を伴いながら、自然法論は存在していた。[53] しかし、その自然法論は現実批判の意味を持たない。

第二に、実定法による自由の保障と言うとき、第三共和制期にはその実定法は法律を意味したが、この時期にはそのことは第三共和制期におけるほど明確ではなかった。それは、憲法が何らかの人権条項を含んでいたためであるとともに、法律の基礎として議員の普通選挙制が確立していなかったためと思われる。一八四八年までは、統領制における「信任名簿」による疑似普通選挙を除けば、制限選挙が行なわれていた。一八四八年に男子普通選挙制が成立したが、第二共和制の下で選挙権の実質的な制限が行なわれ、第二帝政では「公式候補制」によって選挙の自由が抑圧されていた。このような体制の下では、法律が人権を保障するものと一般に考えられる基礎が弱かった。

第三に、法律による人権の「保障」といっても、実際には法律による人権、とくに精神的自由権の保障は極めて不十分であり(54)、法律が人権を保障するものであるよりも、制限するものと考えられても不思議ではなかった。

すでに見たところから明らかなように、実定法によって具体的に保障された人権としての「公的自由」の観念は、それすら否定しようとする反革命に対抗するとともに、その枠組を越える人権保障の発展を押える働きをした。従って、このような公的自由の重視は政治支配の安定に役立つと考えられた。しかし、その基礎には自然法論があり、それが支配秩序を支える広い思想的基礎をなし、一八四八年の「社会革命」のように支配秩序が根本的な危機にさらされると、自然法的な議論が表面に出てくることになるのであろう。

おわりに

フランス革命期以来、手続的には、「一般意思の表明」としての法律による人権保障という考え方は存在していた。

しかし実体的には自然法論の下で、法律によっても侵されないものとして人権をとらえる思想が、革命期には強かった。法実証主義的傾向の強い一九世紀に入ると、そのような思想は消えることはなかったが、弱くなった。

このような傾向は、第三共和制期における「公的自由」論によって完成する。これは、ある程度実際に法律によって人権が保障されていることを前提にしていたが、「法律によって規定された自由」としての公的自由は、裏側に「法律によって規定されていない自由」を予定していた。後者は原則として、法律によらない警察規制に対抗できなかった。公的自由論は議会主義の表現であるとともに、行政国家への対応を可能とする構造を備えていた。立憲主義の本来のあり方として議会による立憲主義が成立するが、それは議会に対する立憲主義の必要性を示していた。

（1）第三共和制における人権論の基本的な意味を明らかにしたものとして、樋口陽一『現代民主主義の憲法思想』四一頁以下（創文社、一九七七年）。

（2）本書一八二頁以下。

（3）樋口陽一は、ロックとルソーを含めて「ルソー＝一般意思モデル」を考え、「トクヴィル＝多元主義モデル」に対置している（「フランス革命と近代憲法」長谷川正安ほか編『講座・革命と法』一巻（市民革命と法）一二一頁以下（日本評論社、一九八九年）、『自由と国家』一〇九頁以下（岩波書店、一九八九年）など）。このような類型論の意義について、ここで立ち入ることはできないが、国家形成における自然権の一部譲渡論と全部譲渡論の違いは重要だと考えるので、樋口の類型論と別のものとして本文のような類型論を手がかりにして問題を考察していくことにする。

（4）John Locke, *Two treatises of civil government*, J. M. Dent & Sons, London, 1924, Book Ⅱ-120, pp. 177-178. 鵜飼信成訳『市民政府論』一二三—一二四頁（岩波書店、一九六八年）。

（5）田中正司『増補ジョン・ロック研究』三三二—三三三頁（未来社、一九七五年）。

（6）浦田一郎『シエースの憲法思想』一一六頁（勁草書房、一九八七年）。

（7）J.-J. Rousseau, *Du contrat social ou principes du droit politique*, The political writings of J.-J. Rousseau, edited by C. E.

Vaughn, Blackwell, Oxford, 1962, v. 2, Liv. 1, Chap. 8, p. 37. 作田啓一訳「社会契約論」『ルソー全集』五巻一二六頁（白水社、一九七九年）参照。

（8）抽象的にはこれも一種の自然権思想と見ることができるかもしれないが、ここではもう少し具体的なレベルで特定の権利を固定化しようとするものとして、自然権論を考えることにする。

（9）本書一一頁以下。

（10）革命期の民衆の立場では、ルソーの影響下にありながらルソーと異なり、自然権論の定式を採りつつ、その内容を民衆的に構成して、その中心に生存の権利をすえていたとする見方がある（田村理「『フランス憲法史における人権保障』研究序説」一橋論叢一〇八巻一号一三九頁（一九九二年）、同『フランス革命と財産権』五〇〇―五〇二頁（創文社、一九九七年））。

（11）一七九五年宣言には自然権論は見られないが、それは自然権論の民衆的利用・展開に対する反動・警戒の側面が強く出たためと思われる。

（12）Jean Rivero, *Les libertés publiques*, P. U. F., Paris, 5e éd., 1987, t. 1, p. 72.

（13）リヴェロの言うように（*Ibid.*, pp. 68–69.）、一般的自由に関する四、五条と、個別的自由に関する七―一一条を区別し、後者に「定義された自由」＝「公的自由」の起源を見い出すことも不可能ではない。しかしながら一七八九年宣言の基本的な論理は、彼も認めるように一般的な自由の保障であり、個別的に定義されない限り自由は保障されないとするものではない。

（14）Philippe Braud, *La notion de liberté publique en droit français*, L. G. D. J., Paris, 1968, pp. 298–299; François Luchaire, *La protection constitutionnelle des droits et des libertés*, Economica, Paris, 1987, p. 81; *La constitution de la république française*, Economica, 1987, p. 757.

（15）田村・前掲注（10）一橋論叢一三七―一三八頁。

（16）Luchaire, *op. cit.* 注（14）, La protection, p. 76.

（17）田村・前掲注（10）一橋論叢一三二頁によれば、①古来の利害を追及するもの、②アンシャン・レジームからの脱却と民衆に対抗する人権防衛を目指すもの、③その中間にあるものの、三種の動機があった。

（18）Stéphane Rials, *La déclaration des droits de l'homme et du citoyen*, Hachette, 1988, p. 369.

（19）特権否定と所有権擁護の関係について、浦田・前掲注（6）二〇九頁以下。

（20）実際上は、革命初期から市町村長の、革命後期から政府の警察独立命令は出現していた（本書一一八―一一九、一二三―一二五頁）。しかし、本文のような原理は存在していたと思われる。
（21）*Préliminaire de la constitution. Reconnaissance et exposition raisonnée des droits de l'homme et du citoyen*, Archives parlementaires（以下 A.P. と略す）, Ière série, t. 8, p. 258.
（22）J. B. Duvergier, *Collection complète des lois, décrets, ordonnances, réglemens, avis du Conseil d'État*, A. Guyot et Scribe, Paris, 1834-, t. 2, p. 59.
（23）「何人も、その意見について、それが宗教上のものであっても、その表明が法律の確定した公序を乱さない限り、不安にさせられてはならない。」
（24）この規則の内容は、一七九一年四月一八日にシェースが国民議会において行なった演説から知ることができる。彼は演説の中でその逐条解説をしている（A.P., *op. cit.* 注（21), t. 25, pp. 184-187)。
（25）*Ibid.*, pp. 646-650. 大岩誠訳「信仰の自由」『第三階級とは何か』一六三―一八〇頁（岩波書店、一九五〇年）参照。訳については必ずしも大岩訳に従っていない。以下同じ。
（26）*Ibid.*, p. 646. 訳一六四頁参照。
（27）*Ibid.*, p. 647. 訳一六九―一七〇頁参照。
（28）*Ibid.*, p. 646. 訳一六四頁参照。
（29）*Ibid.* 訳一六五頁参照。
（30）*Ibid.*, p. 648. 訳一七一―一七二頁。
（31）浦田・前掲注（6）二一八―二一九頁。
（32）野田良之「現代自然法論」尾高朝雄ほか編『法哲学講座』五巻（下）（法思想の歴史的展開（V））一六二―一六三頁（有斐閣、一九五八年）。
（33）Braud, *op. cit.* 注（14), p. 5.
（34）Chateaubriand, *Œuvres complètes*, Pourrat, Paris, 1826, t. 1, Préface, p. xxxi.
（35）*Ibid.*, p. xxxvi.

(36)　Chateaubriand, *Préface, de la seconde édition d'Opinion sur le projet de loi relatif à la police de la presse*, Œuvres complètes, Ladvocat, Paris, 1828, t. 27, pp. 135–136.

(37)　Braud, *op. cit.* 注（14), p. 6.

(38)　伝統主義者の異なる政治的傾向について、Jean Touchard, *Histoire des idées politiques*, P. U. F., Paris, 6e éd., 1973, t. 2, pp. 537 et s.

(39)　Edouard Julien Laferrière の父である。

(40)　Laferrière, *Cours de droit public et administratif*, Joubert, Rennes, 5e éd., 1860, t. 1, p. Ⅳ. この初版は一八三九年に出ている（p. Ⅱ)。

(41)　*Ibid.*, p. 27.

(42)　*Ibid.*, p. 28.

(43)　*Ibid.*, p. 29.

(44)　*Ibid.*, p. 23.

(45)　*Ibid.*, p. 57.

(46)　*Ibid.*, p. 62.

(47)　*Ibid.*, p. 33.

(48)　*Ibid.*, pp. 33–36.

(49)　*Ibid.*, p. 23.

(50)　*Ibid.*, pp. 58–63.

(51)　ラフリエールは、この L'essai の著者を M. F. Daunou としているが、前述の Pierre Claude François Daunou だと思われる。

(52)　Laferrière, *op. cit.* 注（40), p. 56.

(53)　François Gény, *Science et technique en droit privé positif*, Sirey, 1915, t. 2, pp. 276–277. そこに、自然法論に関する一九世紀半ば以降の著作が多数掲げられている。

(54)　本書一〇二―一〇五頁。

6　議会による立憲主義の確立

——〈libertés publiques〉観念の構造と問題点

はじめに

議会による立憲主義から議会に対する立憲主義(1)への展開が、世界的な傾向として見られる。日本においてもそうである。

例えば、美濃部達吉は、「立憲政體トハ國民ノ代表機關トシテノ議會制度ヲ有スル近代的政體ノ意」とし、その中心思想は「國民自治ノ思想」と「自由平等ノ思想」だと言う。(2)その中で「國民自治」に関して、「代議制度ハ實ニ近代立憲制度ノ中樞ヲ爲スモノニシテ、代議制度ト立憲制度トハ屢同意義ニ用ヰラル」と述べる。(3)これは「國民自治」、すなわち広い意味での国民主権、それを実現する場としての議会を重視した立憲主義のとらえ方と言うべきであろう。

戦後は、立憲主義の要素として人権保障、国民主権、権力分立を挙げるのが、普通である。その中で、フランス一七八九年人権宣言一六条を引きつつ、人権保障と権力分立を強調する傾向が強くなっている。芦部信喜は立憲的憲法の特色として人権保障と権力分立を挙げ(4)、憲法規範の特質として自由の基礎法であることを指摘する。(5)その上で、立憲主義は民主主義や社会国家原理と結びつくとする。(6)ここでは、立憲主義自体は自由主義的なものとしてとらえられている。

さらに樋口陽一は、「『立憲的意味の憲法』にとって不可欠な構成要素は、権利保障と権力分立であり、国民主権は必ずしもそのように位置づけられていない」(7)と述べる。

ここには、国民主権を基礎にした議会による立憲主義から、違憲審査制を重視した議会に対する立憲主義への、重点の移動が見られる。そこには正当な展開が含まれていると私も考えているが、議会による立憲主義の確立とその問題点の確認を十分経た上でのことであろうか。

その検討のためにここでは、フランスにおける議会による立憲主義として、法律による人権保障の考え方を見てみることにする。フランス革命期以来、手続的には「一般意思の表明」としての法律による人権保障という考え方は存在していた。しかし実体的には自然法論の下で、法律によっても侵されないものとして人権をとらえる思想が、革命期には強かった。実体的には法律によっても侵されないとされる人権が、手続的には法律によって保障されると考えられていた。法実証主義的傾向の強い一九世紀に入ると、法律によっても侵されない人権という思想は消えることはなかったが、実定法の上では弱くなっていった。(8)

一九世紀末、第三共和制の下で「公的自由」(libertés publiques)の観念によって法律による人権保障の考え方が確立し、それが現在に至るまで人権保障の基礎にある。その上で、憲法院による違憲審査が行なわれている。本稿では、その「公的自由」観念の構造と問題点を見ていきたい。

一　法律によって規定された自由

1　法律による規定の意味

「公的自由」とは広くは実定法によって保障された自由であるが[9]、人権に関する憲法規定を持たない第三共和制においては、その実定法の中心は法律である[10]。そこで、「法律によって規定された自由」(libertés définies par la loi) と法律によって「規定されていない自由」(libertés non définies par la loi) の区別が重視されている[11]。

「公的自由」論において、法律が自由について規定することは、どのような意味を有するのか。第一に、自由を保障する意味を持つ。エスマンによれば、たとえ憲法に抽象的な自由保障の規定があっても、これを具体化する法律規定が無いと、自由を行使することができない。自由には必ず限界があるはずだから、自由を行使するためには、その限界を明らかにし自由を組織する法律が必要である[12]。エスマンによれば、憲法上保障された権利も、「他人の同種の権利の尊重と公序の維持」という二つの限界を持ち、そのための権利規制は立法者が行なわなければならない。その規制が行なわれるまでは権利行使ができず、従って憲法上の権利は「単なる約束」(une simple promesse) に過ぎない[13]。権利を行使することができないということの意味は鮮明ではなく、恐らく警察規制に対抗できないということであろうが、その点については後に検討する。

第二に、自由について規定する法律は、自由を保障すると同時に制限する意味も持つことになる[14]。自由行使の要件を定める法律は、それを充たさない自由行使の制限を意味し、また自由の限界を定める法律は、その限界内の自由を保障する意味を持つことになる。

2　法律による規制

そこで、法律によって規定された自由の規制は、原則として法律の定めるところによる。命令によってそれを制限することはできない。[15] しかしその原則の上で、法律の定めるところにより法律に反しない範囲で、警察命令による人権規制が考えられる。[16] その範囲を越え法律より厳しい規制を行なうことは、権限踰越となる。[17]

判例もそのような原則を明らかにしている。Crim. 9 juil. 1931, D. H. 1931. 525 によれば、「市町村機関の命令制定権は、その権限に属する事項であっても、特別の法律によって、またはその執行を確保する委任命令によって、明らかに規律されている対象に対して、それを行使することができないことを原則とする」。一八八四年市町村法は一般的に交通警察権を市町村長に認めているが、一九二八年八月二一日デクレによって改正を受けた一九二二年一二月三一日デクレは、一定の条件の下で駐車を規制している。従って、駐車を全面的に禁止したマルマンド市長の規則(arrêté)は違法であるとする。[18]

Crim. 14 mai 1941, D. 1941. J. 311 も同様の見解を示している。「一八八四年四月五日法は市町村長に対して市町村警察の責務を課し、法律によってその監視および権限に委ねられている対象に関して、地方的措置を命ずる規則を制定する権限を彼らに与えているとしても、特別の法律によって明らかに規律されている事項に関して、一八八四年法は命令の方法によって規定する権利を彼らに与えるものではない」。一九四〇年五月三日デクレ一条が、商人に一般的な計算書のみを要求しているときに、リール市長は、物価上昇を抑えるために、一九四〇年九月二七日規則一、二条によって、より詳細な計算書を要求した。これは権限踰越を犯しているとする。

以上の原則を具体化して、次のようなことが言われる。警察機関は自由を破壊したり廃止したりすることはできない。[19] また、許可制や届出制などの規制は許されない。[20] C. E., 22 juin 1951, *Daudignac*, D. 1951. J. 589 は、街頭写真師に関する許可制が問題になった事件であるが、判決は、一九一二年七月一六日法一条にいう行商人の性格を街頭写真師が持つことを認めた上で、許可制を定めたモントーバン市長の一九四九年三月二日の規則を違法であるとした。

3　命令による規制

このように、命令による全面的禁止、許可制、届出制は許されないという形で、原則は具体化されている。従って、その反面それ以外の規制が認められることになる。法律の範囲内でしか命令による規制は認められないということが原則であるが、結局実際は相当広い範囲で命令による規制が認められる。すなわち、法律によって規定された自由が問題になっているときでも、警察機関は全面的な禁止をすることはできないが、部分的な規制、制限、停止ならできる。(21)その意味で、法律によって規定された自由も絶対的なものではなく、さらに警察による規制を受ける相対的なものである。(22)

前述のドーディニャック事件においてもコンセーユ・デタは、街頭写真を許可制に服させることは違法であるとしながら、「必要な場合、この職業の実行を若干の街路においてまたは若干の時刻に禁止」することはできるとしている。この市長の権限は、一八八四年四月五日法九七条に基づく、交通と公序のためのものであるとしている。この規定は市町村警察の目的としての公序に関する例示規定に過ぎず、それに関して市町村長が制定する命令は、独立命令の性格を有すると言わなければならない。(23)その権限は、具体的な法律の根拠を有するものとは言えない。

オリヴィエ師事件においてコンセーユ・デタは次のような判断を示した。(24)葬儀の行列は、葬儀に関する一八八七年一一月一五日法二条などの規律を受ける。(25)その上で、若干の条件を充たし、かつ「秩序の維持に厳密に必要な限りで」、葬儀に関して規制することができる。これらの条件を充たしていないとして、葬儀の行列の規制を定めるサンス市長の一九〇七年一月五日の規則を無効とした。この場合も、市長の権限は一八八四年四月五日法九七条に基づくとしている。そして、「その使命の履行と、法律によって保障された自由の尊重を調和させなければならない」としている。

4 まとめ

結局、法律によって規定された自由を全面的に禁止することはできないが、警察機関は公序のために一定の限られた条件の下で独立命令によってそれを規制することができるのである。これらの自由は、それについて規定する法律による規制を受けるばかりではなく、それ以外に警察の独立命令による規制を受けると考えられている。(26) ただ、後者の場合、法律によって規定されていない自由と比べて、自由の尊重のために比例原則がより厳密に適用される。(27)

このように、法律によって規定された自由に対しても、個別の法律に基づかない警察規制がかなり広く認められる。したがって、法律によって規定された自由に対する警察規制は、法律の範囲内でしか許されないという原則は、原則と言えない程弱い。そのことに十分な注意を払わなければならないが、それにしても法律によって規定された自由の場合には、一応このような原則が立てられている。それに対して、法律によって規定されていない自由の場合はどうか。

二　法律によって規定されていない自由

1　法律規定欠如の意味

法律が自由の行使について何も定めていない場合、それは「無名の自由」(libertés《innommées》) である。それは「公的自由」ではなく、「単なる寛容」(simples tolérances) を構成するに過ぎない。(28) ヴデルは、「真の公的自由ではなく、単なる権能を構成する活動」を、「憲法または法律によって保障された自由を構成する活動」から区別しているが、[29] これも同じことである。

法律に規定が無いことは、禁止を意味しない。禁止されていないことは、自由に行なうことができる。[30] 従って、すでに見たようにエスマンが、立法者による規制が行なわれるまでは、権利を行使することができないとしているのは、[31] やや正確さを欠いているのではないか。しかし、このような自由を行政権は命令によって規制、禁止することができる。法律が沈黙しているとき、秩序の維持について責任を負っている行政権は、このような自由に介入することができるとされる。[32]

従って、これらの自由は本当の「公的自由」には属さない。「国家は個人に対して少しも法的義務に服していない。なぜなら、規範作成機関（立法者または警察機関）は、自由を制限または排除する規範を確立することによって、常にこの間隙の一部を埋めることができるからである。実際、実定法に知られていないこれらの『無名』の自由は、単なる寛容を構成するのであって、公的自由の観念とは関わりがない[33]」。

2　オリヴィエ師事件判決

法律によって規定されていない自由の扱いは、判例においては次のように具体化されている。前述のオリヴィエ師事件におけるコンセーユ・デタ判決[24]は、その具体化の最も良い例を示している。判決は、問題となったサンス市の規則を二つに分けている。

一つは、「行列、行進およびすべての示威運動、または信条もしくは信仰に関わりを持つ屋外の式典」であり、規則の一条がそれらを禁止している。もう一つは、「葬儀の行列」であって、規則の二条ないし八条によって規制されている。一般的に、前者は「非伝統的行列」(processions non traditionnelles)、後者は「伝統的行列」(processions traditionnelles)と呼ばれる。(34)

伝統的行列に関わる法律として、判決はまず政教分離に関する一九〇五年一二月九日法一条を挙げている。これは次のように規定している。「共和国は信教の自由を確保する。共和国は、公序のために以下に規定する制限の下に、自由な信仰の実行を保障する」。ただし、非伝統的行列と異なって(後述)、伝統的行列を公序のために制限する規定は、一九〇五年一二月九日法の中には無いと、判決は見るようである。その上で、伝統的行列に適用されるものとして、葬儀に関する一八八七年一一月一五日法(25)二条を挙げる。これは次のように規定している。「民事的または宗教的性格を理由として、葬儀に適用される特別の規定は、規則によってであっても、決してこれを制定することができない」。このような形で市町村長による命令の制定が禁止されている。結局、伝統的行列は、法律によって規定された自由と言うことができる。

そうであっても、前述のように、市町村長は伝統的行列に対しても警察権を行使することができ、その場合に警察の任務と自由の尊重を調和させる必要がある。「市長が一八八四年四月五日法九七条によって市内における秩序の維持について責任を負っているならば、市長はその使命の達成と法律によって保障された自由の尊重を調和させなければならない」。その具体的な調和点として、「慣習と地方的伝統をできる限り尊重する」ことと、「秩序の維持に厳密に必要な限りにおいてのみ葬儀を制限する」ことを要求している。このように、伝統的行列に対する規制は比較的厳しく制限を受け、その分それは強く保障される。

それに対して、非伝統的行列を禁止するとき、「一九〇五年一二月九日法二七条が準拠する一八八四年四月五日法九七条によって与えられた警察権を、市長は公序のために行使するに過ぎない」とする。一九〇五年一二月九日法二七条は次のように規定している。「信仰に関する屋外の儀式、行列その他の示威運動は、一八八四年四月五日法九五条および九七条に従って、引き続いて規律される」。そこで、非伝統的行列は、一九〇五年一二月九日法による特別の制約なしに、一八八四年法による警察規制を受けるので、一九〇五年法によって保障された信教の自由の外にあるということになる。非伝統的行列は、信教の自由の構成要素ではなく、付属要素と考えられている。[35] 従って、判決は全面的な禁止を簡単に合法化している。

このように、法律によって規定されていない自由は、特別の法律の制約なしに警察の規制を受ける。その警察権の根拠として一八八四年四月五日法九七条が挙げられているのであるから、これらの自由の規制は独立命令によることが可能である。法律によって規定されていない自由として、非伝統的行列や集団示威運動のほか、芝居、演劇、映画の上映、ラジオ放送の自由などが挙げられる。[36]

3　規制に対する統制

しかし、法律によって規定されていない自由に対する独立命令による警察規制も、完全に警察機関の自由に任せられているわけではない。それは公序の維持を目的としていなければならず、その点について裁判所の審査を受ける。しかも、法律によって規定されていない自由であるからといって、その審査は常に緩やかであるとは限らない。

自由の種類によって異なる問題であるが、例えばオリヴィエ師事件に関わった非伝統的行列について見ると、次のような変化が存在する。この判決では、公序のための規制であるとして、全面的な禁止が簡単に合法化された。このような非伝統的行列は初めは厳密な保護を与えられなかった。その後これは、公序維持の強化措置の規制に関する一九三五年一〇月二三日デクレ・ロワに基づく届出制に服するようになった。

やがてコンセーユ・デタで審査が厳格に行なわれるようになり、公序に対する危険が重大な場合でなければ行列の禁止は許されないとする判例が出るようになった。(37) 一九四七年六月二日のコンセーユ・デタ判決(38)は、問題となっている宗教的行列が、地方の慣習と関わりのないものであることを確認した上で、国境の市町村で混乱が生じていたことから、問題のショワジー・ルロワの町でも、その行列が公序に対して危険を及ぼす恐れがあるとして、それを禁止した町長の処分を適法と判断した。ここでは、町長による行列の禁止が、抽象的に公序を目的としていることによってではなく、国境の市町村における混乱を理由とする具体的な危険性の認定によって、適法とされている。

さらに、一九四八年三月五日のコンセーユ・デタ判決(39)によれば、警視総監は広場における宗教的儀式について原告に対して許可を与えたが、後にそれを撤回した。判決は次のように判示した。「原告の結社の計画した宗教的儀式が、静穏または公安を脅かす性質を有し、適当な警察処分によって全ての危険を避けることができないような状況にある」とは認められない。その結果、許可の撤回を権限踰越であるとして無効にした。ここでは、非伝統的な儀式であっても、適当な警察処分では除去不可能な危険が無い限り、その禁止は許されないとする判断が示された。

このようにある種の単なる権能を公的自由の地位に近づける傾向が、コンセーユ・デタに見られる。(40)

4　まとめ

結局、法律によって規定された自由に対しても、独立命令による警察規制がかなり広く認められる。他方で、法律によって規定されていない自由に対する警察規制も、裁判所の審査を通してかなり厳しく制限される場合もある。このような場合には、法律によって規定されているかどうかによって、自由の保護にあまり差が出ないことも考えられる。しかしながら、原則的な考え方に差があることは否定できず、法律によって規定された自由に対する規制は法律によらなければならないのを原則とするが、法律によって規定されていない自由にはこのような原則は存在しない。

三　〈libertés publiques〉観念の歴史的性格

1　「公的自由」論の形成と自然法論

自由を法律の範囲内で保障し、その範囲外においては行政権の自由な活動を認めるこの議論の形式は、全体として同じ時期のドイツの公権論と異ならない。異なる点は、その思想的背景として自然法思想の洗礼を受けたかどうかということであろう。ドイツでは、自然法における自由が、「契約によって自然の自由を放棄する自由」に矮小化されたり、あるいは自然法論の影響を受けた場合にも、その政治的・革命的意味は取り除かれていた。そのような点から、ドイツ自然法論とドイツ公法実証主義の基本権論との間には、断絶性よりも連続性が見られる。(41)

それに対してフランスでは、自然法論が法理論に対して広い思想的影響を及ぼし、また政治的にも現実的な力を発揮した。ルソーによる自然法論に対する批判も、自然法論を正面から受け止めた上での批判であった。また、自由を実定法によって保障されたものと考える傾向が強くなったときでも、それは自然法思想の先例を歴史的経験として持ったものであり、自然法思想が完全に消滅したわけでもなかった。(42)ドイツとフランスの間には、自由主義の精神を定式化した自然法論を思想的背景として持ったかどうかの違いがあり、この違いの意味は大きい。(43)

フランス革命期には、自然法論が強い影響力を持ったが、同時に法律を一般意思の表明として尊重する考え方も一般化した。それについてルソーの影響を指摘する学説がフランスでは多いが、法律が人民主権を実現するものとして機能しないという前提があって、法律を中心とする実定法によって自然法の具体化がなされると見る観念の成立が初めて可能となったと言うべきである。一九世紀に入って、このように実定法によって自由が保障されるという考え方が強くなっていった。実定法による自由の保障という議論の形式だけをとらえると、ルソーと一九世紀法実証主義は似ているが、ルソーのほうが人民主権の立場から自然法論を批判していたのに対して、一九世紀法実証主義はむしろ自然法論を前提としてそれを固定化しようとするものであった。

2　第三共和制期の「公的自由」論の役割

第三共和制に入って、法律によって保障された人権としての公的自由の観念が確立する。憲法は人権条項を含まず、実定法の中心的役割は、男子普通選挙の基礎を持つ議会の法律に期待された。実際にも、集会の自由、出版の自由、結社の自由、政教分離などに関する各種の人権保障立法がなされた。

自由を単なる抽象的な言葉の問題ではなく、法律によって具体的に保障されたものととらえる態度には、フランスにおける自由主義の確立に対する自信を感じさせられる。「人権の原理特に個人権が、国民の意識の中により深く浸透するに従って、それらが我々の憲法の中に占める席は、次第に小さくなってきた。我々の最初の諸憲法は、……権利の宣言と保障の中で、二度にわたってそれらを目標として承認した。次に（一八四八年憲法を除いて）保障だけが代わりに置かれた。一八五二年憲法においては、単なる想起、参照に限定された。この想起すら一八七五年には不要であると判断された[44]」。このような自由主義の確立に対する信念の基礎には、一定の自由の存在と、それを可能にした資本主義の確立があった。確かに実際に一定の自由を保障する立法がなされない限り[45]、法律によって保障された自由というイデオロギーはそもそも存在できない。

しかしその上で、公的自由論は自由を一定の範囲にとどめ、自由に反する警察活動を可能にする役割を果している。

「大統領は法律の執行を監視し確保する」（一八七五年二月二五日憲法的法律三条一項）とされていた第三共和制の下では、行政権の法律への従属を徹底させる建前が採られていたと考えられる。しかし、警察法の分野における法治主義は非常に不完全であった。

第三共和制期に地方制度を確立させた一八八四年四月五日法によれば、市町村長は公序の維持のために（九七条）命令を制定することができる（九四条）。しかし九七条各号は公序に関する例示規定に過ぎないので、市町村長が制定する命令の実質は、独立命令である。市町村会は警察に関して市町村長にコントロールを及ぼすことが禁止され、他方で市町村長は「上級行政庁の監視の下で」市町村警察の任務に当たることになっている（九一条）。このように市町村警察を法律からも条例からも独立させつつ、上級行政庁である県知事の監視に服させるのであるから、そこには警察権を行政権の固有の権限と見る見方が前提とされていると考えられる。

大統領が一般警察に関して独立命令を制定する慣行が、第三共和制期に確立した。それを合憲化する試みが判例、学説によってなされているが、それらはいずれも一般警察権を行政権の首長の固有の権限と見る考え方を基礎に置いていると見られる。(46)

法律によって規定された自由は原則として保障されるが、規定されていないことは警察による規制を受ける。カレ・ド・マルベールの言うように、これは法治主義に反する。第三共和制のように、行政権が立法権に従属する「適法国家」(47)においては、自由に関して法律が規定していないということは警察権の拡大を意味せず、警察命令によって自由を制限することは許されないはずだからである。(48)しかも、法律によって規定された自由についても、警察機関が公序のために独立命令によってそれを制限することが認められる場合がある。

第三共和制期に法律によって保障された自由の観念が確立し、一九世紀を通じて進行した自由の実定化が人権の分野で完成した。他方で、一九世紀末から二〇世紀初めにかけて、政府の警察独立命令の慣行が確立し、警察権を行政権の固有の権限と見る見方が強化された。すなわち自由の実定化が完成するとともに、警察の超実定化が進行した。産業資本主義段階から独占資本主義段階への移行の時期に、公的自由の観念と政府の独立命令の慣行が確立した。

自由を制限する理由である「公序」の内容は必ずしも法律で決定されず、法律による決定が行なわれない限り行政権によって決定されるようになっていた。実際上、自由に関する基本的な法律はかなり作られていたが、論理としては、法律に違反しないという条件の下で、自由の限界は行政権によって独立して決定されるようになっていたと言うことができる。その意味では、自由を限界づける原則的な国家機関は行政権であるということさえ不可能ではない。(49)

3　まとめ

結局、自由を保障する重要な立法がなされ、「公的自由の黄金時代」(l'âge d'or des libertés publiques) とされる第三共和制の下で、自由の保障のために法律によって行政権を拘束しようとする法治主義の観点から見て、最も不完全な体制が確立した。(50) 法律によって実際にある程度自由が保障されているという観念が、自由保障の不完全さに対して十分な注意を払うことを、むしろ阻害していたように思われる。公的自由論は、ある程度の自由の保障を基礎に持つとともに、保障を一定の範囲に限定する働きをしていたと言うことができる。それは議会主義の表現であるとともに、議会から自由な行政活動を保障する構造も備えていた。

このようなあり方は、一定の自由の保障を可能にする資本主義の確立を前提とするとともに、(51) 行政権が積極的に活動する介入主義的傾向への対応を可能にするものであった。従って、緊急命令やデクレ・ロワのような重大な修正を受けつつ、公的自由という枠組は介入主義的傾向の下でも維持されることが可能であったと思われる。(52)(53)

法律によって規定された自由としての「公的自由」の観念は、実際に各種の自由保障立法がなされることによって初めて確立した。しかしながら、その反面に想定される、法律によって規定されていない「無名の自由」が、警察の独立命令による規制に委ねられることを予定していた。「公的自由」論は議会主義の表現であるが、同時に行政国家の論理を含んでいた。

法律による人権保障ということであれば、硬性の憲法典を持たず議会主権の伝統の下にあるイギリスも、同様である。確かにイギリスには他方で法の支配の伝統があるが、そこにおけるコモン・ローに対する法的確信と、一七八九年宣言に中心的に見られる超憲法的・自然権的人権に対するフランス的信念は、ほぼ対応していると見ることもできよう。(54)

しかしイギリスでは、実定法上、法律で禁止、制限しない限り自由とされている。(55)それに対してフランスでは、人権に対する信念が「哲学的性格」を強め、(56)実定法のあり方としては、法律で保障、定義しない限り、真の自由とは考えられなくなったということであろうか。(57)

多数決に基礎を置いた立法に対して、少数者・個人の人権を保障するために、議会に対する立憲主義または法律に対する人権保障への展開は、言うまでもなく重要である。しかしながらそれは、それぞれの国の特有の仕方で、議会による立憲主義または法律による人権保障のための努力と問題点の確認とともに、なされている。ところが日本では、違憲審査制を規定する日本国憲法の受容によって、そのような努力と確認に代られてしまったのではないであろうか。

おわりに

議会による立憲主義のための努力がなされた場合にも、政権交代[58]の欠如その他の事情の下で、それは成功してきたとは言えない。そこでその代わりとして、議会に対する立憲主義に期待が寄せられてきたように思われる。しかし、それは本来代わりになるものではなく、議会制民主主義がうまく行かないときに、違憲審査制が機能するはずもない。議会による立憲主義のための努力とその問題点の確認は、現在の日本においてなお取り組まなければならない課題だと思われる。[59]

(1)　立憲主義は実体的には、議会を含む国家機関に対する、憲法による規律の論理を本来持っている。従って、ここで言う「議会による立憲主義」や「議会に対する立憲主義」は、その憲法の意味を誰が確定するのかという、手続的な観点に基づいている。また、この問題は、「国家からの自由」と「国家による自由」の問題（樋口陽一『権力・個人・憲法学』一二六頁以下（学陽書房、一九八九年）参照）とは、別次元の問題である。
(2)　美濃部達吉『憲法撮要』六一頁（有斐閣、一九二四年）。
(3)　同六二頁。
(4)　芦部信喜『憲法学Ⅰ』二八頁（有斐閣、一九九二年）。
(5)　同四六頁。
(6)　同五四頁。
(7)　樋口陽一『憲法』一一頁（創文社、一九九二年）。
(8)　この点について、本書一六三―一八一頁。
(9)　本書八八―九一頁。
(10)　同九三―九四頁。
(11)　法律によって「保障」された自由も、法律によって「規定」された自由も同じことであるが、一般的には「法律によって保障された自由」と言うことにし、特に第三共和制期に確立した実定法上の考え方を指すときに、「法律によって規定された自由」と言うことにする。

（12）Adhémar Esmein, *Eléments de droit constitutionnel français et comparé*, Sirey, Paris, 7e éd., revue par Henri Nézard, 1921, t. 2, p. 531; Marcel Waline, *L'individualisme et le droit*, Montchrestien, Paris, 2e éd., 1949, p. 381.

（13）Esmein, *op. cit.* 注（12）, t. 1, pp. 561–562.

（14）Jean Rivero, *Les libertés publiques*, P. U. F., Paris, 5e éd., 1987, t. 1, p. 181.

（15）Claude-Albert Colliard, *Libertés publiques*, Dalloz, Paris, 6e éd., 1982, p. 116.

（16）Georges Burdeau, *Libertés publiques*, L. G. D. J., Paris, 4e éd., 1972, p. 43; Rivero, *op. cit.* 注（14）, p. 183.

（17）Burdeau, *op. cit.* 注（16）, p. 43.

（18）D. 1884. 4. 25.

（19）Colliard, *op. cit.* 注（15）, p. 24.

（20）Rivero, *Droit administratif*, Dalloz, Paris, 9e éd., 1980, p. 431.

（21）Colliard, *op. cit.* 注（15）, p. 24.

（22）*Ibid.*, p. 117.

（23）本書一一四―一二二頁。

（24）C. E. 19 févr. 1909, *Abbé Olivier*, D. 1910. 3. 121.

（25）D. 1887. 4. 101.

（26）Colliard, *op. cit.* 注（15）, p. 24.

（27）Georges Vedel, *Droit administratif*, P. U. F., Paris, 7e éd., 1980, p. 1002. また、当然のことながら、法律によって規定された自由に対する警察規制のあり方は、自由の種類によって異なる。それぞれの自由に関する立法が違っているからである。例えば、営業の自由についてはその制限の仕方が限定されていないが、出版の自由や集会の自由ではその限定がある（*Ibid.*, pp. 1002–1003）。

（28）Philippe Braud, *La notion de liberté publique en droit français*, L. G. D. J., Paris, 1968, p. 271.

（29）Vedel, *op. cit.* 注（27）, pp. 1000 et s.

（30）Rivero, *op. cit.* 注（14）, pp. 183–184; Vedel, *op. cit.* 注（27）, pp. 1000–1001.

(31) Esmein, *op. cit.* 注（12）, t. 1, pp. 561–562.
(32) Burdeau, *op. cit.* 注（16）, p. 36; Colliard, *op. cit.* 注（15）, p. 116.
(33) Braud, *op. cit.* 注（28）, p. 271.
(34) Observation du C. E. 19 févr. 1909, M. Long, P. Weil, B. Braibant, *Les grands arrêts de la jurisprudence administrative*, Sirey, Paris, 8e éd., 1984, p. 87.
(35) Vedel, *op. cit.* 注（27）, p. 1001.
(36) Marcel Waline, *Droit administratif*, Sirey, Paris, 9e éd., 1963, p. 652.
(37) Observation du C. E. 19 févr. 1909, *op. cit.* 注（34）, pp. 88–89.
(38) C. E. 2 juin 1947, *Guiller*, Recueil des arrêts, 1947. 293.
(39) C. E., 5 mars 1948, *Jeunesse indépendante chrétienne féminine*, D. 1949. J. 197.
(40) Vedel, *op. cit.* 注（27）, pp. 1001–1002.
(41) ドイツ自然法論については、石川敏行「ドイツ公権理論の限界（一）」法学新報八六巻四・五・六号一二七―一三六頁（一九七九年）。
(42) 本書一七二―一七七頁。
(43) 本書二〇五―二〇六頁。
(44) Esmein, *op. cit.* 注（12）, t. 1, p. 561.
(45) 第三共和制下の自由保障立法に対する信頼について、Marie-Joëlle Redor, *De l'état légal à l'état de droit*, Économica, Paris, 1992, p. 164.
(46) 本書一一四―一四〇頁。第三共和制期に確立した警察独立命令の慣行は、地方自治の観点によっては説明できない問題である。
(47) 本書一〇七―一一〇頁。
(48) Raymond Carré de Malberg, *Contribution à la théorie générale de l'État*, Sirey, Paris, 1920, t. 1, p. 508.
(49) しかし、このような議論に対しては、法律による行政の拘束は不完全であったかもしれないが、警察権の行使に対して裁判的コントロールが十分に及んでいれば、自由の確保は不可能ではないという議論がありうる。たとえば、ジャック・モローは次のように言う。「警察権に対する固有権の承認は、自由国家の法的体制が根拠を置いている公準（『自由が原則であり、警察による制限は例外である』）と完全に両立する。なぜなら、固有の権力と、行政権が個人の権利に課す制限に関する裁判官は、行政権ではなく、公序と特殊利益の間のこの困難な調整の最高の審判者となる裁判所であるからである。」（Jacques Moreau, *Théorie générale des polices administratives*, Jur. Cl., 1966, fasc. 200, p. 5. しかしながら、周知のように、コンセーユ・デタは自由の保護者として高い評価を一般的に得る一方で、結局むしろ行政権の特権の守護者であったのではないかとする批判がある。

（50）Jean-Pierre Machelon, *La République contre les libertés ?*, Presses de la fondation nationale des sciences politiques, 1976, pp. 449 et s. は、組織的サンクションの欠如、自由の例外の多さなどを指摘して、「黄金時代」と見る見方を批判している。

（51）浦田一郎『現代の平和主義と立憲主義』一五九―一六三、一七四頁以下（日本評論社、一九九五年）。

（52）第五共和制下の公的自由論のあり方について、浦田一郎「『公的自由』の観念とフランス的人権保障のありかた」一橋大学社会科学古典資料センター年報九号（一九八九年）九、一〇頁で、ごく簡単にふれている。

（53）一九七一年以降の憲法院による違憲審査のあり方は大きな流れとしては法律に対する人権保障としておきたい（Jacques Robert, *Libertés publiques et droits de l'homme*, Montchrestien, Paris, 4e éd., 1988, pp. 110 et s.)。ただし、憲法院による審査が審署前の法律案に対するものであることなどを理由に、その立法的性格を強調する見解がある（Dominique Rousseau, *Droit du contentieux constitutionnel*, Montchrestien, Paris, 2e éd., 1992, pp. 69. et s. ; Jean-Christophe Balat, *La nature juridique du contrôle de constitutionnalité des lois dans le cadre de l'article 61 de la Constitution de 1958*, P. U. F, Paris, 1983, pp. 67 et s.)。そこからさらに、このような人権保障のあり方を法律による人権保障の枠組でとらえることもある。（清田雄治「フランス憲法院による『法律』の合憲性統制の『立法的性格』」法の科学二〇号二三〇頁（一九九二年）参照）。

（54）カール・レーヴェンシュタイン（阿部・山川共訳）『新訂現代憲法論』三九五頁（有信堂、一九八六年）参照。

（55）S. A. de Smith, *Constitutional and administrative law*, Cox & Wyman, 1971, p. 440. 内田力蔵「イギリス法における『個人的自由の権利』について」東京大学社会科学研究所編『基本的人権』四巻四二頁以下（東京大学出版会、一九六八年）、元山健「近代英国憲法の特質とその現代的課題」高柳信一先生古稀記念論集『現代憲法の諸相』四一二頁以下（専修大学出版局、一九九二年)。

(56)　樋口陽一『現代民主主義の憲法思想』四一頁以下（創文社、一九七七年)。

(57)　このようなイギリスやフランスの体制は形式的には外見的立憲主義と異ならない。明治憲法の下で美濃部達吉が議会主義的立憲主義によって目指したことは、実際に人権保障立法を行なうこと、すなわち「『法律』によるブルジョワ化」(奥平康弘「明治憲法における自由権法制」東京大学社会科学研究所編・前掲注（55）二巻七二頁）ということになろうか。

(58)　ただし、民主的・平和的世論の解体を目指し、小選挙区制論と結びついた政権交代論の問題点について、浦田・前掲注（51）八三―九六頁、同「九〇年代日本における『政治改革』論と議会制のあり方」韓日法学研究一一号二四頁以下（一九九二年)。

(59)　この問題の基礎に、「主権と自由」の問題がある。その点に関して、杉原泰雄「民主主義と人権の保障」芦部信喜先生古稀祝賀『現代立憲主義の展開』上巻三七―五五頁（有斐閣、一九九三年）が、参照されるべきである。私自身の簡単な見通しについて、本書四七―四九頁参照。

7　人権宣言の背景

人権宣言にはどのような社会的・思想的背景が存在するか。社会的背景として、資本主義社会のあり方はどのような意味を持つか。思想的背景として、自然法思想はどのような役割を果したか。

一　アプローチ

日本国憲法は、第三章に「国民の権利及び義務」と題する章を置き、種々の人権に関する規定を並べている。その中で経済的自由権に対する積極的な制限と社会権の保障が規定されているとともに、その下で精神的自由権の優越的地位が論じられている。このような規定のあり方は、現代市民憲法の人権宣言の類型に属する。このような現代人権宣言は、自由権保障を中心とする市民革命期における近代人権宣言を基礎に置き、一定の範囲でそれに対して修正を加えたものである。そこで、日本国憲法の人権規定の基礎にある近代人権宣言の背景を究明する必要が生まれる。

人権宣言の背景として、社会的背景と思想的背景を検討すべきであろう。社会的背景として、資本主義社会の形成のあり方がどのような関わりを持ち、民衆の主張がどのように扱われたかを見てみたい。また、それぞれの人権宣言は種々の思想的背景を持っているが、その中で自然法思想の果した役割が論じられるべきであろう。そして、このような社会的背景と思想的背景の関係を考えてみることにしよう。

二　コメント

1　社会的背景

市民革命の中で、その成果を確保するために、人権宣言が出される。ここでは、経済的・社会的・政治的闘争が徹底して行なわれたフランス革命を中心にして、問題を考察してみることにする。

一部の自由主義貴族を除いて、僧侶と貴族からなる特権身分の大部分は、反革命勢力となる。

ブルジョワジーは、特権身分と民衆の間にあって、封建制から資本主義への移行を中心になって押し進めた歴史的主体である。それは平民の中で一定以上の財産を所有する社会層であり、階級分化が本格化していない市民革命期においても、十分な財産を所有しない民衆とは利害が一致していない。ブルジョワジーは革命期の国家権力を掌握し、封建制を廃止し、資本主義の本格的な展開を準備した。民衆革命が最も高揚した革命中期においても、ブルジョワジーは政治的指導力を失わず、ブルジョワ革命の基本線を確保している。その時期の一七九三年人権宣言も自然権(一条)の中に所有権(二条)を含めている。

平民の下層をなす民衆は、都市民衆と農民大衆からなり、小ブルジョワ的性格を有していた。そのため、民衆運動は反封建的性格と同時に反独占的性格を有し、民衆はブルジョワジーの支配に抵抗した。しかし、資本主義の展開にとって不可欠な封建制の破壊のために、民衆の反封建のエネルギーは決定的な役割を果した。結局、民衆の参加によって初めて市民革命は成功したが、市民革命を指導したのはブルジョワジーである。市民革命によって資本主義の本格的な展開が準備され、政治体制の最も基本的な原理を明らかにする人権宣言によって、その革命の成果の確保が法的に図られた。

人権宣言において全ての人の権利が宣言されるが、それは資本主義社会が労働力をも商品化し、徹底した商品交換社会を生み出すからである。そこでは、財産を所有しない者も含めて、全ての人の権利の宣言が経済的に可能となる。また、全ての人の権利の宣言は、民衆の参加が市民革命にとって不可欠であったために政治的に実現した。

しかし、市民革命がブルジョワ革命であったため、抽象的な人の権利の保障の形式の下で、具体的には資本主義展開の条件の確保が図られた。それに反する民衆の要求は、人権宣言から排除され、あるいは変質させられた。具体的には、一般的に近代人権宣言では経済的自由権の保障が強く要求され、特にフランス一七八九年宣言は一七条で所有権を神聖不可侵とした。これらの規定は、資本主義社会の原理を一般的に法的に表現するとともに、共同地の利用権など、民衆の生活に必要であった封建的権利の解体を促進する意味を持った。民衆的立場の所有論は、使用による所有であり、生存に不必要な所有を正当化しなかった。人権宣言の所有規定の背後にある所有論は、イギリスではロックによって、フランスではシエースによって代表的に展開された、労働による所有論である。これは小ブルジョワ的外見を有しているが、結論として排他的所有を帰結し、生存目的による所有制限を排除する。具体的に見ると、この論理は、商品交換を可能にし、労働力の商品化を肯定し、労働の成果の雇い主による所有を保障している。精神的自由権の保障は抽象的には宣言されるが、宣言の上でも法律による制限が予定され（一七八九年宣言一〇・一一条）、法律による実際の保障は、それを可能にする資本主義の確立と、それを要求する労働者の階級闘争の成熟を待たなければならなかった。

2 思想的背景

前近代社会において、イギリスでマグナ・カルタ（一二一五年）が成立しているが、これは貴族が国王に対してその要求を確認させたものである。権利請願（一六二八年）や権利章典（一六八九年）では、保障が国民一般にも及ぶようになったが、そこでは「古来の自由と権利」の確認という形式が採られ、自然法思想は見られない。

市民革命の中で、自然法思想を背景に持った近代人権宣言が出される。その代表的なものとして、アメリカにおけるヴァージニア権利章典（一七七六年）や独立宣言（同年）、フランスにおける「人および市民の権利宣言」（一七八九年）が通常挙げられる。フランス一七八九年人権宣言二条は、「あらゆる政治的結合の目的は人の消滅することのない自然権を保全することである」とする。一九世紀に入ると、法実証主義思想の背景の下でフランスでは注釈学派が生ずる。そこでは、実定法によって具体的に保障されたものとして、「公的自由」が重視される。注釈学派では、実定法は自然法を成文化、内在化したものとして観念されるが、ほぼ同時期のドイツの概念法学は自然法を排除しようとする姿勢が強かった。ドイツでは、自然法が論じられる場合でも、自然法における自由を、「契約によって自然の自由を放棄する自由」に矮小化する態度が生じた。市民革命が挫折し本来の自然法思想が成立しなかったドイツでは、フランクフルト憲法（一八四九年）が、「ドイツ国民の基本権」の保障を試みるに至った。

二〇世紀に入り、社会主義社会が成立しファシズムを経験して、それらへの対抗として自然法思想の一定の復活が見られる。日本国憲法の一一条や九七条にもそれが表われている。このように見てみると、人権宣言の成立にとって自然法思想が大きな意味を持っていることが理解される。

自然法思想が描く自然状態は、資本主義社会において政治的国家が分化した市民社会のあり方を、人間にとって「自然」なものとして理念化したものであろう。自然人は私的所有の利己的な主体であり、他人は自己の手段または障害として現れる。従って、自然法思想は、私有財産制の保障を実質的・中核的目的として、アンシャン・レジームに対する革命の論理であると同時に、民衆運動や社会主義運動に対する反革命の論理であった。そのため、生存目的による財産制限を主張するルソーの立場や、生産手段の社会的所有による共同社会の建設を目指す社会主義の立場から、自然法思想やそれを背景に持つ人権宣言は批判を受けてきた。

以上の点から、近代的人権宣言は、資本主義社会を社会的背景として自然法思想を思想的背景として、生まれたと言うことができる。それは全ての人の権利を国家に先立つものとして宣言しているので、民衆の権利を実質的に実現していくために、それを手がかりにすることができる可能性が存在している。しかし、同時にその可能性には限界があり、限界の内部においても多くの困難が存在し、民衆の権利の実現には理論と実践の両面において努力が必要である。これらのことは、近代人権宣言を基礎に置いている日本国憲法における人権規定にも、基本的に当てはまる。

三　ガイダンス

人権宣言の背景について近代人権宣言に問題を絞ったが、さらに、現代市民憲法、日本社会、社会主義社会、国際社会などそれぞれにおける人権宣言の背景についても、考察を進める必要がある。

その中で、市民憲法の人権宣言を批判して生まれた社会主義社会の権利宣言を見ると、そこでは、生産手段の社会的所有を基礎に、国家権力による権利の物質的・実質的保障を強調する。しかし、その半面、国家権力と国民の緊張関係が重視されず、表現の自由には「人民の利益に適合し、かつ社会主義体制を強化し発展させるために」というような文言がついていることがある（ソ連一九七七年憲法五〇条一項）。このような体制の下で、典型的にはスターリン主義によって悲惨な権力の濫用を経験しており、このような権利保障や国家権力のあり方にも根本的な批判が出されている。権力批判の自由に実質的に大きな制約が課される結果になれば、権力の濫用を阻止することができず、そのため権利の実質的保障も困難になり、生産手段の社会的所有の実質も確保できなくなる。そこで、社会主義の下で市民憲法における人権保障のあり方を発展させる考え方が模索されていた。このような模索も失敗に終わり、社会主義は基本的に崩壊した。このような歴史を踏まえた上で、社会的なものを追求するためには、市民憲法における人権保障の社会的・思想的限界を明らかにし、人権理論を再編成する必要がある。そのためにも、人権宣言の背景を探ることは意味深い。

三　方法論

8　日本における憲法科学の方法論
——法の解釈論争が憲法科学の発展に及ぼした否定的影響を中心にして

はじめに

「日本における憲法科学の方法論」を整理することには、現在次のような意義があると考えられる。

第一に、憲法科学の方法論に関して一定の優れた研究成果があることは確かである。そこから後は、それぞれの方法論に基づいて具体的な研究を進めることが大事だという考え方が、あるように思われる。しかし、今までの方法論に問題がないわけではない。憲法解釈と比べて、本格的な憲法科学の成果は著しく少ない。それには多くの原因が考えられるが、その一つとして憲法科学の方法論に含まれる問題を指摘することができる。すなわち、憲法科学を発展させるためには、その方法論の再検討が必要である。

第二に、憲法解釈の業績の数は多いが、その内容には多くの問題が含まれている。立憲君主制的理論枠組が日本国憲法の解釈の中に生き続けている場合もある。憲法科学の発展にブレーキをかけている方法論は、問題のある解釈の再生産を許している憲法解釈の方法論と結びついている。そのような意味で、憲法解釈の発展のためにも憲法科学の方法論の再検討が必要である。

第三に、憲法解釈を含めた憲法的実践は、意識的なものであれ無意識的なものであれ、憲法と社会についての認識を前提にしている。しかし、憲法的実践が前提としている憲法や社会のあり方も、時代とともに変化していく。従って、憲法と社会の正確な認識無くして、憲法的実践は不可能である。そのことを可能にする憲法科学の方法論を発展させることが必要である。

以上のような問題意識を持って、本論文では、憲法科学の方法論の歴史と現状の整理を通して、そこに含まれる問題を指摘し、次にその原因を検討することにする。

一　歴史と現状

1　歴　史(1)

(1)　戦　前

一部の例外を除けば、憲法学の名の下に行なわれていたのは憲法解釈であり、自覚的に憲法科学の追究が行なわれることはなかった。目的論的解釈を行なった美濃部達吉も、形式論理的解釈を行なった佐々木惣一も、その点では変わりはなかった。美濃部は法の社会的基礎を重視する立場を明らかにしていたが、それも憲法解釈の手段として考えていた。(2)

戦前すでに、末広厳太郎は社会学的法律学を提唱し、(3)平野義太郎はマルクス主義法学を生み出していた。(4)戦後、法社会学のリーダーとなった戒能通孝や川島武宜も、法社会学の研究成果をすでに発表していた。圧倒的に法解釈中心の法学界にあって、法の科学の研究は例外的なものであったが、それでもかなりの成果を挙げていた。他の分野の法の科学が一定の展開を示していたときに、憲法科学への取り組みは遅れた状況にあった。

その中で、極めて例外的に憲法科学に対して一定の取り組みを行なっていたのは、宮沢俊義と鈴木安蔵であった。宮沢は存在と当為、法の科学と法の解釈の峻別を強調し[5]、その上で、ケルゼンによりつつ、法の科学の任務としてイデオロギー批判を重視していた[6][7]。宮沢には、モンテスキューやロックなどの市民憲法思想の研究、存在と当為の二元論に基づく方法論に関する研究、イデオロギー批判を目指した研究などがある[8]。それに対して鈴木安蔵は、マルクス主義の立場に立って、初めから憲法学を科学としてとらえていた。マルクス主義による社会科学的研究を基礎に、憲法史や憲法学史の分野で成果を挙げた[9]。解釈と科学を峻別する立場は採られず、戦前は解釈に関する仕事は無かった[10]。

天皇制権力の下で学問の自由が確立していないところでは、学問研究の発展は困難であった。特に憲法学の場合には、それを深く進めていけば、当然、国家権力の性格を問題にすることになるから、なおさらのこと研究は困難であった。正面から天皇制権力の性格を分析していた政党もあったが、それは徹底的な弾圧を受けた。このような状況の中で、憲法科学が発展しなくても不思議ではなかった。憲法科学がほとんど存在しないときに、大きな困難を伴なっていたが[11]、民法学の分野では法社会学的な調査、研究が行なわれていた。そこには、国家権力の性格を問題にしないわけにはいかない憲法学と、問題によっては必ずしもそうしなくてもすむ民法学の違いがあったと思われる。

しかし、このような客観的な事情ばかりではなく、研究者の側の主体的な事情もあった。ほとんどすべての憲法研究者が、明治憲法の枠内で解釈を行なっていただけではなく、自分の思想としても天皇制イデオロギーから自由ではなかった。このような研究者の間から憲法科学に対する関心が生まれることは困難であった。

憲法科学という学問が存在しうるということは、現在では一般的に承認されるようになり、またその研究成果も実際にかなりの程度生み出されるようになった。その意味で、憲法科学をめぐる状況は戦前と戦後で大きく異っていると言える。しかしそれにもかかわらず、戦前と戦後で驚くほど大きな共通性が存在しているように思われる。

第一に、現在でも憲法学の中で憲法解釈の占める割合は圧倒的に大きく、憲法科学は例外的にしか取り組まれていない。憲法規範の社会的基礎に対する関心は、戦前と比べると強くなってきているが、それも解釈の手段として研究されている場合が多い。憲法学が憲法解釈に関心を集中し憲法科学に対する関心を弱める傾向は、八〇年代以降さらに強まった。圧倒的な解釈中心ということでは、戦前も戦後も変わりがない。

第二に、他の法分野の科学の発展と比べて、憲法科学は遅れている。他の法分野でも解釈が中心である点では変わりがないし、他のすべての法分野で憲法学より科学が発展しているわけでもない。しかし、民法学を中心として、法の科学が比較的進んでいる分野と比べると、憲法学はその水準に及ばないようである。他の分野の法の科学に対する憲法学の相対的遅れは戦前から変わりがない。

第三に、憲法科学の方法的基礎として、マルクス主義と、存在と当為の二元論にたつ法実証主義が出されてきた。戦前には鈴木安蔵と宮沢俊義がそれぞれの立場を代表していたが、その基本的な対立図式は戦後も変わっていなかった。しかし、東欧における社会主義の崩壊とともに、マルクス主義の影響は社会科学全体の中で著しく減少した。

第四に、他の法分野ではかなり発展している法社会学（法の科学一般ではなく、その一分野としての法社会学）が、憲法科学の分野では比較的遅れている。戦前は指摘すべき憲法社会学は存在しなかったようであるが、憲法意識調査などを除けば、戦後も法社会学的調査・研究は憲法学の分野では少ない。他の分野の法社会学と比べると、その方法的深化も進んでいない。

このように見てくると、戦後の憲法科学の基本的な特徴は戦前にすでに与えられており、多くの同じ問題がまだ残されていることが分かる。

(2) 占領期

戦後、憲法科学の発展を促す一定の条件が作られてきた。(12)それを可能にする研究者の主体的条件を見ても、①学問の自由が憲法上保障されるようになったこと、②憲法研究者の層が厚くなっていること、③憲法研究者が社会的実践に参加するようになったこと、などを指摘することができる。憲法科学の対象となる憲法現象も、その発展を要求するものになっている。①かなり徹底した市民憲法原理を内容とする日本国憲法が、天皇制権力下の意識を残した権力担当者によって運用されてきたために、憲法規範と実際の政治の間に著しい乖離が見られた。②占領体制から安保体制へと続く二元的法体系の下で、日本の資本主義が復活し、憲法現象が外国には見られないほど複雑化した。このような憲法現象の下で憲法的実践に取り組むためには、憲法科学の発展が不可避のはずであった。

しかしながら実際の憲法科学は順調に発展したわけではない。占領期には大部分の憲法研究者は新憲法の解説に取り組んでいた。占領権力の性格や社会的変革の性質や可能性に関わって憲法現象の研究が必要であったはずであるが、一般的には行なわれていない。

しかし法学界全体を見れば、戦後の最初の方法論争として法社会学論争が占領期の後期に行なわれた(一九四八―五一年)。(13)そこでは、法社会学の性格、生ける法の意味、行為規範と裁判規範の関係、法における権力的強制の意義、法学における実在と範疇の関係などをめぐって、「マルクシズム法学派」と「法社会学派」の間で、および「マルクシズム法学派」内部で、論争が行なわれた。法の科学の方法論に関する最も基礎的で重要な問題が、議論されていたことは明らかである。

しかしながら、憲法研究者の中で論争に参加したのは、長谷川正安だけであった。この当時この論争が憲法研究者の関心を引かなかったことについては、多くの理由が考えられる。論争が一般の学会を舞台にして行なわれたものではなかったということを指摘できる。批判を受けた川島武宜もほとんど反論せず、論争としての性格に疑問が出されるほど、この論争は一部の研究者の間で行なわれたものだと言えないこともない。また、論争が主として民法研究者の間で行なわれ、憲法研究者が参加しにくかったとも言える。法の端初範疇として、人、物、行為を考える議論（山中康雄）[14]などは、民法研究者でなければ発想できない。

しかし、ほとんどの憲法研究者が法社会学論争に参加しなかった本質的な理由は、参加するだけの理論的な準備が整っていなかったことだと思われる。論争を行なっていた法社会学派にせよ、マルクス主義法学派にせよ、伝統的な法解釈に対する批判を共通の前提にしていた。ところが、大部分の憲法研究者はその伝統的な法解釈に精力を集中していた。戦後の憲法学は戦前の憲法学の成果を出発点とする外ないのであるが、例外として存在していた憲法科学が出発点に据えられることはなかった。法解釈の枠の中で戦後の憲法学は出発したのであり、しかも解釈の対象は明治憲法から日本国憲法に変わったが、その解釈の方法は必ずしも新しいものになっていなかった。法社会学論争参加者が共通の批判の対象としていた伝統的法解釈を、憲法学は行なっていた。法社会学論争が一般の憲法研究者の関心を引かなくても当然であった。

しかもそのような状況はその後も根本的には変わっていないように思われる。現在でも、憲法学の方法論を問題にするときに、法の解釈論争は言及されるが、長谷川正安を始め一部の例外を除けば、法社会学論争が論じられることはほとんどない。圧倒的に憲法解釈中心に憲法学が行なわれ、実際に憲法科学への取り組みが行なわれることはなお例外的であるから、法社会学論争が問題にされなくても不思議ではない。

しかも憲法科学の方法が意識的に論じられる場合であってもそうである。例えば、杉原泰雄ほかの討論で「社会科学としての憲法学の必要性」が論議されるとき[15]、法の解釈論争が念頭に置かれていることは明らかであるが、法社会学論争は全く問題にされていない。実際に憲法科学に取り組み、優れた成果を挙げている研究者においてもである[16]。まして憲法学では、法社会学論争を問題にするだけの状況に現在でもないと思われる。憲法研究者として、法の解釈論争を知らないと困るが、法社会学論争の内容を知らなくてもすみそうな状況は今もある。

占領期には憲法科学に属する研究成果は乏しい。他の分野と比べて、戦前の蓄積が少ないためであり、また、戦前の例外的な成果についても、それを意識的に継承する努力がなされなかったためと思われる。その中で、憲法学の方法論について発言してきた長谷川正安は、マルクス主義法学に関する自己の見解をまとめている[17]。

(3)　一九五〇年代

占領終了後、五〇年代に法の解釈論争が起こっている（一九五三―五六年）[18]。これは安保体制の成立、日本資本主義の復活・強化、政府の恣意的憲法解釈などの背景の下で発生し、私法学会における来栖三郎の問題提起から始まった。来栖の問題提起の内容は[19]、よく知られているように、次のようなものである。法の解釈には一定の制約の下で複数の解釈の可能性がある。その可能性の中で一つの解釈を選択するに当たっては、解釈者の価値判断が働く。そこで、正しい解釈を行なうためには、現実の社会関係の観察や分析が重要である。しかしその場合にも、解釈者の価値判断は不可避であるから、法の解釈が政治的な問題に関係するときには、解釈者は政治的責任を負わなければならないとする。

この問題提起は多くの学界で反響をよび、一九五六年の公法学会でも「憲法学の方法」がテーマとして取り上げられた。この論争を経て、法の解釈は認識作用ではなく、解釈者の価値判断の入る実践的作用であることを強調する見解が、多数説ないし通説になっていった。川島武宜[20]、渡辺洋三、長谷川正安などは、いずれもこの立場に立っていた。

多数説の内容はこのように単純なものではないが、その点については後に検討することにする。

来栖の議論の基本線は、すでに戦前、宮沢が述べていたことと変わりはない。なぜ来栖の問題提起が注目を浴びたのかは、宮沢—来栖的な議論が一般化した現在では、あまりよく分からない。法の解釈に価値判断が伴うと、かなり多くの研究者が漠然と考えるようになったときに、そのことをはっきりと述べたことが来栖の功績なのであろうか。一般条項の増大に典型的に見られるように、法の解釈があからさまに実践的機能を果さざるをえない現代法状況や、安保体制の下で政府によって条文の文言から離れた解釈が強行される状況を抜きにしては、来栖の問題提起が注目を浴びた理由は理解されないと思われる。

どちらにしても、法の解釈論争を経て、法の解釈が価値判断を伴うことを強調する見解が一般化していった。この立場は、価値判断ではなく理論的認識を行なう法の科学の成立可能性を示していた。理論と実践の峻別という同じ立場を前提にしながら、戦前の宮沢は法の科学に関心を示していたが、来栖は法の解釈を問題にしていた。このような違いはあるが、来栖の議論は間接的に法の科学の成立可能性を認めるものになっている。

また宮沢の方が理論と実践の峻別が極端であって、両者はまったく次元の異なる問題としてとらえられ、法の解釈にとって法の科学がどのような意味を持つかは論じられていない。それに対して来栖の方は、正しい解釈を行なうためには、現実の社会関係の観察や分析が重要であるとして、法の解釈と法の科学の関係を論ずる可能性を示唆している。このような来栖の立場が、法の解釈論争を通して一般化していったから、以上のような意味で法の解釈論争は法の科学の発展に一定の積極的な働きをしたと見ることができる。

この五〇年代は、法の解釈論争を経て、戦後の法解釈学が確立し始める時期と言うことができ、その代表例として一九五七年から刊行し始められた有斐閣の法律学全集がよく挙げられる。憲法学でも事情は同じであり、一九五三—

五四年に法学協会『註解日本国憲法』（有斐閣）、一九五五年に宮沢俊義『コンメンタール日本国憲法』（日本評論社）が出され、憲法学の通説が形成されるようになった。

法の解釈が確立するとともに、法の科学に属する成果が生まれている。まず法学方法論に関して、戦後法学方法論の古典と言ってよい、川島武宜『科学としての法律学』[20]、長谷川正安『憲法学の方法』（日本評論社、一九五七年）、渡辺洋三『法社会学と法解釈学』[18]などが出ている。

具体的な成果として、法の科学の多くの分野にまたがる問題が、鵜飼信成ほか編『日本近代法発達史講座』全一一巻（勁草書房、一九五八年以降）で扱われた。個別のものとしては、広中俊雄『日本の警察』（東京大学出版会、一九五五年）や戒能通孝編『警察権』（岩波書店、一九六〇年）のように、憲法学の専門外の研究者による憲法科学と言ってよい成果が生まれている。憲法研究者によっても、小林直樹「戦後重要立法過程研究」社会科学紀要（東京大学教養学部）三号一頁以下（一九五三年）や、長谷川正安『憲法判例の研究』（勁草書房、一九五六年）などが出されている。

(4)　一九六〇年代

六〇年安保闘争を乗り切った支配層は、高度経済成長政策を押し進め、福祉国家を強く打ち出した。他方で、明文改憲と解釈改憲の動きが強められ、一九六四年には憲法調査会の報告が出された。六〇年代後半には、高度経済成長政策の矛盾が露呈し、公害、地方自治、大学などの問題をめぐって多様な運動が展開された。

一九六二年頃から、法の解釈と科学の両者に関わって、判例研究の方法論争が起こっている。[21]憲法研究者は改憲論と福祉国家論への対応に大きなエネルギーを割いていた。この時期は、それ以前の時期と比べて、法の科学への取り組みが熱心に行なわれた。

まず、現代日本法の状態を全体としてとらえようとする傾向が出てきた。全体としてそのような議論は現代法論と呼ばれる。民科法律部会を中心に議論されていたが、一般的にもこのような議論はかなり見られる。その中には、六〇年代前半にまとめられた二つの法体系論、六〇年代後半に強くなる国家独占資本主義法論、七〇年頃出てくる社会法論がある。(22)

現代日本法の状態を憲法体系と安保法体系の矛盾としてとらえようとする二つの法体系論は、具体的な問題を通して五〇年代から出されていたが、長谷川正安『昭和憲法史』(岩波書店、一九六一年)や、同ほか編『安保体制と法』(『新法学講座』五巻)(三一書房、一九六二年)などではっきり示された。

その後、福祉国家論批判を通して、現代法を国家独占資本主義法としてとらえる立場が主張されるようになった。資本主義の展開と現代法の関係に広く関心を集めさせたのは、『現代法講座』(岩波書店、一九六五年以降)、特に『現代法と経済』(七巻)(一九六六年)であった。しかしこの講座は全体として、現代法に関する視点が統一しているわけではなかった。

それに対して、N・J研究会が民科法律部会一九六七年春季学会に報告した「国家独占資本主義法としての現代日本法をいかに把握するか」(現代法五号二一頁以下)(一九七一年)は、現代法を国家独占資本主義法としてとらえる立場を明確にし、現代法に関する議論を呼び起こすことになった。このような立場を重視して、現代法について一般的に書かれたものとして、野村平爾ほか編『現代法の学び方』(岩波書店、一九六九年)が出された。

これらの現代法論は民科法律部会を中心にして行なわれたものであり、直接にこの議論に参加した憲法研究者は多くはない。その中で、国家独占資本主義法論をはっきり展開したものとして、影山日出彌『現代憲法学の理論』(日本評論社、一九六七年)、特に三章「憲法現象と国家独占資本主義」一八九頁以下があり、七〇年代に入って長谷川正安は『現代法入門』(勁草書房、一九七五年)で現代法論を整理している。

一般的な意味でなら、二つの法体系論や国家独占資本主義法論はある程度の影響を憲法学界に与えてきたと言ってよいであろう。それに対して、権利保障と国民の運動との関係を問題にする社会法論は、きわめて一般的な問題意識としてなら、憲法学界に広く存在すると言えないことはないが、明確にこれを展開した憲法研究者はいないのではないか。

民科法律部会を中心にして行なわれた現代法論は、マルクス主義やそれに近い立場から取り組まれたが、それに対して分析哲学やアメリカ社会学に近い立場から経験法学が打ち出された。主として裁判規範の機能分析が行なわれたが、経験法学の主張は法現象に経験科学的にアプローチするということであるから、研究対象はそれだけには限られない。また、経験科学の方法も前述のものに限られないはずであるが、実際はそのような一定の傾向を持っていた。存在と当為の二元論に立って、経験法学の基礎的な方法論を展開したものとして、碧海純一『法哲学概論』（弘文堂、一九六四年）を挙げることができる。経験法学の一定の成果は、川島武宜編『経験法学の研究』（岩波書店、一九六六年）で示された。

経験法学がその基礎に置いている存在と当為の二元論は、法の解釈論争を経て、憲法研究者の多くが前提としているところであると思われる。碧海の前掲書なども憲法研究者に一定の影響を与えていたのではないかと考えられる。そのような方法を漠然と前提にして、大部分の憲法研究者は憲法解釈を行なっていたのであり、自覚的に経験法学の方法を吟味した上で、実際に経験法学の研究に取り組んだ憲法研究者はいないのではないか。その意味では、憲法学は経験法学と直接の接触を持っていないと言える。

この時期の憲法研究者による方法論として、影山前掲書、特に一、二章、デュヴェルジェ（深瀬忠一・樋口陽一訳）『社会科学の諸方法』（勁草書房、一九六八年）が注目される。憲法社会学的な研究として、小林直樹『日本における憲法動態の分析』(岩波書店、一九六三年)、同『日本国憲法の問題状況』(岩波書店、一九六四年)、上野裕久『国民の憲法意識』(勁草書房、一九七〇年)が出されている。なお、東京大学社会科学研究所編『基本的人権』全五巻(東京大学出版会、一九六八―六九年)の中には憲法科学に属する研究も含まれ、そこから営業の自由論争も生まれた。この論争では、経済学と法律学の関係、人権の歴史的把握の仕方など、憲法学の方法論に関する論点も問題になった。歴史学者家永三郎はこの時期に『司法権独立の歴史的考察』(日本評論社、一九六二年)を出しているが、その後も憲法史や憲法思想史に関する研究を発表し続けた。

(5)　一九七〇年代以降

七〇年代は国際的にも国内的にも戦後政治が大きく転換する時期であった。アメリカによるベトナム侵略戦争の敗北、エネルギー危機を通して、アメリカの経済的・政治的地位が低下した。それとともに、ソ連や中国などの社会主義国は侵略と内政混乱を重ねたが、世界的には民族自決の動きが一層強まった。しかしながら、日本では沖縄返還と引き換えに安保体制が強化された。資本主義国の中で日本は相対的に高い経済成長を続けてきたが、貿易摩擦や国民の生活不安など国内外に深刻な矛盾を蓄積している。七〇年代前半の革新自治体の発展や国政革新の動きに対して、七〇年代後半には人権否定や軍国主義の傾向が強められている。

この時期に憲法科学の方法論に関係して注目されるのは、川島武宜編『法社会学講座』全一〇巻(岩波書店、一九七二―七三年)と、天野和夫ほか編『マルクス主義法学講座』全八巻(日本評論社、一九七六―八〇年)の二つの講座である。政治や社会が大きく動きつつあった時期に、方法論に関わって、法の科学の全体を見直す大きな講座が組まれた。ただし、法社会学講座は六〇年代から七〇年代にかけての社会の変化をあまり強く意識していないようであるし、マルクス主義法学講座の方は七〇年代前半の政治状況の影響をかなりはっきり受けて作られているが、七〇年代後半の状況に対応できているかどうかは簡単に言えない。

この二つの講座によって、法の科学を目指す二つの主な方向が、相当はっきりと示されてきたと言うことができる。マルクス主義法学講座は、六〇年代に始まった現代法論を背景に、文字通りマルクス主義という一つの立場に立つことを宣言している。そのようなものとして、講座と並んで、藤田勇『法と経済の一般理論』（日本評論社、一九七四年）が注目される必要がある。

それに対して法社会学講座の方は、「種々の異なった立場や方法を、できるだけ客観的に紹介することに努め」[23]たものであり、編集者である川島武宜は、講座である特定の方法論を主張するつもりは全くなかったと言っている。[24]確かに法社会学講座にマルクス主義法学者が参加していないわけではないが、講座の主流は、すでにふれた分析哲学やアメリカ社会学に近い立場で取り組まれた経験法学の発展であることはやはり否定できない。[25]法の科学を目指す二つの主な方向が形成されたと言ってよいであろう。

マルクス主義法学講座には、長谷川正安や影山日出彌を始め一定数の憲法研究者が参加しており、また憲法学にこの講座は一定の影響を与えているように思われる。それに対して法社会学講座には、すでに憲法社会学の分野で成果をあげている小林直樹と上野裕久が参加しているが、[26]憲法研究者の参加も少なく、この講座が憲法学にどれほど影響を与えたのかよく分からない。

憲法研究者による方法論に関する成果として、存在と当為の二元論を徹底させた樋口陽一『近代立憲主義と現代国家』（勁草書房、一九七三年）（特に第一部）が出ている。マルクス主義法学の立場から従来の議論を整理したものとして、長谷川正安『法学論争史』（学陽書房、一九七六年）があり、金子勝「社会科学としての憲法学を考える（一）—続」立正大学教養部紀要九—二二号（一九七六—一九八八年）がある。八〇年代に入って、上野裕久『憲法社会学』（勁草書房、一九八一年）がまとめられている。憲法科学の具体的な成果について、この時期には憲法史の分野で発展が見られる。前述の樋口陽一のものの外、杉原泰雄『国民主権の研究』（岩波書店、一九七一年）があり、八〇年代に入って、長谷川正安『憲法現代史（上・下）』（日本評論社、一九八一年）が出されている。

しかし七〇年代を経て現在に至るまで、憲法学の主流は圧倒的に憲法解釈であり、憲法科学が例外的な存在である状況は変わっていない。大部分の憲法学は、法社会学講座ともマルクス主義法学講座とも関係のないところで行なわれているのではないかと思われる。その中で憲法科学に関係して注目されるのは、芦部信喜『憲法訴訟の理論』（有斐閣、一九七三年）、同『憲法訴訟の現代的展開』（有斐閣、一九八一年）に代表されるように、憲法訴訟に社会科学の成果を利用する方法論が打ち出されたことである。

2　現　状（一九八〇年代前半）

(1)　全体的特徴

一九八〇年代前半現在、憲法科学は一定の発展を示していると言うことができる。それは、憲法学方法論、憲法史、憲法学説史、現実の憲法問題の分析などについて、成果を挙げている。今日、憲法科学という学問は存在しうるし、現に存在しているということを否定する者はいないであろう。憲法学といえば憲法解釈だけを考えていた戦前の状態と比べれば、戦後はるかに憲法科学に関する自覚が高まったと言える。実際にもかなりの程度の研究成果の蓄積もある。特に一九六〇年代以降、憲法科学に属する研究成果がかなり目立つようになった。

それにもかかわらず、憲法科学の現状はかなり不十分なものと言わなければならない。その主な欠陥を影山日出彌は六〇年代に次の六点で示している(27)。①戦前の成果が例外的にしか吸収されていないこと、②憲法科学の理論的基礎が明確でないこと、③比較憲法学の成果が貧困であること、④憲法理論の体系的批判が無いこと、⑤社会主義憲法の研究が不十分であること、⑥憲法解釈の科学的な究明が不十分であること、の六点である。③、④、⑤については、七〇年代以降、一定の研究の発展が見られるように思われるが、全体としてこの六〇年代の指摘は八〇年代前半でもなお当てはまっている。

しかしその最大の問題は、何といっても憲法科学への取り組みが少ないことである。大部分の憲法研究者の大部分のエネルギーは憲法解釈に注がれている。憲法科学への取り組みはなお例外的である。その点では戦前と変わっていない。憲法現象に対して関心はかなり払われているが、それは憲法解釈の一環として行なわれていることが多い。憲法科学として意識的に取り組まれることは少ない。

憲法科学の成果として個別に指摘はしなかったが、現実に生起する憲法問題への取り組みは熱心に行なわれてきた。これも憲法科学に関係する仕事であり、単に解釈論にとどまらない憲法学という意味で憲法科学と言えば、これは憲法科学の中で実際には最もエネルギーが注がれてきたものと言うことができる。しかしそれは、解釈論的な関心の枠の中で行なわれていたり、方法論的な自覚なしに行なわれていることが多い。

憲法解釈の役割は重要である。憲法解釈に対する努力が少なくてよい理由はない。しかし憲法解釈がその重要な働きをするためにも、憲法科学は一定の発展を遂げていなければならない。国家権力の性格、社会的・階級的な力関係、憲法思想の歴史的な性格などが明らかでなければ、憲法解釈は空回りをする。憲法科学への取り組みは、異常に少ないと言うべきであろう。

以上のように、憲法科学は一定の発展を見たが、かなり不十分な状態にある。その方法論的基礎はどのようなものであろうか。金子の言うように[28]、日本における憲法科学の方法論の主要なものは、憲法社会学、実証主義憲法学、マルクス主義憲法学であろう。

(2)　憲法社会学

渡辺洋三が法社会学について四つの考え方を区別しているが、[29] その第三の考え方、すなわち「法現象の実態について調査研究を行なう学問[30]」としての法社会学は、憲法学ではある程度行なわれてきた。[31] そのような意味での憲法社会学に属する研究として、小林直樹や上野裕久に代表されるような憲法意識調査がある。憲法学の専門家ではないが法社会学者渡辺洋三は、憲法社会学に関する重要な仕事もしている。[32] 次々に発生する憲法問題についての憲法研究者による多くの発言の中には、広い意味で憲法社会学的研究と言える研究も含まれている。

憲法社会学への一定の取り組みが行なわれてきたのは、憲法に関して規範と現実の間に著しい乖離が存在してきたためであろう。このような規範と現実の乖離の中で、規範の内容を明らかにする憲法解釈に多くのエネルギーが割かれてきたが、同時に現実を分析することに関心が払われることも自然なことであった。

このように憲法社会学に属する実際の研究はある程度行なわれているが、その方法論研究は必ずしも発展していない。憲法研究者による憲法問題に関する発言の中に見られる憲法社会学的な仕事には、必ずしも方法論の明確でないものが少なくない。自覚的に憲法社会学に取り組んでいる研究者の中で、渡辺洋三はマルクス主義の立場に立って法社会学に取り組むことを自分で明らかにしており、[33] 法社会学の方法論に関する研究も多い。憲法研究者について見ると、自覚的に憲法社会学に取り組んでいる場合にも、その方法論は十分に展開されているわけではない。上野裕久は多くの法社会学方法論を整理しているが、[34] 自己の方法論を体系的に展開しているわけではない。法社会学の一般的な方法論よりも、憲法意識研究の方法論など具体的な研究に力が注がれている。[35] そこでは、階級の観点が重視され憲法社会学の方法としてのマルクス主義の有効性が、一定の批判とともに承認されているが、[36] マルクス主義憲法社会学方法論が展開されているわけではない。

小林直樹には憲法社会学方法論について、一般論として「憲法現象の社会学的研究」日本法社会学会編『憲法意識の定着』一頁以下（有斐閣、一九六三年）および「法社会学と公法学」川島編・前掲註（1）『法社会学講座』三巻（法社会学の基礎1）六一頁以下（一九七二年）があり、日本の具体的な憲法状況と関連させながら方法論を示したものとして、前掲『日本における憲法動態の分析』序論および一章がある。小林の場合には、マルクス主義の土台と上部構造の関係についての理論に一定の注意が払われているが、アメリカ政治学に相対的に大きな関心が持たれているように見える。(37) その意味では、小林の憲法社会学には川島の法社会学と共通する傾向があるが、両者の間に直接の関係は無く、小林は川島ほど立ち入った方法論を展開していない。

渡辺洋三が言うように、「法社会学という学問そのものは、一定の立場や方法論を前提とするものではない」(38)。その意味では、実証主義憲法学やマルクス主義憲法学と並べて、憲法科学の一つの方法論として憲法社会学を取り上げることはおかしいということになる。しかしそれにもかかわらず、市民法学という一つの立場に立つ法社会学が存在し、それを指して法社会学と言うことがあり、それを渡辺洋三は法社会学の第四の考え方としている。(39) この市民法学の立場に立った法社会学は、川島武宜を中心とする研究者によって、経験法学に基づく法社会学に発展させられている。これは、法社会学の中で一定の立場・方法論に立った有力な潮流として存在していると言うことができる。

ところが憲法研究者による憲法社会学には、このようなはっきりした潮流は存在しないように思われる。(40) 全体としてその方法は明確ではなく、経験法学的法社会学に比較的近い立場に立っていると思われる小林直樹も、十分に方法論を展開しているわけではない。

このことは、法社会学一般に対して憲法社会学が方法論的に遅れていることを示しているのであるが、それとともに次のような側面も存在していることに注意を払う必要がある。すなわち、経験法学的法社会学は国家権力、特に裁判所を社会的・階級的対立を超えたものと見る感覚と結びついているように思われ、従って、社会的・階級的対立がかなり直接的に表現される憲法学では、経験法学的法社会学は発達しにくいのではないかという事情である。

川島武宜は、法の最単純、最抽象的な概念を構成したのであって、階級や政治権力と関わるより具体的、より特殊的な法の考察を否定するわけではないとしている。(41) しかし具体的に問題を考察すべきときにも抽象的議論が行なわれているように思われ、その場合にはそのこと自体が一定のイデオロギー的機能を果す。憲法学は、そのことに注意を払わずには成り立たない学問分野であろう。小林直樹も、経験法学的法社会学に見られるような、権力に対する楽観は持っていない。

結局以上のことから、明確な憲法社会学方法論は十分に展開されておらず、その方法論は憲法学界にそれほど大きな影響を与えていないように思われる。ある程度方法論が明確にされ、解釈中心の憲法学界に対しても一定程度の影響を及ぼしているのは、実証主義憲法学とマルクス主義憲法学である。本稿が収められていた杉原泰雄編『講座・憲法学の基礎』三巻（憲法学の方法）（勁草書房、一九八四年）で、この二つの立場による憲法科学の方法論の展開がなされているので、ここではその詳しい内容紹介は行なわない。

(3)　実証主義憲法学

日本の実証主義法哲学は碧海純一によって代表され、そのような立場に立つ憲法研究者として、宮沢俊義、清宮四郎、鵜飼信成、黒田覚、樋口陽一などの名前を挙げることができる。憲法学における実証主義的傾向はケルゼンの影響を強く受けている。

ケルゼンの言う「純粋法学」は、「専ら法に向けられた認識を保証(42)」しようとするものであり、実証主義を法の認識において貫くことを目指している。それを実現するためには、存在と当為の区別を基礎において、さらに二つの区別が必要であるとする。[43] すなわち、一つには認識と価値判断を区別する必要があり、もう一つには認識についても「事実上の生起を説明」しようとする「因果科学」と、「生起すべきものの認識を目的」とする「規範科学」を区別する必要があるとする。このような立場を前提として、法の科学の重要な任務としてイデオロギー批判を強調する。

ケルゼンの思想の意義が一般の憲法研究者によって十分にとらえられているかどうか問題になりうるであろうが、ケルゼンが前提としている存在と当為の峻別論は、一般的な意味でなら大部分の憲法研究者が受け入れているものであろう。大部分の憲法解釈はこのような立場を前提として行なわれており、憲法科学もこのような立場に立ったものが多い。その意味で次のように言われることがある。「『現代』日本憲法学の主流は、実証主義憲法学である。自己の憲法研究方法を自覚的に確立・検討しない憲法研究者の憲法学は、社会的存在に規定されて、基本的には、実証主義憲法化する」[44]。実証主義的立場の学界レベルでの確認は法の解釈論争を通じて行なわれ、この立場は現在では一般化している。

(4)　マルクス主義憲法学

実証主義を方法的前提としている憲法科学は多いが、その場合でも具体的研究成果が多かれ少なかれマルクス主義の影響を受けていることは少なくない。他の分野の法の科学より憲法科学は、マルクス主義の影響を強く受けてきたように思われる。厳密にマルクス主義の立場に立った研究は多いとは言えないが、影響を受けていることは多い。法の科学の方法論についても、最も熱心なのはマルクス主義であった。平野義太郎以来の蓄積があり、渡辺洋三や藤田勇などの議論が一定の影響を及ぼしてきた。憲法学では鈴木安蔵、長谷川正安、影山日出彌などの名前を挙げなければならない。

マルクス主義法学では、社会構成体の発展を窮極的に規定するものは、土台である経済であるとする。法的上部構造についても経済によって窮極的に規定されるとした上で、法から経済への反作用も認められるとする。上部構造内部の相互作用も存在し、法については、階級的本質を持った国家権力による強制の契機が重視される。憲法現象の要素として、憲法意識、憲法規範、憲法制度、憲法関係などが検討される。(45) 憲法科学の対象である憲法現象自体を広くとらえ、しかもそれを社会構成体の発展の中でとらえようとする。

結局、憲法科学の方法論として影響力を持ってきたのは、実証主義憲法学とマルクス主義憲法学である。しかし、すでに若干示唆したように、実際上はそれらは分離して存在しているわけではなく、相互に一定の影響を与えあっている。実証主義憲法研究者でも、宮沢俊義のようにマルクス主義にあまり関心のない研究者や、あるいは明確にマルクス主義に批判的な研究者も多いが、樋口陽一のように、実証主義憲法学の理論枠組を前提とした上で、マルクス主義に一定の関心を払っている研究者もいる。一般的な意味で実証主義憲法学の影響を受けている研究者の中には、同時にマルクス主義の影響を受けつつ、具体的な研究に取り組んでいる研究者も少なくない。自覚的にマルクス主義の立場に立とうとしている研究者の場合にも、実証主義憲法学が前提としている存在と当為の峻別論の影響を受けていることが少なくない。

二　法の解釈論争と憲法科学

一で日本における憲法科学の歴史と現状（一九八〇年代前半）を概観したが、それによれば憲法科学の存在は相当一般的に承認されるようになっている。その具体的成果も戦前とは比較にならないほど挙げられてきており、憲法科学は一定程度発展してきたということができる。しかし、それへの取り組みはなお例外的なものであり、憲法科学は非常に不十分な状態にある。

憲法科学が一定の発展を遂げながら、なお非常に不十分である原因は、どこにあるのであろうか。それは、解釈中心の法学の伝統がなお圧倒的に強く、しかもそれが戦後、復活・強化したからであろう。それを可能にした方法論的基礎は、法の解釈論争を通じて一般的に確認された、法の解釈と法の科学の二元論であると考えられる。憲法科学の発展の不十分さの原因は他にも考えられるであろうが、方法論を対象とする本稿では、その方法論的基礎を問題にしたい。すなわち、法の解釈論争が法の科学の展開に与えた影響を検討することにする。その場合、法の解釈論争が客観的に持っていた論理的可能性と、多くの研究者によって主観的に受け取られた実際のあり方について、その両方を見ておく必要性がある。

1 解釈論争の積極面

法の解釈論争の消極面を問題にする前に、その積極面を見ておくことにする。法の解釈論争の成果を積極的に評価するのが一般的であり、しかもそのような側面が存在することは否定できないからである。

(1) 法の解釈

法の解釈論争の積極面をまず解釈について確認してみる。(46) 法の解釈論争の法の科学にとっての意義は法の解釈にとっての意義と関連しているので、後者を先に見てみることにする。

第一に、法の解釈は条文の単純な認識ではなく、法の解釈に解釈者の価値判断が不可避であることが一般的に確認され、その点を強調する立場が通説となった。

第二に、解釈に解釈者の価値判断が伴うとしたら、そのことを具体的に明らかにした上で解釈者は解釈の結果について責任を負うべきであるとして、解釈者の責任について反省が呼び起こされた。

第三に、形式的な論理操作によって解釈を行なうのではなく、解釈に当たって実質的な考慮が重視されるようになった。その極端な現れが利益考量論である。

(2)　法の科学

法の解釈論争は法の科学の展開にも積極的な働きをしたと考えられる。

第一に、法の科学の成立の可能性が認識されたことである。古い法実証主義の下で法の解釈が無自覚に認識作用ととらえられていた場合には、独立した学問分野として法の科学を成立させようとする要求は弱かった。法の解釈が解釈者の価値判断を伴う実践的なものであると考えられることによって、理論的な認識を目指す法の科学の必要性が同時に確認されることになった。

第二に、法学者の場合、法解釈論的な思考方法が深く染み着いているから、法の解釈と法の科学を峻別して、一旦法の解釈から離れてものを考えてみようとすることは、必要で適切な面があった。

第三に、解釈と科学を結合させる方向が打ち出されたことである。解釈が、条文の形式的な論理操作によってではなく、実質的な考慮に基づいてなされるべきであるとすれば、その実質的な考慮の要素として、社会科学的認識が正しく行なわれていることが重視されることになる。条文に形式的によりかかることができない以上、恣意的な解釈を排除するためには、社会科学的認識を深めることが必要だからである。

すでに見たように、実際にも、五〇年代の法の解釈論争を経て六〇年代に入ってから、憲法科学の具体的な成果が本格的に挙げられ始めた。六〇年代以降における憲法科学の一定の展開の原因は、一つには戦後社会の変化がそれを促したということであろう。戦後の憲法学は、日本国憲法の解釈に取り組むことによって、日本の近代化を図ろうとするところから出発した。しかし、五〇年代における日本資本主義の復活・強化、六〇年代におけるその展開を通して、単純な近代化の問題意識では対処できなくなってきた。そこで、解釈論の再編制とともに、現代日本における国家と法を社会科学的に分析しようとする動きが出てきたものと思われる。分析を必要とする日本資本主義の展開が、憲法科学への一定の取り組みの根本的な原因となっている。しかしそれと同時に、憲法科学の展開を可能にした研究上の条件もあり(47)、その第一として法の解釈論争における法の科学の成立の可能性の確認を挙げても間違いないと思われる。

2　解釈論争の消極面

(1)　解釈論争の理解の仕方

以上のように、法の解釈には解釈者の価値判断が伴うという、法の解釈論争によって一般的になった考え方は、法の解釈と法の科学の展開にとって積極的な意味を持ったが、そこには多くの問題も含まれている。そのことを明らかにするためには、法の解釈には解釈者の価値判断が伴うということが、どのような意味で言われているかについて、もう少し立ち入って見ておく必要がある。結論的に言えば、法の解釈の実践的性格を一面的に強調する見解が一般化したと思われる。

法の解釈論争参加者や、論争の成果を意識的にまとめた研究者の中には、法の解釈の性格を認識と実践の総合作用としている人達がいるにもかかわらず、無自覚的に法の解釈＝認識とする単純な見方がかなり一般化しているように見える。法の解釈論争の問題提起者である来栖三郎は、法の解釈の実践性を強調したが、法の解釈＝実践とは決して言っていない。彼は解釈の実践性を強調する文脈で言っているのであるが、ラートブルッフを引きつつ、法の解釈とは「理論的要素と実践的要素、認識的要素と創造的要素、……客観的要素と主観的要素の不可分離の結合物である」[48]としている。また法の欠缺の場合に解釈者の主観が影響するとしつつ、その主観について「客観に不可分離に結びつけられた主観[49]」であるとしている。

マルクス主義の立場に立って、長谷川正安は次のように言っている。「解釈はただたんなる実践的行為として理論的認識行為と区別されるべきものではなく、それ自身の中に科学的認識をもちながら、それを評価し、選択する行為を通じて、解釈という実践に仕上げられている行為なのである。科学的認識は解釈という行為の外にある土台なのではなく、行為に内在する基礎的部分なのである。[50]」分析哲学に基づく碧海純一も、「法解釈学においては理論と実践との、換言すれば認識と評価との、不断の交錯が不可避である[51]」とする見解が、法の解釈論争を通じて一般的に承認されるようになったというまとめ方をしている。

このように、意識的に法の解釈の性格を論じている研究者の中では、法の解釈を認識と実践との総合的作用と見る見方が出されていた。しかしながら法の解釈論争を通じて、法の解釈の実践性が強調されたために、無自覚的に法の科学＝認識、法の解釈＝実践とする単純な見方が一般化していったように思われる。若干の論者も、解釈の性質について、認識説や、認識と実践の統一説と並んで、実践説が存在することを指摘しているが[52]、実践説が一般の研究者の間で実際は最も多いのではないかと思われる。従って前述の碧海の指摘には疑問を感じる。結局、法の解釈論争の成果が戦前の宮沢的二元論に近い線で一般化したのではないであろうか。

このような見方が一般化したのは、次のように考えられるからであろう。すなわち、法の解釈に認識的側面が含まれるとしても、そのことによって自動的に解釈の結論が出てくるわけではなく、それが解釈者の価値判断によって評価されて初めて結論となる。従って結局、価値判断が決め手となるというのであろう。

確かに、解釈者本人にとっては、法文、思想や社会についての認識を一つの判断材料としつつ、自分から見て最も妥当な結論が出るように、法の解釈を行なっていると意識されるかもしれない。しかしそれは解釈者にとっての主観という面があり、それがそのまま解釈の客観的な性格であるわけではない。解釈者の様々な価値判断を通して、法規範・法思想や、法の適用の対象となる社会や、法の適用を支える社会的主体についての認識が、解釈の結論を規定する側面を見逃すわけにはいかない。認識を離れた価値判断は実際には存在しない。

どちらにしても、解釈＝実践、科学＝認識とする主観的な見方がかなり一般化しているように思われる。従って、法の解釈に価値判断が不可避であるとする見方が法の解釈論争の成果として一般化したといっても、その理解の仕方には相当幅があり、その問題点を明らかにするためには、法の解釈＝実践、法の科学＝認識とする見方を中心にして検討したい。

法の解釈論争の結果一般化したこのような見方を中心にして、法の解釈論争が法の科学の発展に対して持った消極的側面を検討することにする。その点について、まずいわば外から法の科学の位置づけを問題にし、次にいわば中から法の科学の内容を見てみる。

(2)　法の科学の位置づけ

i　法の科学の軽視

法の解釈論争が法の科学の発展に与えた否定的影響の第一として、多くの法学研究者の関心が法の解釈に向かう傾向を、追認、強化した点を挙げることができる。別の言い方をすれば、法解釈の実践的な性格を承知してさえいれば、法の解釈をしていてよいという安心感を、法の解釈論争は多くの法学研究者に与えたのではないか。法の解釈論争が一般の研究者に対して実際に及ぼした最大の影響は、このことであろう。その意味で、法学研究者の関心やエネルギーがもっと法の科学に向かう可能性があったのに、法の解釈論争はそれを抑える働きをしたという側面を持っていたと思われる。

すでに指摘したように、五〇年代の法の解釈論争を経て、六〇年代に入ってから法の科学の一定の展開が見られるが、五〇年代後半は戦後の法解釈学が確立し始める時期であることにも注意を払う必要がある。戦後、日本国憲法が制定され、多くの新しい法が作られた。しかし法の解釈論争までは、戦前と同じ方法で解釈が行なわれたり、解釈の社会的機能を重視した新しい方法が目指されても、その方法論的意味は一般的には十分自覚されていなかった。法の解釈論争は、法解釈の実践的性格を強調するという自覚の仕方であったが、法の解釈の性格についての自覚を一般的に促す働きをした。法の解釈が確立し始める過程が、法の解釈論争を生み出したとも言えるし、法の解釈論争が法の解釈の確立に貢献したとも言える。どちらにしても、当然のことながら、法の解釈論争の中心的な意味は戦後の法解釈の確立との関係で見る必要がある。

六〇年代以降、確かに法の科学の一定の発展が見られるが、学界全体を見れば、法の科学は一部の研究者によって例外的に取り組まれてきたのであり、大部分の研究者は法の解釈を行なってきた。法の解釈論争はこのような傾向を固定、強化する働きをしたと思われる。

法の解釈論争が法の科学の展開に対して持った積極的側面として、それが法の科学の成立の可能性を認識させたことを挙げたが、それは可能性を示しただけであって、その実現を促す積極的な意味を持つものではなかった。法の科学への現実の取り組みは、一部の自覚した研究者の努力によってなされたのであり、大部分の研究者にとっては、法の解釈論争は法の科学の成立の単なる抽象的可能性を示唆するものに過ぎなかったのではないであろうか。法の科学への取り組みは、誰かによってなされうる問題であって、自分が行なわなければならない問題ではなかった。法の解釈論争は、独立した学問としての法の科学に対する関心を呼び起こすものではなかった。法の解釈論争はあくまでも法の解釈論争であって、法の科学論争ではなかった。

さらに、法の解釈論争は積極的に法の科学の展開にブレーキをかける意味を持っていたのではないか。全体としてそれは、今ほど解釈中心の法学ではない法学が成立する可能性を封ずる働きをしたように思えるからである。そのことは法の解釈論争以前の状態を見てみると分かる。

法社会学論争に参加した文献には、伝統的解釈法学を批判し、それとは異なる新しい法学を建設しようとする姿勢が共通して強く感じられる。そこでは法の科学の確立が中心課題であり、法の科学を中心とする法学が構想されていたように思われる。ところが、法の解釈論争を経て、法の解釈を中心とする法学のあり方が一般的に確立した。法の解釈論争に参加した論者は、必ずしも法の解釈中心の法学を構想していたわけではない。しかし法の解釈論争が、法の解釈中心の法学の確立に寄与する働きをしたことはまちがいない。その意味で、法の解釈論争は、法の科学をもっと重視する法学の構想が発展する可能性を封ずる働きを一般的に果したと言うことができる。

法社会学論争は一部の研究者によってなされたのであり、大部分の研究者は法の解釈を行なっていた。しかし、法の解釈に当たっていた研究者の間でも、戦後改革の動きの中で伝統的な法学に対する反省や疑問が出されていた。憲法学でも、伝統的な憲法学に疑問を持ち、それを乗り越えようとする意欲や試みがなかったわけではない。

「新憲法が施行されてから二年あまりの間に書かれた文献をみて感じることは、学会の主たる努力が新憲法の解釈に向けられ、そこでの収穫が、結局わが公法学会の元老ともいうべき美濃部、佐々木両博士の労作によって代表されねばならないということと、他面において、十九世紀ドイツ国法学の遺産のうえに築かれた伝統的な憲法理論が、新憲法のもとでもなおそのまま使用にたえうるかという反省のもとに、何らかの方向にこれをのりこえる途を求めようとする苦悶の表情である」と、俵静夫は当時の学界展望の中で述べている。[53] また、「憲法をつくり憲法を動かすものにまで目をむける」必要性の主張（俵静夫）や、自然法理論の立場（田中耕太郎）、動的な歴史的・社会学的な立場（高柳賢三）、「社会史的考慮」（中村哲）からする法実証主義克服の試みも存在していた。[54]

確かに、伝統的憲法学に対する疑問といっても、その大部分は憲法解釈の枠組みの中で出されていた。しかし、法の解釈論争は、法解釈の枠組みの中で問題を考える傾向を固定、強化する働きをしたのではないか。法解釈の枠組を越えて問題が検討される可能性を抑える意味を持ったように思われる。

というのは、法の解釈論争によって一般的になされたことは、法解釈の枠組みの中でその実践性を強調することであったからである。すでにふれた長谷川『憲法学の方法』（一九五七年）は、憲法科学を中心とした憲法学を構想し、その中に憲法解釈を位置づけようとしていたが、このような態度は極めて例外的であった。法の解釈論争の結果要求されたことは、法解釈の実践性を承認することであり、従ってそのことを承知していれば、法の解釈をしていても問題はないことになったように思われる。法学をめぐる多くの問題は、すべて解釈者の実践に委ねられることになった。法の解釈を基礎づける社会学的認識の必要性も指摘されたが、それをどのように使うかは解釈者の実践に任せられることになった。結局、大部分の法学研究者にとって、法の解釈論争は法の解釈に専念させる意味を持ったと思われる。

ii　法の科学の手段化

法解釈中心の法学のあり方ということから出てくることであるが、法の解釈論争の結果、法の科学の成立の抽象的な可能性が一般的に承認されるようになったが、同時に法の科学を法解釈の手段と見る感覚が一般化したと思われる。法の解釈論争の参加者が一般的にこのように主張していたわけではない。法の解釈論争を意識的に整理した長谷川正安、川島武宜、渡辺洋三、碧海純一などは、むしろ法の科学の独立を主張してきた。また論争後も、法の科学の手段化を批判し、法の科学が独立した学問であることを強調する議論は多い。しかし、研究者の大部分は法の解釈を行なっているのであり、そこには法の科学を法解釈の手段と見る感覚が実際上広く存在している。そのことと法の解釈論争は関わりを持っていると思われる。

第一に、法の解釈論争は、法の解釈からものごとを見る態度と結びついていたからである。法の解釈論争は多くの法学界にまたがって行なわれ、多くの法学研究者の関心を引いた。しかしその研究者の大部分は、法の解釈に対する関心から論争に注目したのであって、法の科学に対する関心をもった上で法解釈の性格を考えたわけではなかった。法の解釈からものごとを考えるという態度は、法の解釈論争の前と後とで変わりがなかった。

問題提起者の来栖自身、専ら法の解釈に関心を持ち、法の解釈から問題を考えていた。法解釈の実践的性格を強調し、理論的認識を行なう法の科学から解釈を区別するという意味では、戦前の宮沢俊義の議論と戦後の法の解釈論争は共通するものをもっている。[55]しかし、法の解釈と科学の区別は、宮沢の場合には法の解釈に対する関心[5]とともに法の科学への取り組み[6]から行なわれていたのに対して、法の解釈論争では法の解釈に対する関心からなされていた。同じような議論も、戦前の先駆的な法の科学への取り組みのなかでなされた場合と、戦後の法解釈の確立過程の中で行なわれた場合とでは、その意味はかなり異なっていた。

法の解釈論争を経て、法の解釈＝実践とする主観的な見方がかなり一般化したが、これも専ら法の解釈から問題を立てた結果である。このような見解の主張者も、主観的には法解釈の客観的な性格の解明を目指したのであろうが、結論は一面的で主観的なものである。大きな法学の構想の中に法の解釈を位置づけた場合には、解釈者の実践が多くの客観的要素によって規定されている側面が明らかになる。しかし、専ら法の解釈から問題が立てられるときには、法の解釈を実践的に行なっているという解釈者の主観が、そのまま法解釈の客観的な性格であると理解される傾向が生じるのではないであろうか。法の解釈を条文の認識であると考えている解釈者の主観に基づく認識も、法の解釈を実践的に行なっていると考えている解釈者の主観に基づく認識も、ともに主観的である。

このように法の解釈から問題を立てる態度が前提にされれば、たとえ法の科学の成立の可能性が承認されても、法の解釈にとって法の科学がどのような意味を持っているかという観点から、法の科学の意義が論じられる傾向が生じやすい。このような見方は結局、法の科学を法解釈の手段と見る態度に帰着する。それは、「正しい法の解釈の方法」として「社会学的法律学」を主張する来栖の議論にも表れている。来栖は、法解釈の方法としての「社会学的法律学」と、独立した学問としての「法社会学」を区別しているが、彼の関心は「社会学的法律学」にある。[56] 専ら法の解釈を行なっている大部分の研究者の間で、法の解釈から問題を立て法の解釈に役立つかどうかという観点から法の科学を見る感覚は、実際上相当一般的であろう。

第二に、法の解釈論争の結果一般化した法の解釈＝実践、法の科学＝認識という二元論は、法の科学の手段化と結びつきやすい構造を持っている。二元論は法の解釈とともに法の科学にも独立の学問としての性格を認める形になっているが、実際はその反対の働きをしているように思われる。

理論的認識は窮極において実践に奉仕するものである。どのような意味でも実践と結びつかない理論は無意味であり、理論の実践性は強調されるべきである。しかしながらそのことは、個々の理論と個々の実践が直結すべきことを意味しない。個々の理論が個々の実践に直ちに役立たなくても、他の理論の発展に役立つことによっても、その理論の意義は十分評価される。しかもその他の理論として、法学の理論だけではなく、社会学、政治学、経済学、歴史学などの多くの理論が考えられる必要がある。理論の意義は他の理論との関係でまず見る必要がある。例えば、安保法体系と憲法体系との二元的法体系については、その実践的意義と同時に、その政治学的・経済学的・歴史学的意義などが検討される必要がある。

その上で理論と実践との関係を考える場合にも、理論の多様な実践との結びつきを見なければならない。理論は国民の労働、生活や運動などの多様な実践と関わりを持っているのであり、法の解釈はその実践の一つに過ぎない。例えば、国民の憲法意識に関する理論的認識は、憲法解釈の前提として押えておく必要があるが、憲法運動、政治運動、労働運動、住民運動などを進めていく上でも、非常に重要な意味を持っている。

しかしながら、法の科学と法の解釈の二元論が唱えられる場合、理論の中から法の科学だけを、実践の中から法の解釈だけを取り出し、両者を直結する感覚が存在していることが少なくない。二元論的感覚を前提として、法の解釈を行なっている多くの研究者の場合、理論の理論的意義を媒介することなく、理論の実践的意義を考える傾向が強い。法現象に関する理論について、他の学問分野との関係でその理論的意義を認識しようとする視点はあまりないのではないか。法の解釈＝実践と言うときにも、国民の多様な実践の中に法の解釈を位置づける作業はほとんど行なわれていない。実践として頭から直接的な法的実践だけが考えられ、法的実践の中では圧倒的に法の解釈に重点が置かれている。しかも、法の解釈と言っても、実際上裁判所における法の解釈が念頭に置かれていることが多い。

このような感覚の上に、法の解釈＝実践、法の科学＝認識という二元論が唱えられていることが多い。従ってこのような場合、二元論が法の科学の独立のために機能するのではなく、法の科学を法解釈の手段とする見方と結びつきやすい。法現象に関する理論的認識が法の解釈に役立つかどうか、しかも多くの場合、裁判所で勝つことに役立つかどうかで、評価されることになるからである。このような態度では、抽象度の高い理論は個々の法解釈との関係は非常に薄いから、関心を持たれないことになる。

第三に、法の解釈論争の結果、法解釈の実践性を強調する見解が一般化したが、このような見解の下では、法の科学の成果を法解釈の手段として解釈者の実践に委ねるという感覚が出てきやすい。

法の解釈＝実践として、法解釈の実践性を一面的に強調する見解は、実践を客観的な分析の対象としておらず、主観的な見方に基づいている。解釈の性質についての認識としての実践説は、あるべき解釈方法の提言としての実践説と結びついているように思われる。後者は解釈の実践性を過度に強調しており、解釈を実践的に行なおうとしている解釈者の主観を強調したものであろう。どちらにしても、解釈＝実践説は解釈の客観的な性質を明らかにしたものとは言えない。

法解釈の客観的な性質を明らかにするためには、法の解釈という現象を科学的認識の対象としなければならない。その場合には、解釈に当って、条文、条文の背景にある法思想、法の適用の対象となる社会、法の適用を支える主体などについての認識が、解釈者の価値判断を通してどのような作用を果すかが検討される。また、法の解釈に当たって働く解釈者の価値判断がどのような要素によって形成され、それが前述の認識とどのような関わりを持つかなどが分析されることになる。

法の解釈という法現象を科学的認識の対象とすることは、川島武宜の『科学としての法律学』を始めとして、多くの研究者によってなされてきた。しかし、法の解釈を行なっている多くの研究者は、そのような角度から法解釈の性格を考えているわけではなく、法の解釈＝実践という主観的な見方をしているのではないか。

従ってそこでは、解釈者にとっての主観がそのまま解釈の客観的な性格として維持される。そこで、解釈において問題になる多くの客観的な要素が、解釈者の実践を規定するものとしてではなく、一面的に解釈者の実践に委ねられるものとして意識されることになる。このような解釈者の主観においては、妥当な解釈をするために、法の科学の成果を使うというように意識されることになろう。そこでは、法の科学は法解釈の手段として現れる。法の解釈＝実践という見解は、このような感覚を維持する働きをしている。

その意味では、政治学や歴史学などの多くの科学の成果の上に立って解釈を行なうべきだという主張も、主観的な解釈観と結びついている場合があるのではないか。法学の中に閉じこもって解釈をするのではなく、多くの科学の成果を利用しようとすることは望ましいことである。しかし、自分の仕事に利用するという観点からしか、他の学問を見ないということは勝手な話である。法解釈が他の学問の発展に何を貢献できるかという視点も必要である。このような視点が必ずしも十分に意識されないのは、解釈を主観的、一面的に実践と見るからではないであろうか。

法の科学を始め多くの科学の成果を利用すると、なぜ妥当な解釈をすることができるのか。それは、科学によって認識された社会のあり方や法則が、解釈者の実践を通して解釈を規定しているからである。言い換えれば、解釈による実践も現実の歴史社会の中で行なわれているからである。社会のあり方や法則を無視した解釈は現実とふれあうことがなく、あるいは予期しない結果を生むことになる。これらの点が無視され、法の解釈が主観的、一面的に実践として観念されると、法の科学の成果は実践的に利用すべきものとしてのみとらえられ、法の科学を法解釈の手段と見る見方が生み出されることになるのではないであろうか。

(3)　法の科学の内容

i　認識の実践からの分離

法の解釈論争の結果一般化したと思われる法の解釈＝実践、法の科学＝認識という二元論は、以上のように、法の科学を軽視し法の科学を法解釈の手段と見る見方を強化した。二元論はこのようにいわば外から法の科学に否定的な作用を及ぼしたばかりではなく、法の科学の内容も歪める働きをしたと思われる。この立場は法の科学＝認識とするが、問題のある科学観、認識観を前提としており、その問題性を一層強めてきたのではないであろうか。その一つは、法の科学を実践から分離された非主体的、受動的なものと見ているのではないかという点である。

法の解釈＝実践、法の科学＝認識というとき、法の解釈の実践性が強調される反面、認識は非実践的なものとされている。実践的な要素は法の解釈に集中され、法の科学はあたかも実践的要素と無関係であるかのように見られている。二元論的立場を徹底させていた宮沢が、「法の解釈における それ（人間の精神作用の性質――浦田）は排他的に実践的であり、法の科学におけるそれは排他的に理論的である」(57)と言うとき、科学の非実践的性格が強調されている。このような科学観は、実践から切り離されて対象を非主体的、受動的に眺めるという認識観を一般的に前提にしているようである。

確かに認識は認識客体が認識主体に反映したものである。しかし、認識が実践的、主体的に行なわれることが無視されると、そのような認識論はいわゆる「観照的唯物論」(58)になってしまう。(59)実践的唯物論か観照的唯物論かの前に、法学における一般的な認識論がそもそも唯物論になっているかどうかは大いに問題のあるところであるが、その点については後で検討する。

認識活動は客体と主体の間の相互作用として行なわれる。本来科学的認識は、労働を基本的な形態とする実践の中に、本質的な契機として内在していたものである。分業と階級分裂の進行とともに科学的認識は実践から相対的に自立して行なわれるようになったが、科学的認識が社会的実践の部分過程であることに変わりがない。従って、認識は直接的には個人によって行なわれる場合でも、それは社会的な性格を持っている。

このような認識活動の実践的な性格は、認識内容の真理性の基準の問題と関わってくる。すなわち認識の真理性は実践によって検証される。もちろんそのことは、実践に役立つかどうかによって、認識が真理かどうか決まるということではない。真理は認識の内容と認識の対象が一致することである。しかし、そのことを何によって検証するかが問題であって、非実践的に眺めてみて一致していると感覚的に感じられるということは、認識が真理であることの証明にならない。このように認識の真理性を認識自身の中に求めることはできないのであって、認識から相対的に自立している、「実践、すなわち実験と産業」[60]によらなければならない。この場合、「産業」は広く生産的活動のことを意味していると考えられる。[61]実践は現実に対する直接的な働きかけとして現実性を持ち、普遍的な観念を持って目的意識的に行なわれる活動として普遍性を有する。これらの点から、実践は認識の真理性の基準となることができる。認識の真理性は複雑な問題であるが、最も基本的な観点として以上のことはやはり重要であると考えられる。

以上のように、認識が本来実践的過程に媒介されることによって成立するものであるとすれば、法の科学＝認識と言うときにも、実践との統一の観点が必要である。従って、多様な実践の中に法の解釈を注意深く位置づけながら、法の科学と法の解釈の統一、法の解釈による法の科学の検証も考えられなければならない。念のためつけ加えれば、この場合法の解釈は、法の適用を含む社会的作用としてとらえられている。

ii　観念論的認識論

法の科学＝認識、法の解釈＝実践と言うとき、それは受動的・観照的な認識観と結びついていると指摘したが、それは一般的、無自覚的に科学が考えられている場合である。認識と実践を峻別する立場に立ちながら科学の方法が自覚的に追究されるときは、むしろ逆に主体的側面を一面的に強調する観念論的な認識論が存在していることが多い。法の解釈と法の科学を峻別する二元論は、事実認識と価値判断、理論と実践を峻別する立場を一般的に前提にしている。この立場に立った社会科学方法論では、観点の主観性が強調される。その代表的な論者は、言うまでもなくマックス・ウェーバーである。[62]

この立場によれば、現実は無限に複雑であるから、それをすべて認識しつくすことは不可能である。研究者の側の一定の観点から見て重要な側面だけが、認識の対象となる。従って、社会科学における認識は、観点を前提とする。しかし、研究者の観点はその価値観とつながり、どれが正しい観点かは言えない。歴史上の因果関係を確定するためには、いくつか考えられる原因の中から、もしある原因がなかったとしたら別の結果になった「客観的可能性」があったかどうかを考えて、「適合的因果連関」を見つけ出す必要がある。「理念型」は一定の観点からこの「客観的可能性」の考え方を利用して構成したものであって、現実を表現したものではない。

この立場が観点の重要性を指摘している点は重要である。認識が受動的、非主体的なものではなく、能動的、主体的な作用であることは、すでに強調したところである。しかしウェーバー主義が観念論的傾向を持っていることはやはり否定できない[63]。一定の観点から客体の限られた側面しか認識できないとしても、その認識は客体が主体に反映したものである。その点に注意を払わないのは観念論である。従って、一定の観点に基づく概念にも、客体をより正確に反映したものとそうでないものの違いが存在する。法則性のとらえ方をめぐって、多様な仮説が存在する。しかしながらウェーバー主義では、客体の中に法則性があるのではなく、法則性を主体の知識の問題と見る傾向があり、少なくとも法則性の客観性については曖昧である。研究者個人の認識を見れば、認識は一定の観点からの極めて限られたものになるが、多くの人間の歴史を通じた社会的実践によって客体のより豊かな認識を実現することができる[64]。

よく知られているように、どの観点が正しいかは認識主体の価値観につながり、神々の闘争の問題に過ぎないとするのが、ウェーバーの立場である。しかし、認識主体が取り上げることができる問題は、現実によって客観的に制約されている。従って、「人々はただ解決し得る問題をしか提出し得ない[65]」と言うこともできる。客観的制約を越えた問題を主観的に提出しても、それは現実と関わることがなく、意味を持たない。また、観点の重要な要素をなす価値観についても、単なる神々の闘争の問題と見るのは、行き過ぎた考え方であろう。「人間の完全な回復によってだけ自分自身をかちとることのできる領域[66]」をなす最底辺の社会層の立場に立つことが、客体をより正確に認識することができる可能性を一般的に与える。

しかし最底辺の社会層の立場に立って認識するということには、注意すべき点が含まれている。この立場に立ちさえすれば、自動的に正しい認識ができるわけではないのはもちろん、最底辺の社会層の立場という一般的な立場と、個々の認識における観点との関係は、そのこと自身が論争の対象となる複雑な問題である。しかしより根本的な問題は、最底辺の社会層の立場に立とうと主観的に努力することや、その立場に立っていると自分で宣言することは、客観的にその立場に立っていることを意味するわけではないということである。さらに言えば、認識は客体の主体への反映であるという唯物論の見地に立つということは、その見地に立とうとしている認識主体の個々の認識が客体を正確に反映していることを意味しない。

これらは当然過ぎることであるが、この種の思い違いやすりかえは度々繰り返されてきた。その場合には最低辺の社会層の立場に立っている者の認識は正しく、その立場に立っていない者の認識は間違っていると簡単に考えてしまい、そこから思想の自由に注意を払わない態度が出てきやすい。従って、観点の複数性を認めないと思想の自由を否定することになるというウェーバー主義者の心配[67]は、理由のないことではない。

しかしだからといって、観点を主観的な神々の闘争の問題にしてしまうウェーバー主義の議論は正確ではないと思われる。認識主体が最低辺の社会層の立場に立っているかどうか、認識を正確に行なっているかどうかは、実践によって検証されるべきことである。実践による検証を速かに行なうためには、社会全体における思想の自由の保障や民主主義の徹底が不可欠である。従って、学問方法論として最低辺の社会層の立場に立つことを提案すること自体が、思想の自由の抑圧をもたらすものではないと思われる。社会的実践と離れたところで研究者個人の観念的な認識を考える立場では、社会全体にとっての思想の自由の必要性を基礎づけることはできないのではないであろうか。

法の解釈＝実践、法の科学＝認識という二元論の基礎にある観念論的認識論には、以上のような多くの問題点が含まれている。

iii　認識の一面化

法の解釈と法の科学を峻別する立場が、そうする理由の一つは、法の科学としてあることが言えたとしても、そこから直ちにそれを肯定するような解釈をすべきだということにならないということであるように思われる。ところが、そう考える前提には、法現象を矛盾のない固定した非常に一面的なものと見る態度が存在しているのではないであろうか。

法の科学と法の解釈は直結しないということは多くの場面で言われるが、例えば明治憲法についてしばしば言われる。すでにふれた「憲法学の方法」に関する討論の中でも、美濃部憲法学と鈴木憲法学、明治憲法と日本国憲法を比較しながら、「明治憲法の場合に科学的認識の結果得られた命題を、解釈論の結論として出さなくてはならないかどうか」という疑問が出されている。(68) これはよく言われることである。そうであるとすれば、憲法科学と憲法解釈は峻別すべきことになる。明治憲法との対比において日本国憲法の場合には、科学の結論を解釈としてそのまま出すことがなされるとしても、それはそうすることが適当だと判断されるからであって、科学と解釈を峻別すべきことには変わりがないということになるのである。

しかし、そこで前提とされている明治憲法の科学的認識とされているものは、君主主権、皇室中心主義、天皇大権、反民主的な二院制、統帥権の独立、天皇の内閣、臣民の権利という点で、明治憲法の特質を理解する鈴木安蔵による認識である。これは明治憲法の専制的側面を強調したものである。このような認識を前提にして、科学と解釈は直結しないということが言われているのである。

もっと一般的に言えば、科学の問題としては、ある法の本質は非民主的なものだとして、解釈論としては、できるだけ民主的な結論が出るように解釈すべきだとされる。このような議論は割合多い。しかしそこでは法の認識があまりに一面的で固定的である。法規範の中の矛盾や、法をめぐる社会的対抗がとらえられる必要がある。沼田稲次郎は、「法の公共性（仮象）と階級性（本質）との矛盾」という観点から、この問題を分析している。(69)

法現象は矛盾を含み変化するものであるから、法の解釈を含む法的実践が可能となる。法現象が矛盾の無い固定したものであれば、そもそも法の解釈や法的実践ということは起りえない。解釈の結論は解釈者の解釈を通して下されるが、そのような解釈の可能性は法現象の認識の中に示されていなければならない。

さきほどの明治憲法の例に戻れば、以上のことは明治憲法の認識と解釈についても言える。最も専制的で非民主的な憲法である明治憲法も、立憲主義の外見は一定の範囲で持っていた。明治憲法の成立は自由民権運動とそれに対する弾圧という闘争の結果であり、その運用は資本主義の展開に伴う階級・階層間の闘争の中で行なわれた。従って、美濃部達吉による明治憲法の民主的解釈の可能性が小さいながらもあったのであり、それが一定の現実的な力を持ったことは、その限界とともに、歴史によってすでに検証されているところである。その意味では、美濃部達吉は自覚的に憲法科学に取り組むことはなかったが、憲法解釈への取り組みを通して、結果的には憲法現象の一定の側面を認識していたと言うことができる。

以上の考察からすれば、認識論としては明治憲法は専制的なものであるが解釈論としてはできるだけ民主的に解釈してもよいのではないかと考える態度は、明治憲法に関わる法現象の矛盾した側面としてまず認識されるべきことが、認識と解釈の峻別の問題として意識されたものと言うことができる。このように解釈を科学から切断（し、場合によっては次に結合）する態度は、解釈を観念的なものにするとともに、認識を矛盾のない固定した一面的なものにしてしまう働きをしている。(70)

おわりに

法の解釈論争の結果一般化した法の科学と法の解釈の二元論は、以上のように法の科学の展開に多くの否定的影響を及ぼしたと考えられるが、当然のことながら法解釈の発展も歪めてきた。実践の名による恣意的解釈（科学と切断された解釈）(71)、説得力の優劣にもたれかかる解釈の技術化(72)、無原則的利益考量による法解釈の崩壊、解釈者の責任の観念化(73)などの問題を指摘することができるが、これらの点については法の科学における問題を検討する中で若干ふれた。

法の科学と法の解釈の統一の必要性はしばしば指摘されてきた。しかしそれは、理論と実践を統一する方法論を基礎にして初めて可能となることであって、理論と実践を峻別する立場に立ちながら法の科学と法の解釈の統一を主張しても、それは両者の主観的な結合に終わるのではないであろうか。やや安易に法の科学と法の解釈の二元論を前提にしている場合が少なくないように思われるので、ここではその問題点を敢えて強調した。

法学において法の解釈は言うまでもなく重要であり、相当のエネルギーが法の解釈に割かれるのは当然である。しかしながら、法の科学がもっと重視され、法の科学にもっとエネルギーが割かれるべきだと私には思われる。戦後社会が未だ不安定で確立する前には、このような法学のあり方を追求する試みが見られた。それは抽象的な構想であったかもしれないが、それを具体的に追求することはやはり重要だと思われる。

本論文を最初に発表した一九八四年の段階で、道徳哲学を基礎に置いた法学の動きは気になっていた。しかし、法の科学を対象とし法の解釈論争に焦点を当てた本論文では、取り上げられていない。道徳哲学を基礎に置いた法学では、法学の科学化の方向ではなく、法解釈の学問的重要性を強調する。また、法解釈の社会的基礎より、その思想的一貫性を問題にしているように思われる。これらの点で、道徳哲学を基礎に置いた法学は重要な問題を取り上げていると考えられる。しかしながら、社会や歴史から抽象化した法理論の形式を採りつつ、実質的には歴史や社会に関する部分的・断片的な認識を取り込んでいるように思われる。従って、法の科学の自覚的な研究の必要性は一層増していると考えられる。また道徳哲学を基礎に置いた法学が有力化することには、どのような社会的背景があるのかを研究することも、法の科学の任務であろう。多様な背景があるであろうが、抽象的な理論は普通の国家・憲法論を前提にしており、実質的にはアメリカを中心にしたグローバリズムが背景になっていることもあるように私には感じられる。

本論文で法の科学と戦後日本資本主義の展開の関係を指摘する場合、その反面で抽象的には社会主義を意識していた。また学問方法論として、マルクス主義に相当程度関心を寄せている。その後、東欧で社会主義が崩壊し、マルクス主義も著しく影響力を失った。これらの事態には社会主義やマルクス主義の理論的問題にも原因があったのであり、そのどこが批判・克服され、どこが継承・発展させられなければならないかについて、慎重に判断しなければならない。現時点で最小限の補正を加えたが、大筋において議論に意味があると考えた。労働者を過労死に追いやる日本資本主義と、南北問題を深刻化させているグローバル資本主義に関する社会科学が必要であり、その中で法の科学も役割を果たすべきだと考えている。

（1）　憲法科学の歴史的展開を整理したものとして、影山日出彌「『科学的』憲法学――系譜と展開――」公法研究三一号一一頁以下（一九六九年）、上野裕久『憲法社会学』三〇頁以下（勁草書房、一九八一年）。憲法解釈を含む憲法学の歴史的展開について、鈴木安蔵編『日本の憲法学——歴史的反省と展望——』（評論社、一九七三年）、阿部照哉「戦後憲法学の課題」ジュリスト六三八号（日本国憲法——三〇年の軌跡と展望）七六頁以下（一九七七年）。より一般的なものとして、潮見俊隆編『戦後の法学』（日本評論社、一九六八年）、川島武宜編『法社会学講座』二巻（法社会学の現状）一八五頁以下（岩波書店、一九七二年）、天野和夫ほか編『マルクス主義法学講座』一巻（マルクス主義法学の成立と発展〔日本〕）（日本評論社、一九七六年）など。

（2）杉原泰雄ほか「憲法学の方法」法律時報四〇巻一一号（一九六八年）、特に奥平康弘「美濃部憲法学の方法と視点」五頁以下。

（3）森英樹「日本マルクス主義法学の前提」天野ほか編・前掲注（1）一巻三七頁以下。

（4）同「平野義太郎における法学と社会学」同七三頁以下。

（5）宮沢俊義「法律における科学と技術——または、法律における存在と当為」（一九二五年）『法律学における学説』三三頁以下（有斐閣、一九六八年）。

（6）同「国民代表の概念」（一九三四年）『憲法の原理』一八五頁以下（岩波書店、一九六七年）。

（7）宮沢の方法論については、杉原ほか・前掲注（2）、特に樋口陽一「宮沢憲法学の地位とその方法論上の特色」『宮沢憲法学の全体像』（ジュリスト六三四号）一六頁以下（一九七七年）、特に芦部信喜「宮沢憲法学の特質」三三頁以下、清宮四郎「美濃部憲法と宮沢憲法」（一九七七年）長谷正安編『憲法学説史』（『文献選集・日本国憲法』一六巻）一二八頁以下（三省堂、一九七八年）など。

（8）すでにあげたもの（注（5、6））以外に、『憲法の思想』（岩波書店、一九六七年）、『憲法と政治制度』（岩波書店、一九六八年）に収められたものがある。

（9）代表的なものとして、『憲法の歴史的研究』（叢文閣、一九三四年）、『日本憲法学の生誕と発展』（叢文閣、同年）、『憲法制定とロエスレル』（東洋経済新報社、一九四二年）など。

（10）鈴木の憲法学については、影山日出弥「科学的憲法学の生誕と終焉」鈴木編・前掲注（1）五一頁以下、同「憲法学とマルクス主義」天野ほか編・前掲注（1）一巻一一〇頁以下。

(11) 利谷信義「戦前の『法社会学』」川島編・前掲注(1)二巻二三五—二三六頁。
(12) 戦後憲法学の研究条件について、長谷川正安「戦後憲法学史の展開」公法研究四〇号六五頁以下(一九七八年)参照。
(13) 論争文献については、藤田勇・江守五夫編『文献研究・日本の法社会学——法社会学論争』(日本評論社、一九六九年)。論争を整理したものとして、同書中の「解説」二九三頁以下、長谷川正安『法学論争史』七頁以下(学陽書房、一九七六年)。
(14) 山中康雄「法範疇の発展ということについて」藤田・江守編・前掲注(13)八七頁以下。
(15) 杉原ほか・前掲注(2)五頁以下。
(16) 討論参加者が個別に法社会学論争について論じている場合がないわけではない。例えば、影山・前掲注(1)二〇頁。
(17) 長谷川正安『マルクス主義法学』(日本評論社、一九五〇年)があるが、これに目を通すことができなかった。これに加筆・訂正を行なって、『マルクシズム法学入門』(理論社、一九五二年)。
(18) その代表的な論文については、長谷川正安編『法学の方法』(『法学文献選集』一巻)一二一頁以下(学陽書房、一九七二年)。論争を整理したものとして、渡辺洋三『法社会学と法解釈学』三頁以下(岩波書店、一九五九年)、潮見編・前掲注(1)七〇頁以下、長谷川正安『憲法解釈の研究』七頁以下(勁草書房、一九七四年)、同・前掲注(13)八一頁以下、片岡昇「法の解釈・適用」天野ほか編・前掲注(1)三巻(法の一般理論)一七一頁以下(一九七九年)。
(19) 反響を呼んだのは、「法の解釈と法律家」私法一一号一六頁以下(一九五四年)であるが、同じ議論はすでに「法の解釈適用と法の遵守」法学協会雑誌六八巻五、七号(一九五〇、五一年)(長谷川編・前掲注(18)『法学の方法』一三七頁以下に収められている)で行なわれている。
(20) 川島武宜『科学としての法律学』(弘文堂、一九五五年)は、主として法の解釈という行為を科学的認識の対象としようとしたものであるが、法の解釈において価値判断が行なわれるということは前提にしている。
(21) 主な文献について、長谷川編・前掲注(18)『法学の方法』二一六頁以下。論争を整理したものとして、同・前掲注(13)一四七頁以下。
(22) 要約したものとして、渡辺洋三『現代法の構造』二八三—二八四頁(岩波書店、一九七五年)。戒能通厚ほか「座談会・現代法論争の到達点と課題」現代法一〇号四九頁以下(一九七九年)参照。
(23) 川島武宜「編集にあたって」同編・前掲注(1)一巻(法社会学の形成)vii頁。

(24) 同「法社会学の方法論について」法社会学二七号（法社会学の方法）二頁（一九七四年）。
(25) 法社会学二七号には、法社会学講座に現れた方法論を批判する論文が収められているが、この講座に一定の方法論的特徴を見い出している。
(26) 小林や上野が、すでに述べたような法社会学講座に見られる方法論的な特徴を共有しているというわけではない。
(27) 影山・前掲『現代憲法学の理論』一二―一三頁。同様の指摘がすでに同「現代法理論の展望・憲法」法律時報三七巻五号六八―六九頁（一九六五年）にある。
(28) 金子・前掲「社会科学としての憲法学を考える（三）」立正大学教養部紀要一一号二二頁（一九七七年）。
(29) 渡辺洋三『法社会学の課題』二七頁以下（東京大学出版会、一九七四年）。
(30) 同四六頁。
(31) 憲法社会学の問題点について、下山瑛二「公法学において法社会学の意味するもの」日本法社会学会編『法社会学の諸相』一七一頁以下（有斐閣、一九六一年）、森英樹「公法と法社会学」日本法社会学会編『日本の法社会学』一〇三頁以下（有斐閣、一九七九年）参照。
(32) 例えば、渡辺洋三『憲法と法社会学』（東京大学出版会、一九七四年）、同『一九八〇年代と憲法』（岩波書店、一九八一年）など。
(33) 渡辺・前掲注（29）五六頁。
(34) 上野・前掲注（1）一頁以下。
(35) 上野・前掲『国民の憲法意識』一頁以下。
(36) 上野・前掲注（1）一五―一六頁。
(37) 例えば、「めざましい進歩をとげつつある現代の行動理論や構造＝機能分析の諸理論は、憲法学にも新しい方法による沃野の開拓を約束しているといってもよい」と言っている（小林・前掲「法社会学と公法学」六六頁）。
(38) 渡辺・前掲注（29）五六頁。
(39) 同五五頁以下。
(40) 憲法の専門外の研究者による経験法学的憲法社会学研究は存在する。例えば、早川武夫「最高裁判所判決の尺度表分析」

前掲『経験法学の研究』二六九頁以下。
(41) 川島・前掲注(24)二一頁。
(42) ハンス・ケルゼン(横田喜三郎訳)『純粋法学』一二頁(岩波書店、一九三五年)。
(43) 同(森田寛二訳)「法学的方法と社会学的方法の差異について」『法学論』(ケルゼン選集・5)三頁以下(木鐸社、一九七七年)。
(44) 金子・前掲「社会科学としての憲法学を考える(三)」立正大学教養部紀要一一号三〇頁。
(45) 長谷川の三要素説(意識、規範、制度)と影山の四要素説(意識、規範、制度、関係)の対立があり、長谷川による再検討が行なわれている(「法の現象形態」天野ほか編・前掲注(1)三巻一四六頁以下)が、ここでは立ち入らない。
(46) 小林直樹「憲法解釈学の基本問題」田中二郎先生古稀記念『公法の理論』下Ⅰ一三五二—一三五三頁(有斐閣、一九七七年)参照。
(47) 同・前掲「法社会学と公法学」六二頁参照。
(48) 来栖・前掲注(19)「法の解釈と法律家」一九頁。
(49) 同・前掲注(19)「法の解釈適用と法の遵守」一四九頁。
(50) 長谷川・前掲注(18)『憲法解釈の研究』一一五—一一六頁。
(51) 碧海純一「現代法解釈学における客観性の問題」『現代法』一五巻(現代法学の方法)一一頁(岩波書店、一九六六年)。
(52) 杉原泰雄「報告・公法学における法解釈論争の系譜と意義」『法の解釈』(ジュリスト増刊)一一三頁以下(一九七二年)、および長谷川・前掲注(18)『憲法解釈の研究』四六頁以下。
(53) 俵静夫「学界展望・憲法(一)」公法研究一号一〇七—一〇八頁(一九四九年)。
(54) 阿部・前掲注(1)七八頁。
(55) 「来栖の主張が、すでに昭和の初期に発表された宮沢の解釈論の系譜をひくものであることは、……明白であろう」(長谷川・前掲注(13)九九頁)。
(56) 来栖・前掲注(19)「法の解釈と法律家」二四—二五頁。
(57) 宮沢・前掲注(6)一八六頁。

(58)「観照的唯物論、すなわち感性を実践的活動として把握することをしない唯物論」（マルクス「フォイエルバッハに関するテーゼ・第九」『全集』三巻五頁（大月書店、一九六三年））。
(59) 実践と科学的認識の関係については、岩崎允胤・宮原将平『科学的認識の理論』特に第一章「実践と科学的認識」一一頁以下（大月書店、一九七六年）によった。
(60) エンゲルス「ルートヴィヒ・フォイエルバッハとドイツ古典哲学の終結」・前掲注（58）二一巻二八〇頁（一九七一年）。
(61) 岩崎・宮原・前掲注（59）四八頁。
(62) マックス・ウェーバー（富永祐治・立野保男訳）『社会科学方法論』（岩波書店、一九三六年）。この立場に自覚的に立って、法の科学、とくに法史学の方法論を展開しているものとして、世良晃志郎『歴史学方法論の諸問題』（本鐸社、一九七三年）。
(63) この点については、荒川重勝「ヴェーバー主義批判――世良晃志郎の『社会科学方法論』の批判的検討――」天野ほか・前掲注（1）七巻（現代法学批判）特に二七七頁以下。
(64) エンゲルス「反デューリング論」前掲注（58）二〇巻八九頁（一九六八年）。
(65) 戸坂潤「イデオロギーの論理学（『問題』に関する理論）」（一九三〇年）『戸坂潤全集』二巻三六頁（勁草書房、一九六六年）。
(66) マルクス「ヘーゲル法哲学批判序説」前掲注（58）一巻四二七頁（一九五九年）。それを一九世紀のマルクスはプロレタリアートと規定したが、現在では南北問題や多様な社会的問題を考慮に入れて、最底辺の社会層ととらえるべきだと思われる。
(67) 世良・前掲注（62）一九―二〇頁。
(68) 杉原ほか・前掲注（2）二四頁（樋口陽一の発言）。
(69) 沼田稲次郎「労働法における法解釈の問題」長谷川編・前掲注（18）『法学の方法』一八二頁以下。
(70) 矛盾した要素について、認識の場面において階級的・専制的要素が主たる側面として、公共的・民主的要素が従たる側面として、しばしばとらえられる。解釈の場面においてその主従の関係が逆転させられて、公共的・民主的要素が強調され、階級的・専制的要素が抑制的に扱われることも少なくない。国民主権論について、本書二六六―二六七頁参照。
(71) 長谷川・前掲注（18）『憲法解釈の研究』二二五頁参照。

(72)　なぜある解釈は説得力を持ち別の解釈は説得力を持たないのか、その客観的な根拠が問題である。従って法解釈の優劣を主観的な説得力の問題に置き換えてしまうことはできない。

(73)　「単なる解釈者個人の道義的責任ではなく、法の変革という見地からの、政治的・社会的責任が問題」であるとする、片岡・前掲注（18）二一三頁参照。

第二部　憲法の解釈

9　国民主権

わが国における国民主権論争と関連して、以下の諸点を検討せよ。
(1)　国会法人説と国民主権
(2)　「資本主義憲法下においては、国民に帰属する主権は国家権力の実体ではなくその正当性を意味する」とする見解の妥当性
(3)　「ナシオン主権」・「プープル主権」と日本国憲法の国民主権

一　国家法人説と国民主権

1　主権の用法

国家法人説が登場する以前は、「主権」(sovereignty, souveraineté, Souveränität) という言葉は次のような意味で使われていた。

第一に、国家権力の属性を示すことがある。近代の国家権力について強調された最高・独立性のことを意味する。

国家権力は対外的に外国に対して独立し、対内的に国内の他の団体・個人に優位するとされてきた。この意味で国家主権と言われることが多く、これが主権の本来の用法である。日本国憲法前文三段が「自国の主権を維持」と言っているのは、これである。国家主権は、現実政治の中で対外的にはアメリカと日本の間、および日本とアジアの国々の間の両側面で緊張をはらんでいる。対内的には、大きくは国家権力の資本への従属によって、小さくは主権者構成員である労働者・市民に対する企業などの各種社会団体による支配（企業ぐるみ選挙など）によって脅やかされている。

第二に、国家主権の観念が確立していくとともに、「主権」という言葉は、最高・独立とされた国家権力（Staats-gewalt, puissance d'Etat）自体の意味に転化して使われるようになった。「国家の包括的統一的支配権」、「国家の支配的意思力」と説明されることもある。君主主権や国家主権という場合の主権は、この意味の主権が誰に属するかを示してきた。前文一段が「主権が国民に存する」とし、一条後段が「主権の存する国民の総意」と言っているのは、この意味である。ただし、国家法人説に立てば、後で見るように別の説明の仕方になる。

2　国家法人説

これは、国家に法的な権利・義務の主体性を認める学説であって、一九世紀ドイツ国法学によって発展させられた。この国家法人説と結びついた国家主権説では、すでに見た第二の意味での主権、すなわち国家権力を、法人である国家に帰属させる。従ってここで言う国家主権説は、さきほどの第一の意味で国家の最高・独立性を示すために国家主権と言うときとは、区別しなければならない。

国家法人説の完成者であるイエリネックによれば、国家は権利の客体でも権利関係でもなく、権利の主体としてとらえられる。すなわち、主権の主体は君主でも国民でもなく、国家である。その国家は法的には「始源的な支配力を備えた定住せる国民の社団」として定義される」(1)。主権も法的拘束を受けるが、それは国家の決定によるとして、主権は「排他的な自己決定の能力」(2)ととらえられる。

国家は国家機関を通じて活動し、国家機関の意思が国家の意思とみなされる。種々の国家機関の中で最高の決定権力を有する機関が、最高機関とされる。この最高機関の権限の意味で主権という言葉が使われることがある。国家法人説と国家主権説を前提にすると、君主主権や国民主権は最高機関権限のありかを示す原理としてとらえられることになる。

「法秩序の人格化」としての国家を想定し(3)、あるいは実定法上の技術的な意味で国家に法人格が認められることはある。ただし、その法人格を、国家権力ではなく、イエリネックの言うような国民共同体としての国家に認めなければならないかどうか。その点は吟味してみる必要がある(4)。

しかし、このような意味を超える国家法人説・国家主権説の理論は、君主主権と国民主権の間の争いを回避するという、一九世紀ドイツ立憲君主政の歴史的・政治的必要性によって説明されるべきものである。この理論は、君主を主権者の地位から最高機関の地位に引きずり降ろすことによって、君主に対する一定の立憲的統制を可能にした。しかし他方で、支配者である君主に対する国民の反感を逸らしつつ、なお君主に最高機関の地位を確保することも可能にした(5)。また国民主権の要求を最高機関権限の問題に解消する働きをした。

3　国民主権との関係

日本国憲法の下で一九四〇年代の後半に行なわれた国体論争において、国民主権の理解について国家法人説が一定の役割を果した(6)。その後も国家法人説的思考は多かれ少なかれ日本国憲法下の国民主権論に影響を及ぼしている。国家法人説的国民主権論によれば、国民が国家権力の意味での主権の主体になることが論理的に否定され、そのための積極的な憲法解釈・運用の可能性が封じられる。このような立場では、国民主権は憲法上の制度を説明するだけの原理になってしまう。従って、国民主権は始めから象徴天皇制と矛盾の無いものとして構成され、天皇制の拡大運用を許容しがちになる。

また国民は、国会議員を選出する創設機関、および第二次機関である国会によって代表される第一次機関としてとらえられる。従って、選挙など、憲法上明示された手続を除けば、国会に対する働きかけなどの政治参加は認められないことになる。さらに、参政権は、主権者を構成する市民の権利ではなく、国家機関である選挙人団の公務としてとらえられ、このような立場では参政権に対する制限（公選法一一条など）を広く許容する傾向が出てくる。

しかし、国家法人説によれば、「国家の最高機関」（四一条）は、最高法規である憲法（九八条一項）の改正について投票を行なう国民（九六条一項）になるはずであるが、憲法はそれを国会であるとしている。そのことは、単なる最高機関ではなく国家権力の意味での主権の主体として、国民を別格扱いしていることを意味している。すなわち日本国憲法は国家法人説に基づかずに制定され、それによっては説明のつかない構造を持っている。

二　実体と正当性

1　問題の整理

問題とすべき主権が、すでに検討した国家権力の意味であるとしても、実体と正当性のどちらに焦点を合わせてそれをとらえるかが問題になる。これは古くから存在する問題であるが、七〇年代主権論争においては杉原泰雄が実体説に、樋口陽一と影山日出弥が正当性説に立った。この説問における「国民」は、観念的な国民（ナシオン）と実在する人民（プープル）の両方の意味で問題にすることができる。二つの言葉の意味については後で説明することにして、特に断らない限り、ここでは後者の意味で「国民」という言葉を使うことにする。この問題を検討するためには、問題の意味を次のような点で整理することが必要である。

第一に、ここでの国家権力は、「国家の支配的意思力」と定義されることがあるように、限定された法的視角からとらえられた国家権力である。すなわち、意思決定の側面からとらえられた国家権力が問題となっているのであって、国家権力の社会的・階級的本質の問題とは区別しなければならない。またその意思決定についても、有権者や議会による法的なものが論じられているのであって、政治家、財界、外国政府、圧力団体などによる、政治的に重要な意思決定の現象とも区別する必要がある。

第二に、「国家の支配的意思力」の帰属の問題といっても、帰属の事実ではなく、帰属の規範が問題となっている。それが実際に国民に帰属しているかどうかではなく、実定憲法上帰属すべきものとされているかどうかが問題である。第三に、国家権力が国民に帰属すべきものとされているかどうかといっても、科学と解釈の両面から問題にできる。すなわち、科学的認識の次元で帰属すべきものとされているかどうかという問題と、帰属すべきものとして解釈論的に構成するのが妥当かという問題である。ここでは前者を中心に検討する。

2　説の検討

実体説でも以上の点を認めているので、この立場では主権を国家権力の実体と見ることに障害は無いと考えるようである。確かに、この実体を国民に完全に確保させる法制度は、憲法上保障されていない。従って、実体としての主権の主体は実在するプープルではなく、観念的なナシオンであると説明されることになる。それに対して正当性説では、国民に実体を確保させる法制度が憲法上保障されていないことを理由に、主権を国家権力の正当性に過ぎないと見る。

しかし、私は実体説を採ってよいのではないかと考えている。正当性論者も、制限選挙制度が存在している段階では、ナシオン主権が採られていると見る。従って、主権主体はプープルではないのであるから、主権を正当性と見なければならない理由は無いはずである。(7) また正当性論者は、男子普通選挙制度が確立した以降は、プープル主権が採られていると見るが、後で検討するように、そう見なければならないかどうかには疑問がある。

解釈論の場面でも、主権を国家権力の正当性ではなく実体と構成したほうが、より強い解釈効果を引き出せるように思われる。

三　「ナシオン主権」・「プープル主権」と日本国憲法の国民主権

1　ナシオン主権とプープル主権

二つの主権原理の区別は、フランス憲法学を基礎に置いて、七〇年代主権論争の中で提起された。その理解の仕方は、主権概念の理解の仕方と関わって一様ではないが、ここでは杉原説によりながらごく簡単に述べておく。

プープル主権（souveraineté populaire）における主体は、「社会契約参加者の総体」として具体的な存在である。従って、プープル（peuple）は意思能力を持ち、自分で主権を行使することができる。そこから、普通選挙はもちろん、人民投票、命令的委任（選挙民による議員の意思拘束）、リコールなどの制度が要求される。それに対してナシオン主権

（souveraineté nationale）では、主体は「国籍保持者の総体」として抽象的観念的な存在とされる。従って、ナシオン（nation）は意思能力を持たず、主権行使は代表によってなされる。プープルは主権者ではないから、命令的委任を禁止することも、制限選挙を行なうことも可能である。

プープル主権は市民革命の中でサン・キュロット（都市の民衆）によって主張され、一九世紀を通じて社会主義思想やパリ・コミューンによって資本主義憲法の外でその構想が発展させられた。(8) ナシオン主権は市民革命期に資本家階級によって打ち出され、制限選挙が行なわれていた一九世紀半ばまでは、このような主権原理が採用されていたと見るのが一般的である。

男子普通選挙制度が確立した一九世紀後半以降の主権原理について、議論が分かれている。杉原説では、プープル主権に必要とされる命令的委任などの制度が欠けていることなどを理由に、なおナシオン主権と見る。樋口説では、この段階で代表者と被代表者の意思の一致という「事実の世界における建前」(9) が採られていると見る。その建前に関して具体的な法制度は存在しないが、次回選挙での落選可能性のサンクションが働くことなどを理由に、そこではプープル主権が採られているとする。しかしそれは、命令的委任などの法制度を備えたものとして、民衆によって主張されてきた資本主義憲法外のプープル主権とは異なるものということになる。

法規範も社会運動や階級闘争の産物である以上、法規範内部に矛盾が存在するのは一般的な現象であり、抽象的な原理と具体的な制度との間においてもそうである。そのような法現象をとらえる場合に、主権原理の「真の構造」を「国権行使の制度から合論理的に帰納」(10) させる方法が適当かどうかについて、疑問がないわけではない。しかしこのような方法に立つ限り、この段階の主権原理もナシオン主権と見るべきことになろう。この立場では、矛盾は「主権原理における表現の問題」とその「法概念」との間に存在すると説明される。(11) 表現の問題とは、表現上ナシオン主権とプープル主権が紛らわしいということであろう。そして民衆の政治参加の増大は、ナシオン主権の展開としての、プープル主権への傾斜ととらえられることになる。日本国憲法もこのような段階の憲法である。

2　日本国憲法の解釈

主権原理の表現やプープル主権への傾斜から、日本国憲法にはプープル主権原理の外見が存在している。[12] そのこと、その原理から見て不十分な制度との間に矛盾があると見ることができる。従って、プープル主権とナシオン主権のそれぞれに引きつけて解釈できる可能性がある。しかし、普遍的な課題を含んだプープル主権の原理を明確にしつつ、その原理にできるだけ適合するように制度の理解を構成するのが、正当な解釈のやり方であろう。[13]

主権主体の「国民」（前文一項・一条）は、最高裁判所裁判官の審査（七九条二—四項）や憲法改正の投票（九六条一項）を行なう主体と同じ言葉で表現されている。また人権の主体も「国民」とされている（三章）。従って、主権主体の国民も、これらの手続に参加し人権を享受できる市民の総体として、具体的なプープルととらえるのが自然である。前文一項の主権原理の説明も、「福利」という具体的なものを享受できる具体的な「国民」を想定しているように思われる。ただし、政治的判断能力を有しない未成年者は、性質上主権主体から除かれる（一五条三項参照）。

公務員を選定・罷免する「国民固有の権利」（一五条一項）も、プープル主権原理の表明と見ることができる。この規定は、代表のプープルからの独立可能性というナシオン主権的観念を、原理的に否定している。従って、普通選挙（一五条三項）、国会議員の選挙（四三条一項）、地方公務員の選挙（九三条二項）、最高裁判所裁判官の国民審査（七九条二—四項）、地方特別法の住民投票（九五条）、憲法改正の国民投票（九六条一項）などの参政手続は、最大限の活性化が要求される。

ナシオン主権的規定は、できるだけプープル主権的に再構成する必要があり、またそのことが可能であるように思われる。国民は「代表者を通じて行動」することが要求されている（前文一項）が、これは通常の形を述べたに過ぎず、絶対的な原則ではない。すでに見たように、憲法改正の国民投票その他の規定によって、国民が直接に行動することを憲法自身が認めている。絶対的な原則でないことは、そのことから明らかである。また、「代表者を通じて行動」することは、代議制度を認めているに過ぎず、代表者の国民からの独立を意味するものではない。むしろ代表の前提として「正当に選挙」（四三条一項）されることを要求することによって、憲法は国民と代表者との結合を示唆しているように思われる。

すでに検討したように、国会の「国権の最高機関」規定（四一条）は国会の国民からの独立を意味しない。これは、国民が単なる国権の最高機関ではなく、主権者であることを前提としている。また、プープル主権的議会中心主義を可能な限り実現することを要求している。ただし、裁判所の違憲審査権（八一条）は、精神的自由権や参政権の保障などを通じて、プープル主権の正常な運用を確保する意味を持ち、軽視すべきではない。プープル主権的制度が不十分であるだけに、なおさらそうである。

国会議員の全国民の代表規定（四三条一項）は、命令的委任の禁止を明示していない。政治的現実の中で命令的委任がプープル主権のために機能しないことが示されない限り、命令的委任的方向が追求されるべきであろう。プープル主権の原理からすれば、議員の無答責（五一条）は国民に対する無答責を意味することはありえない。政治責任の追求は当然のことである。プープル主権原理と結局は矛盾する象徴天皇制は、憲法上可能なところまで縮小し形式化することが要求される。

（1） G・イェリネク（芦部信喜ほか訳）『一般国家学』一四五―一四六頁（学陽書房、第二版、一九七六年）。

(2)　同三八二頁。
(3)　ケルゼン（清宮四郎訳）『一般国家学』一二八頁（岩波書店、改訂版、一九七一年）。
(4)　中村哲『主権』（日本評論社、一九五二年）。
(5)　川北洋太郎「国家の本質・学説」田上穣治編『体系憲法事典』一四—一五頁（青林書院新社、一九六八年）。
(6)　宮沢俊義『憲法の原理』二八五頁（岩波書店、一九六七年）など。
(7)　杉原泰雄『国民主権と国民代表制』三三二頁（有斐閣、一九八三年）。
(8)　杉原泰雄『人民主権の史的展開』（岩波書店、一九七八年）。
(9)　樋口陽一「『半代表』の概念をめぐる覚え書き・補遺」法学四四巻五・六号二七九頁（一九八一年）。
(10)　杉原泰雄『国民主権の研究』三六頁（岩波書店、一九七一年）。浦田一郎『シエースの憲法思想』一四三頁（勁草書房、一九八七年）。
(11)　杉原・前掲注（7）一一八頁。
(12)　影山日出弥「今日における主権論争と主権論の再構成」杉原泰雄編『国民主権と天皇制』（文献選集日本国憲法2）一一三頁（三省堂、一九七七年）が、「表象上の『プープル主権』」と言っているのが、ほぼこれに当たるであろう。
(13)　認識の場面と解釈の場面において、階級的・専制的要素と公共的・民主的要素の主従の関係がしばしば逆転させせられることについて、本書二四六—二四八頁参照。

10　日本国憲法の原理と国民主権

一　上　諭

〔上　諭〕

朕は、日本国民の総意に基いて、新日本建設の礎が、定まるに至つたことを、深くよろこび、枢密顧問の諮詢及び帝国憲法第七十三条による帝国議会の議決を経た帝国憲法の改正を裁可し、ここにこれを公布せしめる。

御名御璽

昭和二十一年十一月三日

内閣総理大臣兼
外　務　大　臣　　吉田　　茂

国務大臣　男爵　幣原喜重郎

司　法　大　臣　木村篤太郎

内務大臣　木村　清一
文部大臣　田中耕太郎
農林大臣　和田　博雄
国務大臣　斎藤　隆夫
通信大臣　一松　定吉
商工大臣　星島　二郎
厚生大臣　河合　良成
国務大臣　植原悦二郎
運輸大臣　平塚常次郎
大蔵大臣　石橋　湛山
国務大臣　金森徳次郎
国務大臣　膳　桂之助

1　上諭の法的性格

公式令三条は、「帝国憲法ノ改正ハ上諭ヲ附シテ之ヲ公布ス」としており、これにならって日本国憲法にも上諭が付けられた。帝国憲法（明治憲法）の上諭は日本国憲法の前文に当たるものであり、帝国憲法の一部を構成する。それに対して日本国憲法の上諭は公布文であり、日本国憲法の一部を構成するものではない。

2　帝国憲法の改正手続

帝国憲法七三条によれば、帝国憲法を改正するときは、勅命を以て議案を帝国議会の議に付すことになっていた（明憲七三条一項）。その場合、貴族院と衆議院の各院でその総議員の三分の二以上の出席で議事を開き、出席議員の三分二以上の多数で議決を行なうことになっていた（明憲七三条二項）。さらに枢密院官制六条によって、帝国憲法の改正は枢密顧問の諮詢を経る必要があった。また、天皇の裁可と公布も必要であった。

「枢密顧問」は、帝国憲法五六条によって、天皇の諮詢に応じて重要な国務について審議することになっており、官制では「枢密院」と呼ばれていた。「諮詢」は、意見を聞くことを意味する。「裁可」は、天皇の承認または同意を意味する。帝国憲法の下では、法律は天皇の意思と帝国議会の意思の合致によって成立し、天皇の意思が「裁可」（明憲六条）で、帝国議会の意思が「協賛」（明憲五条）である。憲法の改正は、「勅命」による発案、帝国議会の「議決」、天皇の「裁可」が必要とされていた。「公布」（明憲六条）は、成立した法令を国民に知らせることである。「御名」は、ここに天皇の署名があることを示しており、「御璽」は天皇の印章である。

上諭では、帝国憲法七三条の手続に従って憲法の改正が行なわれたことになっているが、実際には厳密にその手続に従ったわけではなかった。憲法改正の発案権は天皇に専属していたから、議会の修正権は発案された事項の範囲内に限定されると解されていたが、実際には範囲外の修正も行われた。

なお、衆議院議員は、一九四六年四月一〇日に行われた男女平等の普通選挙によって選出されていたが、貴族院議員は皇族、華族および勅任された議員（明憲三四条）のままであった。

二　前文

〔前　文〕

日本国民は、正当に選挙された国会における代表者を通じて行動し、われらとわれらの子孫のために、諸国民との協和による成果と、わが国全土にわたつて自由のもたらす恵沢を確保し、政府の行為によつて再び戦争の惨禍が起ることのないやうにすることを決意し、ここに主権が国民に存することを宣言し、この憲法を確定する。そもそも国政は、国民の厳粛な信託によるものであつて、その権威は国民に由来し、その権力は国民の代表者がこれを行使し、その福利は国民がこれを享受する。これは人類普遍の原理であり、この憲法は、かかる原理に基くものである。われらは、これに反する一切の憲法、法令及び詔勅を排除する。

日本国民は、恒久の平和を念願し、人間相互の関係を支配する崇高な理想を深く自覚するのであつて、平和を愛する諸国民の公正と信義に信頼して、われらの安全と生存を保持しようと決意した。われらは、平和を維持し、専制と隷従、圧迫と偏狭を地上から永遠に除去しようと努めてゐる国際社会において、名誉ある地位を占めたいと思ふ。われらは、全世界の国民が、ひとしく恐怖と欠乏から免かれ、平和のうちに生存する権利を有することを確認する。

われらは、いづれの国家も、自国のことのみに専念して他国を無視してはならないのであつて、政治道徳の法則は、普遍的なものであり、この法則に従ふことは、自国の主権を維持し、他国と対等関係に立たうとする各国の責務であると信ずる。

日本国民は、国家の名誉にかけ、全力をあげてこの崇高な理想と目的を達成することを誓ふ。

1　日本国憲法制定の法的性格

日本国憲法は、上諭によれば、「朕は……帝国憲法の改正を裁可し」として、帝国憲法の改正による欽定憲法の形式を採っている。他方で内容的には、前文一項で、「主権が国民に存する」として、国民主権に基づいて制定された民定憲法とされている。この矛盾をどう説明するかについて、学説が分かれている。

第一に　日本国憲法は無効だとするものがある（日本国憲法無効説）。その一つは、憲法の改正には限界があり（憲法改正限界説・無限界説については、九六条の解説参照）、天皇主権から国民主権への転換は憲法改正の限界を超えており、日本国憲法は無効だとする。もう一つは、日本国憲法の制定が占領下で占領軍の干渉の下で行なわれたので、日本国憲法は無効だとする。しかしながら前者については前の憲法を基準に後の憲法の有効性を論ずることに問題があり、後者については占領軍の干渉は違法とは言い切れないとする反論が出されている。六〇年近く存続してきた日本国憲法は、有効なものとして解釈すべきものであり、無効説はほとんど支持されていない。

第二に、日本国憲法を帝国憲法の改正と見る説（帝国憲法改正説）があり、佐々木惣一説がその代表的なものである。この説は、憲法の改正には限界が無いとする前提に立っている。また日本が一九四五年八月に受諾したポツダム宣言一二項は、「日本国国民の自由に表明せる意思」に従った政府の樹立を要求しているが、これは連合国の意思ではなく「日本国人」（日本の国籍保持者の全体）の意思を要求したものであり、天皇主権や帝国憲法を排除したものではないと説明する。これに対して、基本原理の変更は改正の限界を超えているとする立場からの批判が多い。またポツダム宣言一二項に言う「日本国国民」（Japanese People）という表現は、国民主権を要求していると見たほうが自然であり、その場合にはすぐ後でふれる「八月革命」説とつながる。帝国憲法改正説は少数説である。

第三に、日本国憲法の制定を新しい憲法の制定ととらえる説があり、その代表的なものは宮沢俊義の「八月革命」

説である。(1) この説では、憲法の改正には限界があり、憲法の基本原理の変更は憲法改正の限界を超えると考える。そして天皇主権から国民主権への転換は、憲法改正の限界を超えた憲法の基本原理の変更であると見る。日本国憲法の制定に先立ち一九四五年八月のポツダム宣言は国民主権を要求しており、その受諾によって天皇主権から国民主権への転換という、法的意味での革命が行なわれたと説明する。その結果、帝国憲法のうち国民主権に抵触する部分は無効となり、憲法改正手続についても天皇の裁可と貴族院の議決の部分は、憲法としての拘束力を持っていなかったとする。

「八月革命」説は、日本国憲法の制定に関する最も巧みな法的説明として多数の支持を得ているが、批判も出されている。「八月革命」説は、「八月革命」によって帝国憲法は廃止されたわけではなく、新しい基本原理と抵触しない限度において、帝国憲法の規定に従ってことを運ぶのが当然であるとする。しかし、基本原理の転換があったのだとすれば、憲法制定手続は前の憲法によって法的に説明されるべきことではなく、新しい憲法制定の手続として選択されたととらえられるべきであろう。その手続を帝国憲法によって法的に説明することは、その手続を当然なものとして国民に受け入れさせる政治的役割を果たしたことになる。このことは政治的変動をスムーズに遂行するという意味を持ったが、同時に国民投票のような民主的な手続の選択可能性から注意を逸せる働きをしたであろう。

2　前文の法的性格

(1)　法規範としての性格

前文も「日本国憲法」という憲法典の一部であり、本文と同じ法的性格を有し、従ってその改正は九六条の手続に従う必要がある。その点に関して異論はない。前文も本文と同様に、全ての公権力を拘束する法規範としての性格を持っている。

(2)　裁判規範としての性格

しかしながら前文が、裁判所でその実現が保障されるべき裁判規範かどうかについて、学説が分かれている。従来、否定説が多数説であったが、その理由とするところは以下のようである。①前文の内容が一般的、抽象的である。②前文の内容は本文の各条文に具体化されているので、前文は各条文の解釈基準にはなるが、裁判所で直接適用されるのは本文の各条文であって前文ではない。③本文の各条文に欠缺があれば前文が直接適用される理論的可能性があるが、実際にはそのような欠缺はない。それに対して現在では肯定説も有力に主張されるようになっており、その理由は以下のようである。①規定の一般性、抽象性について前文と本文の間にある違いは、相対的なものである。②前文の内容が本文に具体化されているとしても、そのことは前文の裁判規範性を否定する理由にならない。③前文には、平和的生存権のように、直接言及した規定が本文に無いものもある。

さらに最近では否定説も、前文が本文の解釈基準となることや、本文に欠缺があるときは前文の適用可能性を理論的に認めているので、否定説と肯定説の違いはそれほど大きくないとする指摘もされている。また結局この問題は、一般的に論ずるのではなく、前文の個別規定の内容が特定性、具体性を持っているかどうかという形で、検討すべきだとする主張もされている。(2) 前文の個別規定が、解釈を経てその内容が特定化、具体化されたとすれば、その裁判規範性を否定することは許されない。そうであれば議論のあり方としては、前文と本文からなる日本国憲法全体について、司法権（七六条）と違憲審査制（八一条）の下で原則として裁判規範性が認められるべきであり、ただ内容の特定性、具体性を論証できない規定が、例外として裁判規範性を否定されると考えるべきなのではないであろうか。裁判規範になる可能性に対して初めから消極的な否定説は、理論の発展にブレーキをかけているように思われる。

判例は一般的に前文の裁判規範性について消極的であり、最高裁の判例には前文の裁判規範性を正面から認めたものはない。しかし、長沼事件第一審判決(3)は前文の平和的生存権を援用して、原告の訴えの利益を認定したので、その点に関する裁判規範性を認めたものと思われる。最高裁の判例を含めて判例には、前文に言及したものは少なくない。しかし、その大部分は前文に違反しないと結論を出したものであり、また直接に前文を援用したのか本文の解釈基準として前文を援用したのか、不明確なものが多い。そのため、その理解の仕方について議論が分かれている。ただしそもそも、直接に適用するのか解釈基準として適用するのかの区別を重視すべきかどうか、問題にしてもよいのではないか。

3　一　項

(1)　憲法制定の目的

「日本国民は、正当に選挙された国会における代表者を通じて行動し、……この憲法を確定する」とされている。これは、日本国憲法が国民によって制定された憲法、すなわち民定憲法であることを示している。民定憲法であることは、天皇、貴族院、占領軍の関与の点から歴史的事実とは言い切れず、憲法の原理を表明したものと見るべきであろう。そこからさらに、民定憲法の規定が憲法制定過程を正当化したものであることを強調するのは、非民主的な要素の存在という問題を不明確にしていると思われる。

前文一項前段は、①「諸国民との協和による成果」を確保し、「政府の行為によつて再び戦争の惨禍が起ることのないやうにすることを決意し」、②「わが国全土にわたつて自由のもたらす恵沢を確保し」、③「ここに主権が国民に存することを宣言し」ている。これは①平和主義、②人権保障、③国民主権という憲法の三原理とその相互連環を表明したものである。

(2)　国民主権

i　規定の趣旨

引き続いて、前文一項中段は、「そもそも国政は、国民の厳粛な信託によるものであつて、その権威は国民に由来し、その権力は国民の代表者がこれを行使し、その福利は国民がこれを享受する」と述べている。これは国民主権の原理を具体化したものであり、リンカーンのゲティスバーグ演説における「人民の、人民による、人民のための政治(government of the people, by the people, for the people)」の言葉を思い出させる。

ii　「主権」の意味

「主権」という言葉は、一方で最高・独立性という国家の性格を意味し、前文三項の場合はこれである。他方でその最高、独立とされた国家権力の意味でも使われ、ここで問題にしているのはこれである。ところがこの国家権力のとらえ方について、学説が分かれている。①主権を法的な意味における国家権力そのものと見る立場がある。(4) 主権という言葉が歴史的にこのような意味で使われてきたことを理由に挙げる。②主権は国家権力の正当性の根拠を示すものと見る立場がある。国民主権は、「理念的・原理的に、政治の権力の源泉が国民に由来するとする建前」(5)を意味すると説明される場合が、そうである。歴史上、国民主権の下でも、有権者が憲法改正権のような最高の法的決定権を持っているとは限らないことを理由にする。(6) ③主権は権力的契機と正当性の契機の両方を含むとする立場もある。(7)

②または③が多数説であるが、①を採りたい。もし主権が正当性を意味するに過ぎないとすれば、国民に代わって主権を実際に行使する国民代表者の法的権力が、論理的に説明できなくなるのではないか。主権が法的な意味における国家権力であることによって、国民代表者の法的権力の説明が論理的に可能になると思われる。また、国民主権の

下で有権者が法的な最高決定権を持っていない場合、すぐ後で述べるように、そのことは、主権者「国民」が有権者の全体でなく、抽象的、観念的な国民であることによって説明される。国民主権論が全体として正当性の問題になっているかどうかという問題と、「主権」概念自体が正当性を意味しているかどうかという問題は、区別する必要がある。有権者の全体が法的な最高決定権を持っておらず、国民主権論が全体として正当性の問題になっている場合、それは「主権」概念の問題ではなく「国民」概念の問題である。(8)

iii　「国民」の意味

国民主権が天皇主権を排除していることは明らかであるが、その上で「国民」という言葉の意味についても学説が分かれている。①国民は有権者の全体とされ、政治的判断能力を持たない未成年者は除かれるとする説がある。(9) フランスの学説における「プープル（人民）主権」でも、市民の全体としての人民が主権者とされ同様の結論になる。②国民は日本の国籍を持つ全ての者とされる場合もある。(10) フランスの学説における「ナシオン（国民）主権」は、ほとんど国家と同一視される抽象的、観念的な国民を主権者とし、この説につながる。③両面から国民をとらえ、国民は「有権者」と「全国民」の両方を意味するとする立場もある。(11)

③が有力説だと思われるが、①の立場を採りたい。有権者は、憲法改正投票権（九六条一項）の外、公務員の選定・罷免権（一五条一項）、公務員の普通選挙権（一五条三項）、国会議員の選挙権（四三条一項）、最高裁判所裁判官の国民審査権（七九条二―四項）、地方選挙権（九三条二項）、地方特別法の住民投票権（九五条）など、かなりの政治参加の権利を有している。また有権者も主権者も、同じ「国民」という言葉で表現されている。これらの点から原理の問題としては、主権者「国民」を有権者ととらえることが可能である。そうすることによって、これらの権利を活性化し、他の政治参加の権利の立法による実現を目指すことも求められる。

確かに「福利は国民がこれを享受」するのであり、主権は全国民のために行使しなければならない。しかし、何をすることが、全国民の「福利」や全国民のためになるのであろうか。そのことについて誰が判断するのかが、主権論のポイントなのではないであろうか。主権者「国民」は実体的には全国民であるとしても、手続的には有権者国民であり、後者が主権論の問題である。そこに、政治的判断能力を持たない者を持ち込むことは、主権論を無意味にすることになるように思われる。文字通り主権者を二つの意味でとらえる場合には、異なる主権原理を同時に主張することになるのではないであろうか。

iv　主権論の意義

解釈の場合において国民主権論は、他の憲法解釈論と同様に、規範相互の間や規範と現実の間にある矛盾をうまく統一的に説明することを、その任務としているわけではない。「主権」に正当性を、「国民」に全国民を持ち込めば、説明にはなる。しかし憲法解釈論は、矛盾の存在を明らかにしつつ、その矛盾の解決に向けて努力すべきものである。矛盾を軽視、無視する場合には、確かに国民主権論は現実の矛盾を隠蔽するイデオロギーになるが、その点では表現の自由その他の人権論と異ならないのではないか。その点で主権論と人権論を本質的に区別するとすれば、そこには、主権論や政治に対する過度の不信と人権論や司法に対する過度の信頼があるように思われる。

「国政は、国民の厳粛な信託による」とされているが、このことは、本来国家権力は国民のものであり、その担当者は国民に責任を負っていることを示している。「権力は国民の代表者がこれを行使」することになっているが、憲法は憲法改正の国民投票などの直接民主主義手続も定めているので、これは通常の手続を述べたものであり、間接民主主義を排他的な原理として要求しているわけではないことは明らかである。

(3)　人類普遍の原理

直接には国民主権の原理は、また前文一項前段の規定を合わせれば平和主義や人権保障の原理も、「人類普遍の原理」とされ、自然法思想の影響を窺わせる。「これに反する一切の憲法」は、過去の憲法ばかりではなく将来の憲法をも意味しうる。その場合には、この規定は憲法改正の限界を示したことになる（九六条の解説参照）。

4　二　項

(1)　平和主義の性格

前文二項前・中段は平和主義の性格を示している。そこでは、「恒久の平和」、「崇高な理想を深く自覚」、「公正と信義に信頼」、「専制と隷従、圧迫と偏狭を……永遠に除去」、「名誉ある地位」が言われている。さらに九条では、「正義と秩序」、「国際平和を誠実に希求」と述べる。非常に強い調子で理想、倫理、責任が表明されており、これは、日本の行なった戦争が侵略戦争であることの認識とそれに対する反省と責任が基礎に置かれていると見ることができよう。ただしそこから憲法九条は、「戦争の惨禍」を経験して、侵略戦争だけではなく一切の戦争を放棄する態度をとった。

「崇高な理想」は、経緯としては国連の理想を意味したと思われるが、規定の客観的な意味としてはそこに限定する必要はない。国連憲章と日本国憲法は戦争違法化のための共通の努力の流れの中にあるが、軍事力による解決を最終的に認めているかどうかの点で、異なることに注意を払う必要がある。

「平和を愛」さない「諸国民」に対しては、軍事力による対抗はやむをえないとする議論があるが、これでは戦争中の日本の態度とどこが異なるのであろうか。また、一九九三年の小沢調査会提言では、「憲法前文の精神」は「積極的、能動的な平和主義の精神」であるとして、軍事的国際貢献を正当化している。しかしながら、前文の抽象的な理念を実現する具体的な手段について、九条は戦争放棄を規定しているのであり、平和主義は平和的手段によって実現することが求められている。

(2)　平和的生存権

i　憲法上の権利と裁判上の権利

前文二項後段は、「全世界の国民が、ひとしく恐怖と欠乏から免かれ、平和のうちに生存する権利を有することを確認する」としており、この権利は平和的生存権と呼ばれている。平和的生存権の根拠を一三条の幸福追求権規定に求める立場もあるが、前文のこの規定に求めるのが一般的である。すでに見たように、前文の法規範性と裁判規範性が論じられているが、法規範性に対応して憲法上の権利、裁判規範性に対応して裁判上の権利を考えることができる。憲法上の権利は、国会や内閣のような政治部門を含めてすべての公権力を拘束し、一定の理念的な広がりを持っている。それに対して、裁判上の権利は裁判所によって救済されるべき権利であり、そのための厳密さが要求される。憲法上の権利としての平和的生存権から見ていくこととしたい。

ii　平和的生存権の意味

平和的生存権は、平和の問題を人権としてとらえている。そのことにどのような意味があるのであろうか。

第一に、実体的には戦争の否定を意味している。侵略戦争あるいは「不正の戦争」のみが否定される場合、反面「正義の戦争」が想定される。「正義の戦争」のために人権が制限されるのはやむをえないこととなり、そこでは、戦争に対抗できる人権は成立しない。戦争政策に対抗できる権利として、前文が平和のうちに生存する「権利」を規定したことは、九条による全面的な戦争放棄と対応している。日本国憲法の平和的生存権規定は、一九四一年の大西洋憲章に由来すると考えられている。そこでは、「すべての国のすべての人類が恐怖及び欠乏から解放されてその生命を全うすることを保障するような平和が確立されることを希望する」とされている。「希望」が「権利」に変えられたことの背景に、「正義の戦争」を想定しているかどうかの違いを見ることは可能であろう。[12]

第二に、平和の問題を人権としたことは、手続的には、多数決に対抗する少数者・個人に、平和に関する主体性を承認したことを意味する。これは「平和の国内問題化」[13]であり、平和の問題を国家と国家の関係より政府と国民の関係においてとらえている。そのことは、「政府の行為」による「戦争の惨禍」という前文一項前段の規定にも表れている。

iii　平和的生存権の内容

平和的生存権の対象に関して言えば、広義には、前文二項後段の権利は①恐怖から免れる権利＝一九世紀の自由権、②欠乏から免れる権利＝二〇世紀の社会権、③平和のうちに生存する権利＝二一世紀の平和的生存権からなり、人権全体を歴史的にカバーする。[14]狭義には、これは平和に関する権利であり、恐怖から免れるのは戦争がないという意味の「消極的平和」であり、欠乏から免れるのは「構造的暴力」からの解放としての「積極的平和」を意味する。[15]広義の平和的生存権にも理論的発展の可能性があり、例えば「全世界の国民」の「生存」権規定に福祉の国際化の理念を見ることもできる。しかし、ここでは主として狭義が問題である。

平和的生存権の主体について、①個人（星野安三郎、深瀬忠一、山内敏弘）、②民族（長谷川正安）、③両者（影山日出弥、浦田賢治）と学説が分かれている。平和に関する個人の主体性の承認に平和的生存権の特別の意義があると思われるので、①と考えたい。これは多数説である。

平和的生存権の法的内容に関して、①平和に関する自由権、社会権、国務請求権、参政権など、九条と三章の人権規定を結合させたもの（深瀬忠一）、②軍隊の編成を阻止する権利など、三章の人権に対して独自の内容を持ったもの（高柳信一、影山日出弥）、③抵抗権（久田栄正）、人民自決権（星野安三郎）の学説がある。包括的人権としての幸福追求権を含んだ三章の人権規定の体系性、完結性から、①を採りたい。それでも、客観的な憲法原則としての九条と主観的権利に関する三章の結合を意識させるものとして、平和的生存権に独自の意味がある。

通常の人権論と同じように、個別人権規定によってカバーされないものは、一三条の幸福追求権の問題になる。そのようなものとして、九条の遵守を求める権利を考えることができる。そのなかで、②や③の権利も検討することができる。ところで、平和的生存権は、主体が「全世界の国民」とされているので、憲法が保障できる権利ではないと言われることがある。しかしながら、全世界の国民の権利という思想構造を持った権利が、日本の領域内の人々に保障されると考えれば、この主体規定は法的に意味を持ちうる。このような規定の仕方から、殺されない権利だけではなく、殺させられない権利、加害者にさせられない権利、戦争に加担させられない権利なども考えることができる。

iv　裁判における平和的生存権

平和的生存権の内容が特定化、具体化されないならば、その裁判規範性は認められず、裁判上の権利とは言えないことになる。平和的生存権の主体は個人であり、その平和は九条の下で戦争を放棄した平和であり、その相手方は原則として公権力であるので、その内容は相当程度特定化、具体化していると言うことができる。そこから、九条違反の国家行為によって三章の通常の人権が直接に侵害された場合は、一般の人権問題として裁判的救済を考えることができる。問題なのは、平和的生存権と幸福追求権の結合のなかの、九条の遵守を求める権利であるから、こちらを中心に考える必要がある。

これは憲法の客観的原則の遵守を求める主観的権利であり、その点で、六章の司法に対応した三二条の裁判を受ける権利や、二〇条や八九条の政教分離に対応した「信仰に関し間接的にも圧迫を受けない権利」[16]に似ている。これらを参考にして、九条の遵守を求める権利として、九条違反の国家行為によって平和な生存が間接的にも圧迫を受けない権利を考えることができる。

原告適格の問題につても、政教分離と同様に、①国民全員に認める説と、②限定する説に分かれている。①前者では、平和的生存権の「権利の性格」の特殊性を強調することによって、「誰でも裁判所に訴えることができる」[17]とする。さらに、平和的生存権の「実効性を確保する訴訟類型を整備すること」が、「憲法上の義務」だとする議論[18]もある。②後者では、通常の訴訟のあり方を前提にして、原告適格を限定するほうが無理がないと考える。長沼事件一審判決[3]が、基地周辺の住民が攻撃の第一目標になることなどを指摘して、周辺住民に原告適格を認めたのは、そのような方向を示したことになる。必ずしも具体的な利害関係の無いところで、権利制限的な方向で裁判が行なわれる可能性も考慮する場合には、後者の説が適切だということになる。

判例では、長沼事件第一審が平和的生存権を援用して、原告らの訴えの利益を認めた。それに対して、控訴審[19]、百里事件第一審[20]、控訴審[21]、上告審[22]は、どれも、平和的生存権の裁判規範性を否定している[23]。

5　三　項

(1)　国際協調主義

前文三項は、全体として国際協調主義を意味している。これに対応して九八条二項は、「日本国が締結した条約及び確立された国際法規は、これを誠実に遵守することを必要とする」としている。この国際協調主義は、その時々の国際情勢を追認することを求める、憲法外の無内容な原則ではない。これは、憲法上の原則として、前文二項後段の全世界の国民の平和的生存権、三項後半の国家主権の相互尊重や九条の戦争放棄によって内容が規定されている。また、人権保障や国民主権を基本原理とする憲法の中で規定されているのであるから、これらの原理と整合するものでなければならない。このような点から、日本国憲法の国際協調主義は、相当程度内容が特定化されていると見なければならない。

従って、憲法によって内容が規定された国際協調主義は、①日本の戦争責任を明確にするものでなければならない。そのことは、「いずれの国家も、自国のことのみに専念して他国を無視してはならない」というところに表われている。②国際協調主義はアメリカへの従属を正当化するものであってはならない。③また、国連中心主義の旗の下で「南」に対する「北」による共同支配を弁護するものであってはならない。戦争放棄と結合した日本国憲法の国際協調主義は、もちろん独り善がりであってはならないが、国際平和のために日本が独自の努力をすることと両立するはずである。

(2)　国家主権の相互尊重

前文三項後半は国家主権の相互尊重を定めている。「主権」という言葉は、多義的に多様に用いられているので、いくつか注意が必要である。

第一に、ここで言う「主権」は、国家の性格としての最高・独立性、特に対外的側面における独立性を意味する。前文一項で国民主権を宣言したときの「主権」は、最高・独立とされた国家の権力の問題である。

第二に、国家の最高・独立性を論じる場合、実際上しばしば最高、独立とされた国家の権力の具体的内容が問題にされている。その場合、国家が最高、独立とされることから、その最高、独立とされる国家の権力の具体的内容は何ら決定されないことに、注意を払う必要がある。

第三に、その国家の権力の具体的内容は、法的概念としてあるべき権力が考えられる場合と、政治的・歴史的概念としてあるものが考えられる場合がある。ボーダンが「国家論」の中で、「主権的権力」として立法権、宣戦布告権その他の権力を挙げたのは後者を出発点としていると考えられるが、ここでは前者が問題になっている。

第四に、法的概念についても、国際法上の概念と憲法上の概念が考えられるが、ここではもちろん憲法上の概念が問題になっている。立憲主義の立場から国際法との関わりを持ちつつ、国家の権力の具体的内容は憲法が定めるのであり、日本国憲法は軍事権力を否定するような形で、それを定めたのである。このことは、政治的・歴史的国家主権の制限であろうが、憲法的には国家主権の確定と考えればよい。

第五に、国家主権の概念と機能を区別することもできる。一九世紀の無差別戦争観の下で絶対的な形で主張された国家主権概念は、手続的、実際的には、大国にとっては国家主権の尊重、小国にとっては国家主権の否定として機能した。第一次世界大戦後、戦争が原則として違法とされたことは、しばしば国家主義の制限と表現されるが、国家主権尊重の原則の確立として機能したとする評価もある。(24) さらに日本国憲法の場合について言えば、軍事権力の行使によって国家主権と憲法を失った経験を持つ日本は、全ての軍事権力を否定したほうが、国家の最高・独立性としての主権を確保するために有効であると判断したことになる。(25)

国家主権の枠組みとその動揺の中で、国際的規模で経済的・政治的支配が行なわれるとともに、国際的な人権保障の努力が続けられている。このような事態に対して、一方で国家主権の強調と他方で国家主権の制限が主張されているが、日本国憲法は国家主権の相互尊重という形式を採っている。これは適切な定式として発展させうるのではないかと思われる。

6　四　項

一方で前文四項は、「日本国民は、……この崇高な理想と目的を達成することを誓ふ」と述べている。「この崇高な理想と目的」の「この」は、憲法前文全体を指している。他方で九九条は、「天皇……その他の公務員は、この憲法を尊重し擁護する義務を負ふ」としている。前文四項の主体は「日本国民」であり、九九条では「公務員」が主体とされている。そこで、九九条では主体から国民は除かれているが、九九条でも国民の憲法尊重擁護義務は当然のことであり、前文四項で国民の義務は明らかであるとするもの[26]がある。

しかしながら立憲主義の基本的なあり方は、国民が憲法の遵守を国家権力や公務員に要求するものである。このように考える場合には、九九条の主体が国民ではなく公務員とされていることは、重視される必要がある。そうだとすれば、前文四項で言っていることは、国民は、自分が憲法を遵守することではなく、国家権力に憲法の遵守を要求することによって、憲法前文の理想と目的の達成、すなわち憲法の基本原理の実現を誓っていると見るべきなのであろう。

三　第九章　改　正

総　説

憲法九六条は憲法改正の手続を定める。「憲法の改正」は、憲法の定める手続に従って、憲法に意識的に変更を加えることである。新たに憲法を作る「憲法の制定」と、また憲法の定める手続によらない憲法の変動である「憲法の変遷」と区別される。ただし立憲主義を重視する立場からは、憲法の変遷の承認には消極的になろう。

憲法の安定と社会的変化への対応を考慮して、憲法改正の手続が定められる。通常の立法手続で改正できる憲法を軟性憲法と呼び、特別に厳格な手続を踏まないと改正できない憲法を硬性憲法と呼ぶ。硬性憲法が一般的である。憲法改正手続は、①国民投票を必要とするか、②特別の憲法会議を開くか、③通常の立法機関によるだけで足りるか、などの基準で分類可能である。[27] 実際にはいくつかの要素が組み合わされる場合が少なくない。大日本帝国憲法の場合は、その七三条によって、天皇の発案と帝国議会の各議院の総議員の三分の二の出席、出席議員の三分の二の多数の賛成を要求していた。日本国憲法の場合は、国会の各議院の三分の二の賛成と国民投票の過半数の賛成を要求している。日本国憲法は強度の硬性憲法である。国民投票の要求は改正を困難にするためというよりは、国民主権原理の表現という要素のほうが強いであろう。

憲法改正の方式には通常、①全部改正、②部分改正、③既存の憲法規定に手を触れず、新しい規定を加える方式である増補があると説明される。ただし、全部改正は明文規定なしにはありえないのではないか、増補は全部改正や部分改正から独立した方式かについて、疑問が出されている。[28]

〔憲法改正〕
第九六条①　この憲法の改正は、各議院の総議員の三分の二以上の賛成で、国会が、これを発議し、国民に提案してその承認を経なければならない。この承認には、特別の国民投票又は国会の定める選挙の際行はれる投票において、その過半数の賛成を必要とする。
②　憲法改正について前項の承認を経たときは、天皇は、国民の名で、この憲法と一体を成すものとして、直ちにこれを公布する。

1　憲法改正の限界

(1)　限界の有無

憲法の改正には、九六条の手続によらなければならないという手続的な制約のほかに、実体上あるいは内容上の制約があるであろうか。

無限界説には、①解釈の対象を実定法に限定する法実証主義的立場に立つものが代表的であり、その場合には、憲法の上位にあり憲法改正権を拘束する根本規範や憲法制定権という考え方を排除する。また憲法の内部に、憲法改正の対象になるものとならないものという価値の序列を認めない。②主権の文字通り主権性を強調する立場から、憲法改正の場面における主権の発動を制約する限界は認められないという議論もありうる。無限界説を帝国憲法に当てはめれば、日本国憲法の制定は帝国憲法七三条の改正手続に従って行なわれたので、天皇主権から国民主権に主権原理が転換しても、帝国憲法の改正ということになる。また日本国憲法も、九六条の手続に従えば、人権保障や平和主義も廃止することが法的に可能だということになる。

それに対して限界説には、①言わば縦にものを考え、憲法の上位に根本規範の存在を認め、それは憲法制定権も拘束すると見るものがある。憲法を作る権力である上位の憲法制定権は、憲法によって作られた権力の一つである下位の憲法改正権を制約する。このように考えるときは、根本規範や、憲法制定権に抵触する改正は許されないことになる。②また言わば横にものを考え、憲法の基本原理に変更が加えられると憲法の同一性が否定され、それは新しい憲法の制定を意味し憲法改正としては認められないとする。限界説では、天皇主権から国民主権に主権原理の転換が行われて日本国憲法が作られたと見るときは、帝国憲法七三条の改正手続を踏んでいても、帝国憲法の改正の限界を超えた新しい憲法の制定が行なわれたということになる。

政治的ではなく法的性格を持つものとして根本規範や憲法制定権を認めることが、科学や認識の問題として必要かは議論の余地がある。しかし解釈論において、このようなものを法的に認めるかどうかは、実定憲法の前提となる上位の法を認める広い意味での自然法的な考え方をするかどうかによる。日本国憲法は、前文一項後段、九条一項、一一条、九七条などからすれば、自然法論に好意的である。歴史的、社会的に特殊な立場を自然法の名の下に主張することには慎重でなければならないが、憲法制定の目的は憲法の論理的前提になっていると考えうる。この憲法の前提を否定することは、憲法改正の限界を超えていると言えるであろう。自然法論を採るかどうかは思想の選択の面があるが、憲法の同一性の問題は論理的要請の側面が強い。これらの点から、改正限界説のほうが優れているように思われ、また多数説である。

(2)　限界の内容

憲法改正限界説を前提にした場合、何がその限界となるであろうか。

第一に、人権保障は、日本国憲法を含む市民憲法では、憲法制定の最も基本的な目的であり、改正の限界になると思われる。改正の限界として、第一に国民主権を挙げるのが一般的であるが、人権保障は国民主権の論理的前提になっていると考えられるので、改正の限界としては人権保障を先に取り上げるべきではないであろうか。また、改正の限界が憲法自身によって示されることは少なくないが、日本国憲法の場合は、一一条で「基本的人権は、……永久の権利として、……将来の国民に与へられる」とし、同趣旨のことが九七条で繰り返されていることは、憲法が改正の限界を示したものと理解しうる。限界となるのは人権保障の基本原理であって、個別の人権規定ではない。

第二に、国民主権も改正の限界として指摘される。主権原理は憲法制定の主体を示す基本的な原理と考えられるからである。また日本国憲法では、前文一項で国民主権原理を説明した後で、「これに反する一切の憲法……を排除する」と述べているところにも、国民主権が憲法改正の限界であることが示されていると考えられる。

第三に、平和主義も挙げられる。前文一項前段で示されているように、他の基本原理と結合した日本国憲法の基本原理の一つと考えられる。前文三項で国際協調主義が「普遍的なもの」とされ、九条一項で戦争を「永久に」放棄すると述べられているところが重視される。九条一項の戦争放棄には「国際紛争を解決する手段としては」という条件が付いており、それは侵略戦争または不正の戦争の放棄を意味するという解釈を前提にして、それが憲法改正の限界をなすとするものが少なくない。しかしながら日本国憲法が、九条一項で不正の戦争のみを放棄し、二項で結果としてすべての戦争を放棄しているのだとすれば、憲法が批判の対象とした原理を憲法の中に持っていることになってしまう。この九条解釈には問題があると思われる。どちらにしても、一項のみであるいは二項を含めて、すべての戦争を放棄したことが、日本国憲法の特徴を示した基本原理だと考える場合には、九条全体が憲法改正の限界をなすという議論[29]もありうることになろう。

第四に、憲法改正規定は改正権を根拠づけるものだから、改正の限界をなすとする説もある。しかしながら、改正権の根拠規定が改正手続の改正を一切禁止していると、考えなければならない必然性はないように思われる。ただし憲法改正国民投票は、国民主権原理を前述の人民主権によって理解した場合には、改正の限界となると考えられる。

天皇制を憲法改正の限界とする説[30]もあるが、一般的ではない。

(3)　限界説の効果

改正限界説は、改正前の政治的効果としては、限界を超えた憲法の変動を制約する可能性と、そのような変動を改正手続を経ずに行なわせる可能性の両方を持っているように思われる。変動を制約する前者の場合も、論理的には憲法の基本原理を維持する意味を持つが、社会的には改革の成果を確保する要素と、一層の改革を阻止する要素が含まれうる。限界説にもかかわらず、限界を超えた変動が行なわれた場合、法的議論としては、自然法論を徹底させれば、自然法に反する変動として無効だと言いうる場合が考えられる。しかし憲法の実効性を重視する場合には、変動後の憲法は新たに制定された憲法として、有効なものと説明されることになる。

なお全部改正がありうるとして、全部改正か部分改正かの問題は憲法改正の方式の問題であり、憲法改正限界論を前提にした憲法改正か憲法制定かの問題は実質的な問題である。従って理論的には、憲法の基本原理が維持された憲法の改正が、全部改正の方式を採る場合を想定しうる。しかし政治的には、それは憲法制定に近いものとして機能し、日本国憲法からの解放を進める働きをする可能性がある。

2　憲法改正の手続

(1)　国会の発議

i　定足数

憲法の改正は、国会が各議院の総議員の三分の二以上の賛成で発議することになっているので、議決の定足数も総議員の三分の二と考えられるが、議事の定足数について説が分かれている。①五六条一項が定める一般的な要件である三分の一で足りるとする説[31]がある。②慎重な議事を求めて、議決と同様に三分の二の出席を要するとする説[32]がある。議事と議決の定足数は論理的には区別できるが、日本国憲法の場合、定足数に関する一般的規定である五六条一項でも、「三分の一以上の出席がなければ、議事を開き議決することができない」として、議事と議決の定足数を一致させる態度を示していると見て、第二の説を採る議論もありうるのではないか。

ii　発案

国会が憲法改正を発議する出発点として、原案の発案が必要である。発案権が国会の各議院の議員にあることについては異論がないが、内閣にあるかについて説が分かれている。①法律案について内閣の発案権が認められないとする立場では、憲法改正案についても認められない。[33] ②法律案については認められるが、憲法改正案については認められないとする説[34]がある。憲法改正は国民主権にとってより重大な問題であり、内閣の発案権を示す規定が無いことなどを理由にする。③法律案についても憲法改正案についても内閣の発案権が認められるとする説[35]もある。内閣の発案権を認めても国会の自主的審議権が害されるわけではなく、改正規定も内閣の発案権を排除しているとは思われないとする。しかしながら発案は審議の構成要素であり、内閣の発案権は、それを認める明示の規定が無い限り、法律案についても憲法改正案についても認められないと解される。認める説は、不必要に行政国家化を助長しているのではないであろうか。

iii　議決

議決には「総議員」の三分の二の賛成が必要であるが、「総議員」とは何であろうか。①法定数とする説[36]があり、特別多数を要求して審議を慎重にしようとしている憲法の趣旨に合致するとする。②それに対して、辞職、死亡などによる欠員を除いた在職議員数とする説[37]があり、法定数説では欠員数が常に反対票と数えられることになると批判する。③在職議員数説を採りつつ、どちらとも各議院において定めうるものと解する余地があろうとするもの[38]もある。しかし、憲法改正が重大な現状変更であることを考えれば、欠員が反対票として扱われる結果になっても必ずしも不自然ではないことになる。結論が明確な法定数説のほうが、優れていることになろう。

なお、憲法改正の発議については、法律案の議決などの場合のような衆議院の優越は認められていない。国会の「発議」と「提案」は別の行為ではない。

(2) 国民の承認

i 国民の承認の意味

①国会の発議によって憲法改正行為が成立し、国民の承認を条件としてその効力が発生するとする説がある。②しかし一般的には、憲法改正行為は国会の発議に対する国民の承認によって成立すると理解されている。国民の投票は国民主権の表れであり、国民は憲法改正に関する決定権を持っていると考えられるからである。

ii 国民投票

国民の承認は、「特別の国民投票又は国会の定める選挙の際行はれる投票」においてなされる。後者は特別の国民投票に代わるものであるから、全国的規模で行なわれる衆議院議員の総選挙か参議院議員の通常選挙を意味する。

承認は、「投票において、その過半数」の賛成を必要としているが、過半数の意味について説が分かれている。①有権者の過半数説、②投票総数の過半数説[39]、③有効投票の過半数説[40]、④上記②と③のうち、どれを採るかは国会が決定することができると解する余地があろうとするもの[41]があり、そのうち③が多数説である。①については、棄権も有権者の権利である（一五条四項）のに、反対票扱いするのは問題があるとする指摘[39]がある。「投票において、その過半数」という文理から、投票していない者を算入するのは不自然にも思われる。無効票を反対票に数えるのが不合理と見るときは、③説を採ることになる。しかし、憲法改正の重大性から積極的な賛成票を重視する立場では、②が支持されよう。

iii 天皇の公布

「国民の名で」公布することになっているが、これは憲法改正権が国民にあることを明確にする趣旨である。「この憲法と一体を成すものとして」という意味は、改正された部分も、他の部分と同様の最高法規としての効力（九八条一項）を有することを確認するところにある。なお「この憲法と一体を成すものとして」という文言は、全部改正を予定していないのではないかという学説もある。[42]「直ちに」とは、可能な限り迅速にということである。法律の公布については国会法六六条は、奏上の日から三〇日以内にしなければならないとしているが、憲法改正の公布についてはこのような期間を置くことは許されないであろう。

（1）宮沢俊義『憲法の原理』三七五頁以下（岩波書店、一九六七年）。
（2）樋口陽一ほか『憲法Ⅰ』（注解法律学全集1）四二頁（青林書院、一九九四年）（樋口執筆）。
（3）札幌地判一九七三（昭四八）年九月七日判時七一二号二四頁。
（4）杉原泰雄『憲法Ⅰ』一九五頁（有斐閣、一九八七年）。
（5）宮澤俊義（芦部信義補訂）『全訂日本国憲法』三八頁（日本評論社、一九七八年）。
（6）樋口ほか・前掲注（2）三〇頁（樋口執筆）。
（7）芦部信喜（高橋和之補訂）『憲法・第三版』四一頁（岩波書店、二〇〇二年）。
（8）浦田一郎『シエースの憲法思想』一四二―一四三頁（勁草書房、一九八七年）。
（9）清宮四郎『憲法Ⅰ〔第三版〕』一三〇頁（有斐閣、一九七九年）。
（10）宮沢・前掲注（5）一四頁。
（11）芦部・前掲注（7）四二―四三頁。
（12）樋口ほか・前掲注（2）三五頁（樋口執筆）。
（13）高柳信一「国家の自衛権より人民の平和権へ」『憲法と平和保障』（法学セミナー増刊）九頁（一九八三年）。
（14）樋口ほか・前掲注（2）三五頁―三六頁（樋口執筆）。
（15）深瀬忠一『戦争放棄と平和的生存権』一九二頁（岩波書店、一九八七年）。
（16）浦部法穂『全訂・憲法学教室』一三六頁（日本評論社、二〇〇〇年）。
（17）同四〇二頁。

(18) 杉原泰雄『憲法Ⅱ』一五四頁（有斐閣、一九八九年）。
(19) 札幌高判一九七六（昭五一）年八月五日行裁例集二七巻八号一一七五頁。
(20) 水戸地判一九七七（昭五二）年二月一七日訟月二三巻二号二五五頁。
(21) 東京高判一九八一（昭五六）年七月七日訟月二七巻一〇号一八六二頁。
(22) 最三小判一九八九（平元）年六月二〇日民集四三巻六号三八五頁。
(23) 平和的生存権について、浦田一郎『現代の平和主義と立憲主義』一〇七頁以下（日本評論社、一九九五年）。
(24) 藤田久一『国際法講義Ⅰ』一九二頁（東京大学出版会、一九九二年）。
(25) 浦田一郎「国際社会のなかの日本国憲法」公法研究五九号一一三―一一四頁（一九九七年）。
(26) 佐藤功『憲法〔新版〕』（ポケット註釈全書）下巻三二、一二九五頁（有斐閣、一九七四年）。
(27) 法學協會『註解日本國憲法』下巻一四三七頁（有斐閣、一九五四年）。
(28) 樋口陽一ほか『憲法Ⅳ』（注解法律学全集4）三〇五―三〇六頁（青林書院、二〇〇四年）（佐藤幸治執筆）。
(29) 佐藤・前掲注（26）一二五四頁。
(30) 田上穣治『新版日本国憲法原論』三一三頁（青林書院、一九八五年）。
(31) 橋本公亘『日本国憲法〔改訂版〕』六七〇頁（有斐閣、一九八三年）。
(32) 法學協會・前掲注（27）一四四四頁。
(33) 杉原・前掲注（18）二二九頁―二三〇頁。
(34) 法學協會・前掲注（27）一四四三頁。
(35) 宮澤・前掲注（5）七九三頁。政府見解でもある（土井たか子議員提出憲法改正手続に関する質問主意書に対する答弁書（一六〇回二〇〇四（平成一六）年八月一〇日））。
(36) 杉原・前掲注（4）二三〇頁。
(37) 宮澤・前掲注（5）七九〇頁。
(38) 樋口ほか・前掲注（28）三一二頁（佐藤執筆）。
(39) 杉原・前掲注（18）五一四頁。

(40)　法學協會・前掲注(27)一四四八頁。

(41)　樋口ほか・前掲注(28)三一六頁（佐藤執筆）。

(42)　井口秀作氏（大東文化大学）のご教示による。

11 国会の役割

はじめに

日本国憲法は国民主権の原理（前文一項、一条）の下で国会を国民代表機関とし（四三条一項）、国家機関の中で「国権の最高機関」（四一条）であると定めている。これは議会制民主主義を基礎にして、違憲審査制の問題はあるにしても、国家組織の中心に議会を置く議会中心主義の立場を示している。

しかしながら実際には、国会を通した国民主権の実現は容易ではなく、むしろ国民が内閣や政策を選ぶ形で、国民と内閣の直接的な結びつきを構想する立場（国民内閣制論や首相公選論）もある。また、社会権の保障を目的とする現代の社会国家や福祉国家は行政権主導型の行政国家になり、国会に期待することにはもともと無理があるとする考え方もある。

確かにここには検討すべき大きな問題があるが、結論として本稿は、多様な民意を反映した国会が公開の討論を通して国政をリードする方向を目指している。これは日本国憲法の趣旨にも沿い、またバランスの取れた国政運営を進める上でも現在必要だと考えるからである。これは容易でない道であるが、追求すべきものと考えている。

このような立場から論ずべきことは多いが、本稿ではあまり議論されていない論点を採り上げ、読者がさらに考えるきっかけを提供できればと思っている。

一　国会と憲法——立憲主義のための国会の役割

1　議会制民主主義と違憲審査制

憲法の実現や保障は一般的に裁判所の違憲審査制に期待されている。これは正当な議論であるが、同時に、憲法に関する市民の自覚を追求しつつ、議会や政府などの政治部門による憲法の実現を目指すことも重要である。議会制民主主義と違憲審査制の関係は、理論的には多様な論点をかかえているが、実際には相互補完的でなければならない。議会が次から次へと憲法違反の法律を作り、裁判所がそれらを次から次へと無効としていくような社会は考えられない。あるべき形としては、議会や政府が憲法のもとで丁寧に法律を作り執行し、それでも例外的に憲法違反の問題が出てきたときに、裁判所が問題の法律を違憲、無効と判断することが考えられよう。

実際にも、国会には山のような憲法論議の蓄積があり、本会議と委員会を含めて過去の議事録がすべてインターネットで公開されている。憲法論議の中でも特に平和主義に関する問題は、裁判所の判例が砂川事件や長沼事件に関するものなど比較的限られているのに比べて、国会では自衛隊や安保に関する多くの論戦が繰り返されてきた。それらを通して、自衛隊法の制定や安保条約の承認などによって軍事力の正当化が行なわれると同時に、専守防衛、海外派兵の禁止、集団的自衛権の否認などの原則によってある種の軍事力の立憲的統制も行なわれてきた。

2　立憲的統制と内閣法制局の役割

憲法の立場からすれば、その政治部門において立憲的統制を行なう中心的機関は、国民代表であり国権の最高機関である国会になるはずである。最高裁判所による憲法解釈が確定するまでは、有権解釈は国会によって行なわれると考えられる。議員や政党が論議を重ね、衆参の議院法制局がそれをサポートすることになろう。

しかし実際にはそのような形をとらず、内閣、さらに言えば内閣法制局が有権解釈を固めてきた。国会では多くの場合、議員から政府に対してその憲法解釈について質問するという形で憲法論議が行なわれてきた。政府のほうでも大臣によって、「これは重要な憲法問題ですので、内閣法制局から答えてもらいます」というような答弁がしばしば行なわれてきた。

内閣法制局は内閣の法律顧問であり、明治初期にフランスのコンセーユ・デタをモデルに作られ、高い権威を持っていた。日本国憲法の下で、法律問題に関し内閣等に意見を述べる意見事務と、法律案等の審査立案を行なう審査事務を担当している。これらを通して、法律案等の憲法適合性も審査され、内閣法制局は「第一次違憲審査所」と言われることもある。結果として、(内閣) 法制局が関わった戦後の法律は、郵便法 (二〇〇二年) と在外選挙 (二〇〇五年) の問題を除いて、最高裁判所によって違憲の判断を受けていない。また、予算編成権を持つ大蔵省 (現財務省) 主計局とともに、各省庁にとってその承認がなければ新規立法が不可能になる内閣法制局によって、「二局支配」が行なわれているとも言われてきた。(1)

実質的な違憲審査が、フランスのように事前にもコンセーユ・デタによって行なわれる行政型と、アメリカのように事前のチェックはなく専ら裁判所によって事後になされる司法型がある。この点では日本は行政型に属し、特別の体制を採っているわけではない。日本の特殊性は、内閣法制局が、戦争放棄の憲法の下で自衛力論を基礎にして、違憲との批判が出されている軍事力を正当化するとともにそれに歯止めをかけるという、特別の政治的役割を担わされてきたことである。

そのため、軍事力の正当化の役割に対して、内閣法制局は以前は護憲派から批判されてきた。しかし現在では、集団的自衛権の合憲化を目指す改憲派から攻撃を受けている。国会審議において、政府の憲法解釈を変えて、集団的自衛権も合憲だと言えと迫る改憲派の議員に対して、集団的自衛権否認は政策的判断ではなく法的判断であり変えることはできないと、内閣法制局は抵抗している。(2)「〝諸悪の根源〟内閣法制局の憲法解釈」という論文の中で櫻井よしこは、「無理な憲法解釈の積み重ね」が「日本の在り方を歪めてきた」と言う。(3)しかしこれは言い過ぎであって、戦争放棄の憲法の下で再軍備するという形で政治が「日本の在り方を歪めてきた」ので、法律専門職としての内閣法制局が「無理な憲法解釈の積み重ね」をする役割を担わされてきたのであろう。本質的問題は内閣法制局より、改憲派が進める政治とその変化にある。

3　今後の展望

憲法を実現する上で、以上のように、内閣法制局は法律専門職として二面的な役割を果たしている。その憲法解釈が国民を前にして国会においてオープンな討論に晒され、戦争放棄の規定を含む日本国憲法に適合しているか再検討されなければならない。世論と国会の間の往復運動と憲法原理の明確化の努力の下で、国会の憲法論議の活性化が期待される。ただし、このような努力が不十分なまま国会で憲法論議が行なわれると、「安全保障基本法」構想などによる集団的自衛権の合憲化という立法改憲?が行なわれる可能性も生じよう。

以上のような観点からすると、問題を含む動きがある。官僚に対する政治の優位の名の下に、二〇〇一年から副大臣や大臣政務官が設けられる一方、政府委員制度が廃止され官僚答弁を減らす方向がうち出された。確かに官僚任せや官僚による支配は改められなければならない。しかし、官僚に対する政治の優位とともに、政治に対する憲法の優位も考えられなければならない。官僚答弁の中に、歪んだ形にせよ、政治に対する憲法の優位の要素が含まれていたと思われる。政治主導と官僚答弁の廃止の提言は、小沢一郎(4)によって最初になされた。そこでは、「政府委員による答弁が、未来永劫にわたって各省庁を拘束する傾向」を問題にし、「国会答弁は大臣や政務次官が責任をもつ」ことが提唱されていた。この構想の中心的な政治的意味は、政治家による集団的自衛権否認の内閣法制局憲法解釈の掘り崩しにもあろう。この構想の政治的意味の認識とともに、政治部門において政治に対する憲法の優位を確保するシステムを追求する必要がある。

二　国会と内閣——衆議院の解散と民意

1　解散の実際とその問題

二〇〇五年八月八日、郵政民営化法案が参議院で否決された後、小泉純一郎内閣によって衆議院が解散され、九月一一日に衆議院の総選挙が行なわれた。ところで、衆議院の解散について日本国憲法は二か所で規定し、七条三号は天皇の国事行為の一つとして衆議院の解散を挙げ、六九条は衆議院による内閣に対する不信任の場合の衆議院の解散を定めている。占領下では衆議院の解散は六九条の場合に限る建前が採られていたが、一九五二年の独立後は七条に基づき広く解散が行なわれてきた。

解散の意義は、一つには自由主義的なものとされ、国会と内閣の間の均衡を保ち権力の濫用を防ぐところにあるとされる。しかし日本国憲法は国会を国権の最高機関としているのであり（憲法四一条）、国会と内閣の間の均衡という考え方自体に対して疑問が出されている。そこでもう一つ言われる意義は、民主主義的なものであり、国政上の重要な問題について民意を問うところにあるとされる。この意義自体は正当なものであろうが、正確に民意を問うためには、解散の争点、解散の時期、その点に関する判断権者などが問題になる。実際には多くの場合、内閣どころか与党主流派や首相が自分の政策の実現を目指して、自分が選挙で勝てそうな争点と時期を選んで解散を行なってきたと言ってよいであろう。二〇〇五年の解散では小泉首相は郵政に争点を絞ろうとしたが、総選挙後の議席は改憲問題など他の重要な問題にとっても基礎になる。解散・総選挙の争点は、首相の政治的な発言と客観的・全体的な状況との間でずれが生じた。解散の意義に関する抽象的な建前論ではなく、現実の解散の機能を具体的に見てみることも必要であろう。別表は戦後の解散・総選挙の一覧表であるが、その中で正確に民意が問われた場合がどれほどあったであろうか。解散はしばしば「首相の専権」とか「首相の伝家の宝刀」と呼ばれ、首相の権限強化の手段として使われてきたのが実態であるように思われる。

以上のような解散の実態に対する批判から、解散に関する学説を整理し直す必要があろう。学説の問題は、解散の根拠に関する論点と解散が行なわれる場合に関する論点を区別しなかったところにあ

現憲法下での衆院解散・総選挙

【解散日】	【通　称】
1948・12・23	なれ合い解散※
52・8・28	抜き打ち解散
53・3・14	バカヤロー解散※
55・1・24	天の声解散
58・4・25	話し合い解散
60・10・24	安保解散
63・10・23	所得倍増解散
66・12・27	黒い霧解散
69・12・2	沖縄解散
72・11・13	日中解散
任期満了	ロッキード選挙
79・9・7	増税解散
80・5・19	ハプニング解散※
83・11・28	田中判決解散
86・6・2	死んだふり解散
90・1・24	消費税解散
93・6・18	政治改革解散※
96・9・27	新選挙制度解散
2000・6・2	神の国解散
03・10・10	マニフェスト解散
05・8・8	？

（注）※は内閣不信任案可決を受けた解散
（朝日新聞2005年８月９日より）

るように思われるので、区別して見ていくこととしよう。

2　解散の根拠

解散の根拠に関して多様な考え方が出されてきたが、それぞれに問題が含まれている。国会が国権の最高機関であることを強調して、解散は原則として衆議院自身の判断によるとする自律解散説がある。しかし、多数決によって少数派議員の身分を奪うことは、四年の任期を保障する憲法四五条に反すると批判されている。他の説はすべて解散の主体を内閣とするが、その中でもその根拠をめぐって説が分かれている。内閣の解散権の根拠について、解散に関する具体的規定である六九条に求める六九条説があるが、六九条は解散の主体を明示していない。解散は六五条の「行政」に含まれると見る六五条説もあるが、この説は立法でも司法でもない国家作用を行政ととらえる控除説を前提にしているが、この前提に対して立憲主義に反するとの批判が出されている。議院内閣制では解散権が内閣にあるとする制度説もあるが、議院内閣制には内閣に解散権のあるものとないものと多様なものがあるので、議院内閣制は根拠にならないという問題がある。

そこで七条説が出され、そのうちの一つは、天皇の国事行為を本来名目的なものと見た上で、それに対する内閣の助言と承認を通して内閣が解散権を有するとする。しかし、名目的な行為に対する助言と承認によっては、実質的な解散権を根拠づけることはできないと批判されている。もう一つは、国事行為には政治的、実質的なものも含まれ、それに対する助言と承認を通して内閣の解散権が根拠づけられるとする。憲法の文言を重視する限り、この説が最も憲法に適合的であると思われる。実体的に天皇が「国政に関する権能を有しない」(四条一項)ように、手続的には内閣が助言と承認を行なわなければならない(三条)。名目的でなければならないのは国事行為自体ではなく、天皇への帰属である。

3 解散が行なわれる場合

内閣に解散権を認める説のうち六九条説以外の説は、解散は六九条の場合に限らず可能だとする。七条説も、七条では解散の場合が限定されていないことを理由に、同様の結論を出している。しかし、この論法によれば、七条二号の国会の召集についても、内閣は具体的規定無しに広く行なえることになってしまう。もともと七条は国事行為を列挙する規定に過ぎず、それぞれの国事行為が行なわれる場合を定めた規定ではない。国会の召集が行なわれる場合については五二条（常会）、五三条（臨時会）、五四条一項（特別会）があるように、衆議院の解散が行なわれる場合について六九条が規定していると見るのが自然であろう。すなわち、七条三号は解散の根拠に関する規定であり、六九条は解散が行なわれる場合に関する規定である。

解散が行なわれるのは、内閣に対する衆議院による不信任という六九条の場合に限定されるとするのが、総司令部のもともとの考え方であった。実際の運用面でも、与党主流派や首相の思惑による解散に民意を問うたとする正当性を与えている解散の実態に対して、限定的立場が必要なのではないであろうか。実体的にはこの限定的立場は、解散が行なわれる場合を不当に制限しているように見えても、手続的には必ずしもそうではない。民意を問うべき重大な争点が出てきたと考えられる場合には、民意の基礎を持っているかどうか疑わしい内閣に対して、衆議院が不信任を表明すればよい。解散が行なわれる場合が六九条に限定されるかどうかは、解散のイニシァティヴを握るのが衆議院か内閣かの問題である。この手続問題が重要なのではないであろうか。

従来の学説も解散に関する内閣の自由裁量を認めてきたわけではなく、同じ争点で続けて解散してはならず、また民意を問うべき重大な争点が存在するなど一定の場合には解散しなければならないと主張してきた。この主張は実体的には正当であるが、手続的にその点に関する判断権を一方的に内閣に認めてきた結果が、解散の実態ではないであろうか。この点に関する判断権は、まず内閣を不信任するかどうかという形で衆議院と、次に解散か総辞職かを選ぶという形で内閣に認められる。世論と衆議院における公開の討論の間の往復運動を経ることによって、初めて上記の解散に関するルールが機能するようになると思われる。

三　国会と国際化

国際化の進展の中で、国会はどのような役割を果たすべきであろうか。憲法は国際協調主義を定め（前文三項、九八条二項）、国際化に対して積極的で開かれた態度を採っているということができよう。その上で、外交関係の処理（七三条二号）と条約の締結（同三号）を内閣の事務とし、条約の締結について国会の承認を要求している（六一条）。

1　外交内閣中心主義

国際化の問題に取り組む外交について、従来基本的に内閣の仕事と見る考え方が採られ、「外交は政府の専権事項」という言い方もしばしばなされてきた。一九九〇年、韓国の盧泰愚大統領の来日をめぐって社会党の土井委員長が、「過去の植民地支配の清算と侵略戦争に対する責任を明確にする」国会決議を提唱した。それに対して自民党などが、「外交は政府の専権事項」などと難色を示したために、この決議は結局行なわれなかった。また、まず国際関係において政府間で強い政治的約束をし、その不承認が事実上困難な状態において、その法的承認を国会に求めるやり方が採られることも少なくない。一九九七年新ガイドラインが、外務・防衛担当閣僚四人による日米安全保障協議委員会(通称2プラス2)における合意として成立した。これは「政治的な意図を表明」したものとされ(橋本龍太郎首相)、法的約束はなされていないと説明された。そこで、新ガイドラインは国会の承認を必要とする条約ではないとして、国会で報告のみ行なわれた。その上で、新ガイドラインを実施するための周辺事態法案等の審議が行なわれ、一九九九年周辺事態法等が成立した。この過程にも、外交は本来政府の仕事だととらえる姿勢が感じられる。

以上のような考え方の基礎には、外交は憲法七三条二号によって原則として内閣の事務とされ、そのことに対する外からの例外的制約として同三号によって条約の締結に対する国会の承認が位置付けられるとする理解があると思われる。これを私は外交内閣中心主義と呼んでいる。

2 外交国会中心主義

それに対して憲法の基本構造を考えてみると、統治機構の基礎に国民主権の原理があり、そのことは外交にもあてはまるはずである。そこで、外交における国民主権として、「外交民主主義」を考えることができる。この考え方は、国際化の進展の中で外交が市民生活と密接な関係を強めている現実にも合っている。

その上で、外交の基本枠組みを定める条約の締結について、憲法は、国民代表である国会に承認権を認めている。そのことは、外交に関する最終的決定権が国会にあることを意味し、そこから外交国会中心主義を考えることができる。外交の対外的窓口は内閣でなければならないが、その対内的な最終的決定権は国会にある。憲法七三条二号が内閣に外交そのものではなく外交関係の「処理」を委ねているのは、国会による最終的・基本的決定を前提にしていると読むこともできる。実際の外交について内閣、外務省、外交官が果たす役割は言うまでもなく大きいが、統治機構における最終的な国内法的決定は国民主権の下で国会が行なわなければならない。このような観点から、条約の範囲、その決定権者、条約の修正などの問題を含めて、外交実務を見直す必要があろう。(5)

3　検討課題

しかしながら、国際化の進展に応じて外交問題について適切に判断する姿勢と能力が、果して議会に期待されうるであろうか。

一九五〇年代前半のアメリカにおいて、国際人権保障の動きがアメリカに及ぶことを避けようとして、政府の条約締結権を制限するための憲法改正運動がなされた。これは、議会においてこの運動の中心的役割を果たしたブリッカー議員の名前を採って、「ブリッカー修正」(Bricker Amendment) と呼ばれた。その修正条項案には連邦制の問題も含まれていたが、憲法の条約に対する優位、憲法による条約内容の制限、条約の締結に対する議会権限の強化などの要素が存在していた。この修正運動自体は失敗に終わったが、国際人権保障のアメリカへの波及を防ごうとする、その後のアメリカ外交の姿勢に影響を与えてきた。比較的最近の動きを見ると、一九九七年の温暖化防止京都会議において、温室効果ガスの削減のための国際的約束を盛り込んだ京都議定書が最終的に成立した。しかし、その審議の中でアメリカは、上院の承認が得られそうもないことを理由にして、審議の進行に抵抗した。日本でも、議員の国内的・特殊的利害への関心や国際化への無関心、無理解に対する懸念がありえよう。

国際社会において正当と考えられている動きに対する各国議会の阻止的役割の例を出したが、国際化の動きの中には検討すべき問題が含まれている場合もある。国際人権だけではなく、人権や国家主権の侵害問題を含む安保条約やイラク戦争などもある。国際人権についても、人権侵害防止を理由にした「人道的介入」のための軍事活動や、経済的自由権に特化した人権論による福祉削減のグローバリズムの問題もある。国際化については、注意深い検討が必要である。

その検討は最終的には市民の間でなされるべきものであって、検討の主体を市民から国家権力に、議会から政府に、多数の小国から特定の大国に移すことによって、済む問題ではないであろう。国際人権保障や国際立憲主義と国内人権保障や各国立憲主義の間で、往復運動が必要である。また推進すべき国際化であっても、各国の市民と議会の間の往復運動の中で市民から納得されなければ、本物にならないであろう。前述の「ブリッカー修正」などの動きも、正当な国際化の進展に対する抵抗という面が批判された上で、国際化に対する国内的合意の実現方法の面が受け止められるべきなのではないであろうか。

おわりに

社会において世論が多様に分かれ世論の中に対立があることは、事実であり自然なことである。その多様な世論から一つの結論をまとめ上げることは、本来容易なことではない。それは政府によって権威的、擬制的になされるべきことではなく、議会のオープンな審議を通して実際に苦労してなされるべきものと、私は考えている。

（1）西川伸一『立法の中枢・知られざる官庁新内閣法制局』七九―八二頁（五月書房、二〇〇二年）。
（2）浦田一郎「政府の集団的自衛権論――従来の見解と小泉政権下の議論」市民と憲法研究者をむすぶ憲法問題Ｗｅｂ（http://www.jca.apc.org/˜kenpoweb）（二〇〇一年）。
（3）櫻井よしこ『憲法とはなにか』一六八頁（小学館、二〇〇〇年）。

(4)　小沢一郎『日本改造計画』五八―六一頁（講談社、一九九三年）。
(5)　外交国会中心主義について、浦田一郎『現代の平和主義と立憲主義』一九四―二〇四頁。条約をめぐる法的問題について、本書三一六―三一九頁。

12 「予算と法律」と「条約と法律」

はじめに

財政や外交は市民生活を左右する重大な意味を持ち、この傾向は現代社会においてますます強まっている。そのため、財政や外交の基本を規律する予算や条約の決定は、かつては政府の権限とされていたが、後にそれらに関する議会の権限が強化されるようになった。しかし、政府の権限を再強化する動きも生じている。

ところで予算と条約は通常別個の問題として論じられているが、法律との関係において一定の共通性や類似性を備えている。実体的に見ると、予算は一会計年度における財政行為の準則であり、条約は文書による国家間の合意である。両者はともに法律の規律する事項と密接な関わりを持っている。手続的には日本国憲法の場合、予算は内閣が作成し国会が議決し（七三条五号、八六条）、条約は国会が承認し内閣が締結する（七三条三号）。これらの意思決定には内閣とともに国会が参加する。また、それらに関する国会における審議手続には、通常の法律に対する特則が設けられている（予算―六〇条、条約―六一条）。以上のような点から、「予算と法律」と「条約と法律」の問題について、両者の異同を論ずることが可能になっている。このように予算と条約を対置することによって、それぞれの問題や、その基礎にある国会と内閣の関係が明確になることが期待される。

そこでそれぞれの問題について、共通しあるいは類似した論点を立てて、検討を加えることとする。そのような論点として、①予算と条約の法的性格、②予算と条約の審議、③予算と条約の効力の三つの大きな論点を挙げておくことにしたい。

一　予算と法律

1　予算の法的性格

予算の定義を確認した上で、その法的性格について検討を加えていきたい。

(1)　定　義

ここで問題にすべき実質的意味の予算とは、一会計年度における主として国の歳入、歳出に関する財政行為の準則である。条約と異なり、予算に関してはその定義や範囲について大きな争いはない。

(2)　法的性格

予算の法的性格について学説は基本的に三つに分けられる。

i　承認説

予算の性格を基本的に行政と見る行政説の中に、予算を国の収入、支出の処理について行政庁に与える訓令と考える訓令説と、国会が政府の財政計画を承認する意思表示とする承認説がある。日本国憲法の下で主張されているのは後者であり、少数説である。(1) 実務は承認説によっているようである。予算は承認によって政府の責任を予め解除する意味を持つが、法規範ではないとする。その根拠として、次のような点が挙げられる。①予算は国会と内閣の間においてのみ効力を有し、国民との関係で効力を持つものではない。②予算は、表現（八四条と八六条）、発案権（七三条五号、八六条）、衆議院先議（六〇条一項）、衆議院の特別の優越（同二項）、署名、連署、公布手続の欠如（七四条、七条一号）の点で、法律と異なっている。

ii　法規説

この説によれば、予算は一種の法規範であるが、実質的意味でも形式的意味でも法律とは異なる国法である。これは多数説である。(2) ①予算は、「歳出については、その時期、目的及び金額を限定し、歳入については、その財源を指示するとともに、歳入の時期をある程度限定する」(3) 意味を持つので、法規範性を有する。しかし、②狭い立法概念（後述）を前提にして、承認説と同じ理由を挙げて、法律ではないとする。なお、広い立法概念（後述）を採って、予算は実質的には法律だが形式的意味の法律ではないとする法規説もある。(4)

iii　法律説

これは予算を実質的にも形式的にも法律の一種と見る説であり、少数説である。(5) ①法律は国家機関のみを規律することもできる。②予算は、法律としてその議決手続の原則規定である五九条一項の適用を前提にし、六〇条は「この憲法に特別の定めのある場合」に当たる。法律として署名、連署、公布が要求される。③市民憲法においては予算を法律とするのが一般的である。(6)

法律説を採るべきだと考える。立法について、新たに国民の権利を制限し義務を課す一般的・抽象的規範の定立とする狭い概念と、対象の限定無しに一般的・抽象的規範の定立とする広い概念がある。国会を「国権の最高機関」とする憲法構造の下では、立法概念を広くとるべきである。従って法律は国家機関の規律をも対象とし、憲法もそのことを予定している（六六条一項、七三条四号等）。しかも、立法の一般性、抽象性は行政、司法の具体性、個別性と相関的にとらえられるべきであり、厳密に解されるべきではない。(7) そうだとすれば、「国家内部的に、国家機関の行為のみを規律し、しかも、一会計年度内の具体的の行為を規律する」(8) 予算も、法律である。

内閣の発案権は、憲法が認めた国会単独立法の原則（四一条）に対する明文の例外と見るべきであろう。発案権等の特殊性の故に、予算の法律性を否定すると、後に見るように、予算の修正権を制限し特殊性を強調する傾向が生じる。それは、財政国会中心主義・議決主義（八三条）にふさわしくない。

2 予算の審議

予算の審議の問題として、手続の特殊性を確認した後で、予算の修正の問題を取り上げたい。

(1) 手　続

通常の法律と異なり、衆議院先議（六〇条一項）と衆議院の議決の特別の優越（二項）が認められている。

(2) 修　正

予算の修正については、原案に対し款項を排除しまたは金額を削減する減額修正と、原案に存在しない款項を加えまたは金額を増加する増額修正を区別する必要がある。

i　減額修正

法律費、義務費（明治憲法六七条参照）については、国会が歳出の根拠となる法律を議決した以上、予算を修正できないとする立場がある。(9) それに対して財政国会中心主義から、減額修正に制限は無いとする立場もある。(10) 予算を法律と見る場合には、修正の制限は問題にならない。(11)

ii　増額修正

国会に発案権が無いことを理由に増額修正を否定する説[12]があるが、これは少数説である。財政国会中心主義から増額修正を認めつつ、予算発案権が内閣に専属している点から、予算の同一性を損なうような大修正は認められないとする制約を設ける説がある。[13]一九七七年二月二三日の政府統一見解も同旨と考えられる。予算全体を否決することができる以上、増額修正に法的制約は無いとする説もある。[14]予算法律説では、増額修正にも限界は無いことになる。[15]予算の法的性格の問題と予算の修正の問題は明確に対応するものではないが、予算と通常の法律の異質性を強調する立場のほうが、予算の修正に制約を設ける傾向が強い。予算法律説と財政国会中心主義を前提にして、修正には法的制約が無いと考える。

3　予算の効力

ここでは、否決の場合の問題と、法律と予算の関係の問題を見ることにする。

(1)　否決の場合

国会が予算を否決した場合、予算は成立しない。その場合の対応策として、財政法は暫定予算の制度を採用している。条約と異なり、理論的に困難な問題はない。

(2)　法律と予算の関係

法律と予算の不一致の問題がある。

i　予算法規説

多数説であるこの立場では、予算と法律を別形式のものと考えるので、両者の不一致の問題が生じる。それは、歳入、歳出のそれぞれについて、予算は成立したが法律は成立しない、あるいは法律は成立したが予算は成立しないという形で現れる。歳入については予算の法的性格は比較的希薄であり、租税は法律、例えば租税法に基づいて徴収される。歳出は法律に基礎を持つとともに、予算の認める範囲内でなされなければならない。[16] すなわち、歳入は基本的に法律により、歳出は法律と予算の両者の根拠を必要とする。そこで、予算と法律の不一致は政治的に解決すべきものとされる。

ii　予算法律説

予算を法律の一種と見る場合には、法律と予算の間の不一致の問題とされるものは、法律相互の矛盾を解決する一般理論によって法的に処理されると言われる。[17] しかしながら予算法律説は、この問題を予算と法律の間の問題として形式的に処理するのではなく、法律相互の間の問題として実質的に処理するための土俵を設定したが、具体的な問題処理はそれほど簡単ではない。

国会が歳入、歳出を総合的にコントロールするためには、問題を予算に集中させたほうがよい。しかし、問題を予算によって処理すると、六〇条二項の手続の下では国会のコントロールを弱めることになる。このような矛盾した観点の下で、検討すべき課題は多い。例えば、①国民の人権を制約する事項は、通常の法律に留保すべきかどうか。[18] ②予算法と個別実体法との関係をどう見るか。[19] 歳出について実体法への予算法の従属という原則を認めるかどうか。[20] ③歳入について、租税法と予算を統一する一年税主義の方向を追求すべきかどうかなどである。[21]

二　条約と法律

1 条約の法的性格

(1) 定義

国会の承認を必要とする実質的意味の条約は文書による国家間の合意であり、条約の名称を有する形式的意味の条約に限らない。

しかしながら、文書による国家間の合意の全てに国会の承認が要求されるわけではない。国会の承認を必要とするものとしないものを区別するに当たって、一つには、国会の承認を必要とする条約の範囲を限定する立場がある。一九七四年二月二〇日の政府見解(22)がそれであり、国会の承認を必要とするものとして、①法律事項を含む国際約束、②財政事項を含むもの、③政治的に重要であって、批准が発効要件とされているものを挙げる。もう一つには反対に、国会の承認を必要としない条約の範囲を限定する立場があり(23)、学説では多数説と思われる。①既に承認されている法律および予算の枠内で行なわれる私法上の契約の性質を有するもの、②条約の実施細目を定めるもの、③条約の委任に基づくものには、国会の承認は要求されないとする。

条約締結作用への議会の参加は、国民代表の立法権を保護する目的で生まれたが、現代においては国民主権を防衛する意義をも担うようになっている(24)。そして、条約締結権を含む対外権は立法・執行両権の協働行為ととらえられ(25)、議会は条約締結について最終的な決定を行なうと考えられる(26)。以上のことは、国会を国権の最高機関とする日本国憲法についても言える。そうだとすれば、内閣のみによる条約締結を原則とし、立法事項を含む条約を中心にして、国会の承認を必要とする条約を例外扱いする政府見解は適切ではないことになる。多数説のように、国会の承認を必要としない条約を例外として限定すべきである(27)。

なお砂川事件最高裁判決(28)は、一九五二年の旧日米安保条約三条に基づく行政協定について、条約の委任の範囲内であって国会の承認を経なくても違憲ではないとしたが、学説の批判は多い。

(2)　法的性格

条約の国内法秩序への受容の形態は各国の憲法に委ねられているが、個別的に新たな国内法の定立を要求する変型方式と、一般的に条約に国内法上の効力を認める包括的受容の方式がある。条約の誠実な遵守を要求する日本国憲法（九八条二項）は、包括的受容の体制を採っていると考えられている。(29)

2　条約の審議

(1)　手　続

予算と同様に、通常の法律と異なり、衆議院の議決の特別の優越が認められている（六一条）。しかし、予算と異なり衆議院先議の要求はなく、また国会の承認は「事前に、時宜によつては事後に」（七三条三号）要求されている。

(2)　修　正

国会による条約の修正については、①修正権否定説(30)が多数説である。国会による修正は内閣の条約締結権を侵害することを理由とする。②肯定説(31)は、国会の条約承認権は内閣の締結権を制限する趣旨であることを理由として挙げる。事前の承認で修正がなされた場合には、内閣は修正の意思に従って相手国と交渉すべき義務を負う。事後の承認の場合には、修正に従って条約の改定を相手国に申し入れる義務を負う。これらの義務は法的義務である。③折衷説(32)は否定説に立った上で、付帯決議や条件を付ける方法を考える。条約の法的安定性とともに国会の承認における立法的機能と民主的統制機能を重視する。

対外権を立法・執行両権の協働行為と見て、国会による修正権を肯定すべきであると考える。なお、条約の修正は内閣を拘束するのみであり、内閣の行為を必要としない予算や通常の法律の修正と意味が異なる。

3 条約の効力

(1) 否決の場合

国会が承認しなかった条約の効力については、通常、事後に国会が承認しなかった条約の国際法上の効力が論じられている。国際法としての側面を有する条約の否決については、予算と異なる問題が発生する。

①無効説[33]は多数説であり、事後の否決を軽視するのは国会の意思を軽視する結果になるとする。②有効説[34]は国際法秩序における法的安定性を重視する。③条件付無効説[35]と言われるものは、原則として無効説に立ちながら、条約締結権者の権能を直接かつ明白に制限する憲法規定に違反するような場合に、無効を限定する。

条約締結における国会の承認の意義を重視して、無効説を採りたい。条件付無効説は実際の運用において有効説に流れる可能性がある。ところでこの問題は国際法上の問題であり、条約法に関するウィーン条約四六条は、国内法における条約締結手続違反一般の問題について条件付有効説を採っている。同条一項本文で有効説の原則に立った上で、但書きで、「ただし、違反が明白でありかつ基本的な重要性を有する国内法の規則に係るものである場合は、この限りでない」とする。日本国憲法の下で、国会が事後に条約を承認しなかった場合は、但書きに当たると見てよいであろう。

(2) 条約と法律の関係

条約遵守主義（九八条二項）を重視して、条約は法律に優位すると解されている。[36]

おわりに

この問題の基礎には、予算や条約に関わって日本国憲法下の統治構造をどう理解するかという問題がある。日本国憲法は国会を国権の最高機関とする議会中心主義の統治構造を採用し、そのことは財政や外交においても貫かれていると見るべきである。財政における国民主権としての財政民主主義を基礎にして、財政に関する最終的な決定は国会が行なうとする財政国会中心主義・議決主義が採られている（八三条）。他方、外交について、普通に言われていることではないが、次のように考えることができるのではないか。外交関係の処理（七三条二号）一般が国会の議決に基づいて行なわれることは要求されていないが、国内法秩序においては、外交でも財政と基本的に同様の体制が採られていると見ることができる。すなわち、外交における国民主権としての外交民主主義を観念することが可能であり、その基礎の上に、外交関係処理の基本をなす条約締結作用において、国会の承認を通して、その最終的な決定は国会が行なうとする外交国会中心主義が採られていると見ることができるのではないか。(37)

このような財政や外交における国会中心主義の構造の中で、その制定が国会の中心的な任務である法律と、予算や条約との関係が問題になってくる。予算は一会計年度に関するものであり、条約は相手国との交渉を必要とするので、ともに迅速性が要求される。そのため、予算の議決や条約の承認においては、法律の議決手続を前提にしつつ、特別の議決手続が採用されていると見ることができる。広い立法概念を採ると、実質的には予算は法律であり、条約の国内法的側面も法律と見ることができるのではないか。ただし、予算については形式的にも法律の一種であるとする予算法律説が提唱されているが、条約は法律とは異なる形式とされていると考えられる（七条一号）。

(1) 美濃部達吉『日本國憲法原論』三九〇頁（有斐閣、一九四八年）、田上穣治『新版日本国憲法原論』二九四頁（青林書院、一九八五年）。
(2) 法學協會『註解日本國憲法』下巻一三〇一頁（有斐閣、一九五四年）、清宮四郎『憲法Ⅰ〔第三版〕』二六九―二七〇頁（有斐閣、一九七九年）。
(3) 清宮・前掲注（2）。
(4) 佐藤功『憲法〔新版〕』一一二五頁（有斐閣、一九八四年）。
(5) 小嶋和司「財政」『日本国憲法体系』六巻一八八頁以下（有斐閣、一九六五年）、吉田善明『現代憲法の問題状況』二七三頁以下（評論社、一九七二年）、杉原泰雄『憲法Ⅱ』四四四頁以下（有斐閣、一九八九年）。
(6) 杉原泰雄『憲法Ⅰ』三三三頁以下（有斐閣、一九八七年）。
(7) 手島孝『憲法解釈二十講』二五二頁（有斐閣、一九八〇年）。
(8) 清宮・前掲注（2）二七〇頁。
(9) 同二七三―二七四頁。
(10) 法學協會・前掲注（2）一三〇三頁。
(11) 杉原・前掲注（5）四五一頁。ただし、制約を設けるものとして、小嶋和司『憲法概説』五二三―五二四頁（良書普及会、一九八七年）。
(12) 美濃部・前掲注（1）三九一頁。
(13) 清宮・前掲注（2）二七四―二七五頁。
(14) 佐藤・前掲注（4）一一三九頁。
(15) 小嶋・前掲注（5）一九三頁。ただし、制約を設けるものとして、手島・前掲注（7）二五六頁。
(16) 清宮・前掲注（2）二七八頁。
(17) 川上勝巳「予算の拘束力」小嶋和司編『憲法の争点（増補）』（ジュリスト増刊）一九六頁（一九八〇年）。
(18) 杉原・前掲注（5）四四七頁。
(19) 北野弘久「予算」雄川一郎ほか編『現代行政法大系』一〇巻五九頁（有斐閣、一九八四年）。

(20) 田中治「アメリカにおける歳出予算の法的性格」小林・北野編『現代財政法の基本問題』二一八頁（岩波書店、一九八七年）。
(21) 手島・前掲注（7）二五八頁。
(22) 浅野一郎・杉原泰雄監修『憲法答弁集』四一四—四一五頁（信山社、二〇〇三年）。
(23) 宮沢俊義（芦部信喜補訂）『全訂日本国憲法』五六二頁（日本評論社、一九七八年）、杉原・前掲注（5）二三六頁。
(24) 芦部信喜『憲法と議会政』一八五頁（東京大学出版会、一九七一年）。
(25) 同二〇五頁以下。
(26) 同『憲法の焦点3』六九頁（有斐閣、一九八五年）。
(27) 松田竹男「条約の締結に対する民主的統制」法経研究（静岡大学）三八巻一・二号一七五頁以下（一九八九年）。
(28) 最大判一九五九（昭三四）年一二月一六日刑集一三巻一三号三二二五頁。
(29) 阿部照哉『演習憲法』八頁以下（有斐閣、一九八五年）。ただし、憲法は国際法遵守の形式を特定していないとする見解（石本泰雄「国際法と国内法の関係」法学教室一九号一九頁（一九八二年））もあり、変型方式を排除しているかについては検討の余地がある。
(30) 宮沢・前掲注（23）五六五頁、田上・前掲注（1）二四五頁。
(31) 佐藤・前掲注（4）八九六頁以下、芦部・前掲注（26）七四—七五頁、杉原・前掲注（5）二三九—二四〇頁。
(32) 深瀬忠一「国会の条約承認権」芦部ほか編『演習憲法』四六六頁以下（青林書院、一九八四年）。
(33) 清宮・前掲注（2）四四七頁、杉原・前掲注（5）二四一—二四二頁。
(34) 佐藤・前掲注（4）八九一頁以下、橋本公亘「国会の条約承認権」清宮ほか編『新版憲法演習3〔改訂版〕』七三頁以下（有斐閣、一九八七年）。
(35) 深瀬・前掲注（32）四六四—四六五頁、芦部『演習憲法・新版』二三六頁以下（有斐閣、一九八八年）。
(36) 清宮・前掲注（2）四四九頁。
(37) 外交国会中心主義について、浦田一郎『現代の平和主義と立憲主義』一九四—二〇四頁（日本評論社、一九九五年）。

二　人権

13　人間の主体性と人権による拘束
――人権論の動向と問題点

はじめに

一橋大学の体育学のメンバーから、最近の人権論の動向と問題点について話すように依頼を受け、一九九二年一月二一日に報告を行なった。本稿は、そのまとめである。

「人間の主体性と人権による拘束」というテーマは、人間を主体的なものとしてとらえることと、憲法や人権のルールによって人間行動を拘束することとの関係を問題にしている。私の問題関心から、このようなテーマを選んでみた。対象として、一九六〇年代以降の人権論を見てみることにする。

一　人権論の動向

主な動向として、次の三点のみ指摘することにする。

1　人権の手続的保障――憲法訴訟

一九六〇年代以降、憲法訴訟論が盛んになり、これは違憲審査基準や審査手続を問題にするものであり、人権の手続的保障の意味を持つ。六〇年代後半裁判実務に対する影響も見られる。一九八七年に『講座・憲法訴訟』(1)が出され、これが憲法訴訟論の一つの画期をなす。

戦後民主主義運動の成果として、六〇年以降、明治憲法に戻ることはできないという意味で、憲法のある種の定着が見られる。経済の高度成長を経る中で、欧米並の人権保障のための技術的整備が期待されるようになった。このような背景もあって、憲法訴訟論への取組みがなされるようになったと思われる。

しかしながら、憲法訴訟論の基本的な枠組みであると考えられてきたダブル・スタンダードも、判例では確立していない。これは、精神的自由権と経済的自由権との間で規制立法に関する違憲審査基準を異なるものとし、そのことによって、経済的自由権に対する社会的規則を可能にしつつ、議会制民主主義の前提条件として精神的自由権を厚く保障しようとするものである。このダブル・スタンダードに対する批判的検討も出されているが、判例で確立していないものに対して行なわれている。また、最高裁判所が法律を違憲としたのはわずかに五回（報告当時）であり、世界で例を見ないほど違憲審査は機能していない。議論の形は精緻になってきたが、人権保障の実質は必ずしも進んでいないのが実情である。

人権の手続的保障のための憲法訴訟論の展開は、言うまでもなく必要である。しかしながら、それが成果を生まない日本社会の特質を究明する必要がある。また、憲法訴訟の進展のためには市民の運動による支えが必要であるが、そのことの理論化も課題である。

2　人権論の実質的基礎づけ――道徳哲学

これは正義や権利の道徳的基礎づけを試みるものであり、英米の法哲学において盛んであり、憲法学にも大きな影響を与えている。その先駆者はジョン・ロールズ[2]であり、ロナルド・ドゥウォーキン[3]もよく引かれている。日本の憲法学でこのような議論が盛んになったのは、八〇年代以降と思われる。

このような議論が権利を真剣に受けとめようとする態度には、学ばせられるものが多い。技術化し過ぎた憲法訴訟論に対する反省という意味もあると思われる。

ただし、日本で行なわれている議論は抽象化し過ぎており、社会や歴史、そこにおける日本的特殊性などに対する関心が薄いように思われる。また、説得のための議論を問題にし、社会科学を重視しない傾向がある。アメリカではcommunitarianismもあるが、日本ではliberalismの傾向が有力であり、描かれている人間が、運動から切り離され、社会性が重視されない個人であることもあるように思われる。また、戦争放棄、象徴天皇制などの憲法規定や安保体制の現実に対する関心の弱い「普通の憲法」論の傾向も、実際上見られる。このような場合には、実質的にアメリカ中心のグローバリズムを受容する立場があるように思われる。

3　人権の普遍化

人権の歴史性や階級性に対して、普遍性を強調する議論が非常に強くなっている。そこには次のような背景があるように思われる。①国際化が進展し、国際交流が飛躍的に進んでいる。国際人権規約が機能し、また国際的視野を含んだ「第三世代の人権論」(発展・環境への人権、民族自決権など)が唱えられている。人権が、国家・社会体制の違いを越えた、共通の国際ルールになっている。

②高度成長の成果が勤労者にもある程度分配されることによって、社会変革を望まない態度が生まれ、その枠組として人権が援用される傾向がある。ほぼ同じ事情がフランスにもあり、革命二〇〇周年において学界の多数派も正統派から修正派に移った。一七八九年人権宣言を基礎に、「革命は終わった」（フランソワ・フュレ）[4]とする論調が強くなった。さらに低成長になると、既存の枠組みの中で生きることに追いつめられる傾向も強まっている。

③社会主義国や途上国における抑圧からの解放を目指す民衆運動にとって、キー・ワードは人権であった。人権は社会変革のための下位概念ではなく、社会変革の目標を示す上位概念になっている。[5]そこでは人権の中心は自由権であり、その主体は抽象的人間である。このようにとらえることの積極的意義が強調されている。

これらの動向によって、かつて人権の物質的保障と体制的制約を強調した階級的人権論について、無視や忘却ではなく理論的総括が求められている。その場合にも、人権と民衆の運動との関係や所有の問題を避けて通ることはできない。以上の動向の基礎に、個人の自由権を中心にした人権の保障のために、憲法によって国家権力を拘束し、そのことを裁判所の違憲審査によって確保しようとする考え方がある。自由主義的立憲主義と呼ぶことができるが、これに対してどのように考えればよいのであろうか。

二　私の関心から

1　日本国憲法に対する二つの立場[6]

護憲の流れの中に、日本国憲法に対する態度についてモデルとして二つの立場を区別することができる。日本国憲法の中に普遍的価値を見いだす立場を普遍的憲法論、歴史的な意義と限界を見る立場を歴史的憲法論と呼ぶことにする。

(1) 普遍的憲法論

この立場は、日本社会における日本国憲法の定着・実現を社会的目標にしている。市民憲法に普遍的な価値を認め、日本国憲法をその一つととらえている。憲法によって人権保障のために国家権力を拘束する立憲主義を強調する。しかし、憲法下の現実の国家権力に対して、立憲主義の実現を期待できるものとして基本的には信頼を置いている。立憲主義の実現を要求する自覚的市民（そのモデルは裁判官）に期待し、民衆に対しては、権力に利用される危険性を持ったものとして警戒心を持つ。

明治憲法から日本国憲法への価値原理の転換に期待し、それで満足する。そこで、日本国憲法を利用した戦後統治を基本的に受容する。日本は「経済大国」になったことによって欧米並になり、市民憲法実現の条件ができたと考える。そこからさらに、普遍的憲法論を徹底させて、戦争放棄規定の無い「普通の憲法」を目指す護憲的?改憲論が出てくることもある。

(2) 歴史的憲法論

この場合には、社会変革の展望の中に日本国憲法を位置づけることになる。立憲主義が権力を拘束する側面を評価するとともに、国民を支配に取り込むイデオロギー効果の側面に警戒心を持つ。実際には、権力との関係においても権力の社会的・階級的本質を一次的なものとし、憲法による権力の拘束を二次的なものと見て、立憲主義を軽視する傾向がある。反面、民主的権力に対する信頼感がある。

社会的変革を担うべき民衆に期待することになる。実際には民衆が観念化し、運動の単なる正当化理由になることがある。その場合には、変革の担い手は自覚的運動家になり、現実の民衆は権力に取り込まれたものとして無視されがちになる。

社会主義革命を中心とする社会的展望をもって、戦後統治に批判的な態度をとってきた。しかし、社会主義の崩壊によって、新たな展望を模索している。

(3)　立憲主義の可能性

民衆の要求を日本国憲法の枠の中に閉じ込めることはできないのであり、私は歴史的憲法論の立場に立ちたいと思っている。その場合に、立憲主義に対する警戒とともに、積極的な評価が必要である。権力の社会的本質とともに、権力に対する立憲的拘束を重視する必要がある。それは、民衆の生活と運動にとって不可欠の条件だからである。ただし、立憲主義の再構成の可能性を考えなければならない。

2　人権は国民主権を拘束するか(7)

立憲主義の再構成の可能性を考えるためには、人権と国民主権の関係を検討する必要がある。近代的な思想である限り、個人の自由な生存に根源的な価値を置き、主権行使もそれによって内容的に拘束される。理論的にはこのような制約があるはずであり、完全に無制約な主権行使はありえない。しかしながらそのことは、私的所有権を含んだ人権体系を自然権として構成し、それによって主権行使を拘束し、自覚的少数者による意思決定を正当化する（ロック的一部譲渡論）ことを意味するものではない。

自然権的構成に消極的な態度をとり、根源的な価値による拘束の具体的内容を主権者人民が確定する方向がある（ルソー的全部譲渡論）。この場合には、国民の政治参加や、民意を踏まえた議会の役割が重視される。このような方向をたどった上で、立憲主義、人権保障、違憲審査制などと、そこにおける専門家の役割を積極的に位置づける必要がある。そのことによって、これらの原理は社会的・階級的歪曲から解放されて、少数者・個人の自律性を確保するという本来の目標を実現する可能性が生まれる。

3　社会権は「弱者」の権利か

個人にせよ社会にせよ、人間を主体的なものとしてとらえる上で、「弱者」の権利論は問題を含んでいるように思われる。基本的には、近代的人権から現代的人権への展開について、その主体を抽象的人間から具体的人間へ転換させて説明するときに現れる。個別の場面でも、①私人間の人権論、②法人の人権に対する自然人の人権、③実質的平等論、④福祉国家的「公共の福祉」論、⑤「小さな財産」論、⑥社会権論、⑦未成年者・老人・女性・身障者・消費者の権利論などである。最も典型的な社会権論において、その主体である勤労者や貧困者は「弱者」としてとらえられ、「弱者保護」が社会権の目的とされることがある。

社会権の社会的背景の一つは支配の側の要求であり、体制維持のために社会的政策を目指す。社会権の性質について、プログラム規定説として現れる傾向がある。もう一つの背景は市民の側の要求であり、生存要求に根差しており、権利説として現れる傾向がある。その点で「弱者の権利論」も、市民の要求の実現を目指した解釈論の形をとっている。

しかしながら、縦の関係の中で上から「弱者」を「保護」することによって、横の関係に基づく市民の運動を制御しようとしている。その意味で、その実質は権利論より政策論に傾いている。利益を配分しつつ、運動の主体を見ない考え方だからである。

それに対して、どう考えればよいのか。今のところ、次のような点が気になっている。①社会権において、勤労などによって社会を支えている主体が、自己に「ふさわしいもの」(quelque chose)[8]として扱われることを要求している。このようにとらえることによって、社会権は政策ではなく権利として構成することが可能になる。②社会権の主体である勤労者や貧困者などは特別の主体ではなく、すべての人間がなる可能性がある。男性と女性は相互規定的である。③社会権は、その主体が人間らしく生きる上で不可欠の権利である。これらの意味で、社会権は人権として正当性を持っている。

おわりに

最後にスポーツの権利に関わる憲法論について、いくつか指摘しておきたい。①権利の段階として、理念的権利、法的権利、裁判上の権利を区別する必要がある。②新しい人権を主張するためには、権利の歴史的正当性、普遍性、公共性を論証する必要があると言われている。③人権の性格として、対国家権力の人権、私人間の人権、自由権と社会権、憲法上の人権と法律上の権利の区別と関係を検討する必要がある。④未成年者の人権主体性については、人生の目的と手段に関する判断能力の点で否定的に解する立場もある。しかし、日本国憲法二六条が予定する発達権を軸に、積極的に考えたいと今のところ思っている。

（1）芦部信喜編『講座・憲法訴訟』全三巻（有斐閣、一九八七年）。
（2）John Rawls, *A Theory of Justice*, Harvard University Press, Cambridge, 1971. 矢島鈞次監訳『正義論』（紀伊國屋書店、一九七九年）。
（3）Ronald Dworkin, *Taking Rights Seriously*, Gerald Duck worth, 1977. 木下毅ほか訳『権利論』（木鐸社、一九八六年）。
（4）François Furet, *Penser la Révolution française*, Gallimard, Paris, 1978. 大津真作訳『フランス革命を考える』（岩波書店、

一九八九年)。

(5) 樋口陽一『自由と国家』(岩波書店、一九八九年) 参照。

(6) 浦田一郎『現代の平和主義と立憲主義』九九—一〇一頁(日本評論社、一九九五年)。

(7) 本書一八—一九頁参照。

(8) Emmanuel Sieyès, *Qu'est-ce que LE TIERS-ETAT?*, 1789, ŒUVRES DE SIEYÈS, 1989, EDHIS, Paris, p. 1(大岩誠訳『第三階級とは何か』二一頁(岩波書店、一九五〇年))の、冒頭の問題提起を念頭に置いている。このような言い方によってシエースはブルジョワ的要求を提出したが、しかしながらこれは権利要求の普遍的な論理であるように思われる。

14 民主主義法学と人権論の構想

はじめに

民主主義科学者協会法律部会（以下、民科と略）において一九九七年度から始まった三ヵ年の全体シンポジウムに関する計画は、特定の言葉で定式化されなかったが以下のように設定されていた。(1)「現在の世界と日本の構造変動の基軸」をとらえ、「その変動のなかで改革の戦略の再構築」を構想し、その場合「民主主義・法による資本主義の制御」を想定していた。この三ヵ年計画の下で九七年度は「グローバリゼーションと日本国家」、九八年度は「現代『市民社会』論の射程」、九九年度は「世紀転換期における〈人権〉——新しい社会の構想のために」をテーマとして、全体シンポジウムが行なわれた。本稿は、その九九年度シンポジウムの総論として報告されたものである。

この九九年度テーマの下で民科として、あるべき人権論を積極的に打ち出すことが企図された。しかしかつての民科では、しばしば人権のイデオロギー性批判に力点が置かれ、人権論の展開に消極的な傾向が少なからずあった。したがって、いま人権論を積極的に打ち出すのであれば、何らかの形でかつての人権消極論の総括に取り組み、いま積極的に人権論を打ち出す理由を説明する必要がある。

一　従来の民主主義法学と人権論

1　民主主義法学と人権論の構造と展開

この問題について一九九九年春合宿で報告を行い[2]、民主主義法学の特徴と展開にふれた後、民主主義法学における人権論の簡単なスケッチを行なった。その人権論には一般的に一定の特徴が見られるが、その意義と問題についてはすぐ後で述べる。その歴史的展開については、①人権啓蒙?（一九四〇年代後半から六〇年代前半まで）、③人権のイデオロギー性批判（六〇年代前半から七〇年代前半まで）、②人権への実質的着目の開始（七〇年代前半から八〇年代まで）、④人権論の増加とその積極的展開（九〇年代）として、整理してみた。

2　従来の民主主義法学における人権論の意義と問題

従来の民主主義法学における人権論はマルクス主義や社会主義と一定の関わりを持ちつつ、ある種の構造を備えていると考えられる。しかしながら私には、その構造を分析する理論的用意がほとんどなく、現在時間的余裕も全くない。そのため、現時点で個人的印象を羅列することでお許しいただきたい。

(1)　従来の人権論の意義

人権論の前提にある社会認識として、人間の社会的性格を重視してきた。民主主義の意義を強調し、反面個人主義や自由主義を批判してきた。

人権のとらえ方としては、人権を歴史的なものとして把握しつつ、人権の社会的実現を目指してきた。人権の歴史的性格から、人権の観念や運用のイデオロギー性に注意を払うとともに、人権の観念や主体を具体的に把握しようとしてきた。また、人権の実質的・物質的保障を求め、そこから国家による実際の保障を構想してきた。さらに人権実現のための実践運動を重視し、そのために人権実現の社会的担い手を明らかにしようとしてきた。

人権の構成の仕方を見ると、人権を包括的・発展的なものとして構成しようとしてきたと思われる。人権とともに国家主権や民族自決論も視野に収め、人権も内部に矛盾を含んだ体系としてとらえてきた。他の学会の人権論と比べると、社会権や実質的平等に配慮し、国家だけではなく社会における人権を問題にしてきた。

(2)　従来の人権論の問題

民主主義法学における人権論には、以上のような意義が認められるが、一定の問題も存在していたように思われる。社会認識の面では、それが硬直化し、個人把握に弱さが見られたように思われる。歴史をやや機械的に法則的に発展するものと見る態度が少なからずあり、そこには、正しいものが予め分かっていると考える傾向も生じていなかったであろうか。法則的把握は歴史の科学的認識を目指したものであったが、自由な討議を本質として含む人権論と一定の緊張関係を持っているであろう。以上のことと関わって、社会主義の展望がしばしば想定されていたが、東欧において社会主義が崩壊し、社会的展望を再考する必要が生じている。経済決定論が強い場合には、法や人権による社会制御の観点が弱くなる。(3)

人権のとらえ方としては、人権の普遍的側面を認識しようとする姿勢が弱かったと思われる。人権の資本主義的・階級的性格が強調される場合、反面それを超えた人間の本質的要求の追究は弱くなったのではないか。国家の社会的・階級的本質の把握とその変革が第一次的に重要なものとされる反面、憲法や人権による国家の制約としての立憲主義に、相対的に低い意義しか認められない傾向もあった。(4)資本主義国家による人権侵害が厳しく批判されたのに対して、社会主義国家による人権侵害の認識は相対的に弱かった。そこには明らかなダブル・スタンダードが存在したと言ってよいであろう(5)。

人権の構成の仕方を見ると、全体として個人の自由権の位置づけの弱さが感じられる。法的構成の基本として、人権論に積極的に取り組むこと自体が多くはなかった。国家による人権の保障が期待されていたが、憲法や人権による国家に対する制約という立憲主義の観念が弱かった。人権の法的主体や社会的担い手が集団化、観念化、政治化する中で、個人の主体性が埋没する傾向もあったように思われる。自由権の意義が正面からとらえられず、極端な場合には理論的想定として精神的自由権に対する階級的制約が肯定されることもあった。人権論に積極的に取り組む実践的態度は確かに存在してきたが、そのことと人権のイデオロギー性批判の理論的態度との関係は、必ずしも十分に整理されてきたわけではなかったように思われる。その場合には、人権論への取り組みが便宜的、政治的、戦術的なものと見られることになる。

民主主義法学における従来の人権論に対して改革の努力が少なからずなされてきたが、マルクス主義や社会主義を含めて、社会認識のあり方や社会科学の方法論に踏み込んだ本格的総括は、民科全体の課題として残されている。

二　人権論の実体的構想

そこで人権論を積極的に構想する場合、実体的問題と手続的問題に分けて考察していくこととする。

1　人権の普遍性

(1)　普遍性論の必要性

結論として人権は、その相対性に注意を払った上で、その普遍性に着目して構成することが必要であると考えられる。まず基本的に、「人権」は人の権利を内容とし普遍的なものとして観念されているが、言うまでもなくそのような観念も歴史性、相対性を帯びて存在している。(6) しかしながら人間や社会は多面的なものであり、歴史性、相対性を超えて、人間の本質的な要求は存在していると考えられる。その存在は、それを表現している人権が現実社会において果たしている積極的な役割によって、客観的に示されている。多面的な性格を備えた人権について、その一面を過度に強調するところから、そのイデオロギー性が多面的に生ずるのであろう。

現代社会においては、その歴史性、相対性のために、かえって普遍性を強調する必要性が生じている。ジャック・ドネリーによれば、現代の西欧で作られた自動車に乗る場合には、同じく現代の西欧で作られたものだとしてもシート・ベルトを着用しなければならない。それと同じように、「資本主義市場経済と近代国民国家」が「人間の尊厳に対する脅威」を生み出していることに対して、それらが作り出した「人権」が、「個人の尊厳を守る」ための「最良の政治的装置」として必要である。(7)

さらに特に一九九〇年代以降、人権または人道を理由とした武力行使を行なう現代帝国主義と、人権を経済的自由権に特化しようとする新自由主義に対抗して、(8) 民衆の生活を防衛する必要がある。その対抗のために、普遍的で共通のものとされる人権論において、異なる人権構想を対置することが適切であろう。

ただし、普遍的なものとされる人権も相対的と考えられる文化も、ともにその内容は固定的ではなく両者の間の相互調整が必要である。大沼は「文際的人権観」を提唱し、「文明の歴史的産物」である人権も欧米のものに固定化し(9)

ないと同時に、文化や宗教についても「人権適合的な再解釈」が求められるとする。[10] 樋口陽一が、「人為としての文化」＝「『個人一人一人』の『選び直し』を可能にするような文化のあり方」こそが、「人権理念の普遍性ということの意味だった」とする場合、文化に関して基本的に同じ趣旨を述べていると考えられる。[11]

(2)「人間」の権利

人権は、普遍的な「人間」の権利として観念される。その人間の権利という意味は、しばしば全ての人間に共通する権利ととらえられる。そこから、自由権は人権だが、社会的弱者の社会権や有権者の参政権は本来の人権ではないと見る態度が生まれやすい。[12] しかしながら、人間に共通する権利かどうかは、人権を他の権利と区別して重視する上で、決定的な問題であろうか。人権は、人間らしく生きていくために不可欠な権利と見るべきだと思われる。そのように考えれば、社会権も参政権も広い意味の人権に含まれ、その上で自由権などの他の人権との相互関係が検討されることになる。何を人権ととらえるかは法的論理の問題であると同時に、人権とされたものを重視し人権とされないものを軽視する社会的効果を持つ。人権から社会権や参政権を定義上外してしまうような議論の仕方は、例えば過労死問題を人権問題でないとして、憲法学がそれに真剣に取り組まないような傾向と結びついているように思われる。

人権を人間「個人」の権利としてとらえることは、法的構成の出発点である。その上で、集団の権利が構成されるが、それを人権ととらえることには問題がある。[13] 集団の人権という定式は、集団による個人の人権の抑圧を問題にする立場からは適切ではないと考えられる。各論報告において大竹秀樹「国際人権における少数者の権利」が、少数者における個人と集団の関係を扱っている。

集団の人権の一部として、憲法学では法人の人権がしばしば語られてきた。この問題については樋口が、「『法人の人権』ではなく、法人から個人の人権」[14] を主張してきた。そのことは、人間個人の権利としての人権の本質から正当であるが、法人から個人の人権を守ることを理由にして、国家権力が増大する可能性を含んでいる。そのため私は、日本国憲法二一条の結社の自由を基礎に一般的には人権規定を法人に類推適用し、法人は国家権力に対抗できるが個人には対抗できないものと構成している。その上で、宗教団体、政党、大学、組合などについて、人権毎に各論を展開する必要がある。(15)

(3)　人権の社会的内容

人権を普遍的なものとして構成するのであれば、社会的には全世界の人々が享受できなければならないはずである。ところが従来の人権論はその社会的内容として、西欧におけるような生活を送ることを想定していたように思われる。しかしながら、六〇億を越える全世界の人々が、このような生活を送ることは資源・地球環境問題から不可能である。(16)現在の北の生活は南の貧困を前提にして成り立っている以上、そのような生活を普遍的な人権論によって正当化することは許されないはずである。そうである以上、人権論は、南北格差を生んでいる地球社会の構造を問題にせざるを得ない。その中で人権の社会的内容を、皆が「つつましい生活」を送ることとして構想することも課題になろう。(17)『経済的豊かさをナショナルに確保する』という発想から決別」することを求める広渡の指摘も、(18)このことに関わるであろう。(19)

このような議論の仕方に対する批判もあり、その批判の要点は以下のようなものである。「豊かさの見直し」は六〇—七〇年代の開発主義に有効であったとしても、九〇年代の新自由主義に対しては「豊かさの不平等性・階層性」への対抗のほうが重要であり、「窮乏路線」は不適合だということである。(20)この批判に対して私は以下のように考えている。①豊かさの見直しという量の問題と平等という質の問題の両方を論ずる必要がある。②豊かさの量的制約の問題は、九〇年代でも客観的に存続しており、それどころか、新自由主義、規制緩和の下におけるルールのない経済活動によって、一層深刻な問題になっている。この問題の基礎には、時期による政策の変化を超えた要素がある。③「つつましい生活」は不自然な「窮乏路線」ではなく、憲法の言葉で言えば、「健康で文化的」（二五条）で自然な生活である。④客観的に存在する問題を指摘するほうが、民主主義に適い結局は政治的効用や説得力があるのではないか。⑤念のために付け加えれば、「つつましい生活」は人権の社会的あるいは文化的内容であって、法的規制のための概念ではない。かりに資源・環境問題が存在しないとしても、食べ過ぎてダイエットに苦しむような生活が人間らしいものかどうかについて、人権文化の問題として論じ合う価値があろう。

2　人権の発展性、包括性、国際性

(1)　法的問題

人権は本来歴史的に発展するものであり、そのことを否定するような人権論の構成は結局は失敗に終わると思われる。ところが、現代帝国主義による人権のための介入論は、人権論を限定的、選択的に使ったものであろう。また、新自由主義やそれと事実上結び付くことの多いリバタリアニズムは、人権を自由権または経済的自由権に特化、固定しようとする試みに見える。これらに対して、民衆の多面的な生活や要求を守る必要があり、そのためには人権を包括的なものとしてとらえることが適切であろう。さらに、一方における国際人権保障の進展と、他方における国際社会にある多国籍企業の活動や大国主義の傾向を考えると、人権論は注意深い国際的視野を備える必要がある。

以上のことは、日本国憲法の場合には平和的生存権によって定式化されていると見ることができる。平和的生存権は「全世界の国民」に対して、「恐怖」に対抗する自由権、「欠乏」に対抗する「生存」権・社会権、消極的・積極的「平和」を想定しているからである。[21] 現代帝国主義と新自由主義に対抗する法的議論としては、憲法九条と二五条の結合が中心的な課題となろう。[22] そしてその結合を示しているのが、「平和」のうちに「生存」する権利としての平和的生存権であると考えられる。

以上のように人権を発展的、包括的、国際的にとらえると、人権内部に矛盾や対抗を大きくかかえ込むことになる。そこで人権論内部において調整が必要になるが、そのために考えておくべきことを何点か指摘したい。

第一に、国家との対抗がなお人権論の基本的視点である。グローバリゼーションや市民社会の重要性にもかかわらず、なお国家が最大・最終の権力であり人権にとって最も大きな脅威である。国家は人権保障・実現の役割を期待されるが、同時に人権侵害の主体でもあり続けている。人権論は、多くの場合人権保障・実現を理由にした国家活動を帰結するので、同時に基本的に国家論＝統治機構論である。環境論やフェミニズムなどに基づく新しい人権論は、しばしば新しい国家活動を帰結する。新しい国家活動は限定的に必要であるが、同時に危険なものであり続けている。そのため、国家からの自由としての自由権の再確認が必要である。そのときに問題にすべき国家は、市場と国家などと言うときの抽象的、理論的な国家であるだけではなく、具体的な現状分析に基づく国家でもなければならない。人権論の構成のためには、アメリカや日本の政府、政党、官僚、財界、国会、裁判所、警察などの具体的分析が必要である。具体的な現状分析に基づく国家批判は民科の一つの伝統であり、この伝統は忘れられてはならない。

第二に、人権の実体論を基礎にした違憲審査基準として、経済的自由権に対する精神的自由権の優越的地位に基づく二重の基準論は、基本的な意義を持っていると考えられる。二重の基準論に反映した「リベラル」の「思想傾向に対しては、一方で、経済的自由権の回復と伝統的価値の復権を主張する立場（逆『二重の基準』論ともいうべき伝統的保守主義）と、他方で、経済的領域でも精神的領域でも徹底した『極小国家』を説く立場（liberal に対する意味での libertarian の立場）が、対抗的に主張されることになる。しかし、そのようななかにあって、実定法運用の技術として、

『二重の基準』論は、妥当な線引きのための基準としての生命力を保ちつづけている」[23]と言ってよいであろう。各論報告において愛敬浩二「市場主義的財産権論の批判的検討」が、この問題と関わってリバタリアニズムについて検討を加えている。

なお、二重の基準論は違憲審査基準であり、人権の実体論だけではなく国家機関の権限配分の問題を含んでいる。従って、人権の実体論と二重の基準論は直結しているわけではない。すなわち人権の実体論として、大きな経済活動に対する特別の制限は、日本国憲法において社会権の理念の下で二二・二九条の「公共の福祉」によって根拠づけられている。しかし、それ以外の人権は「立法その他の国政の上で、最大の尊重を必要とする」（憲法一三条）のであり、基本的な原理としては内在的制約にのみ服する。したがって、大きな経済的活動に関する自由権以外の人権の中で、精神的自由権が優位に立ち、他の人権、例えば社会権などが劣位に立つと考えるような議論は、人権の実体論としては問題がある。[24]

第三に、自由権と社会権の国務請求権的側面の間には、言うまでもなく一定の緊張関係がある。その点に関して笹沼弘志は、「権力への対抗としての人権」という視点を「徹底」させ、「あらゆる権力への抵抗としての人権の核心」から、「国家に対し自律のために必要かつ適切な保護を請求する権利」を導き出そうとする。[25]この構成はよく考えられたものと思われるが、国家権力と社会的権力の相対化を含んでいると思われ、その点にはなお躊躇を覚える。各論報告において、本田滝夫「福祉の権利——福祉サービスの公共性と法制度」でも、「個人の自立」と「社会連帯」の関係が論じられる。

(2)　社会的問題

金子勝の議論[26]が企画委員会の出発点におかれたが、金子のセーフティネット論によれば、市場には「セーフティネットとそれに連結する制度やルール」が不可欠である。[27]このセーフティネット論は、法的に見れば、人権とくに社会権の経済的・社会的基礎づけを行なったものと一先ず受け止めることができる。しかし他方で、人権は経済や社会から相対的に独自の意義を持ち、市場にとって不都合であっても保障されるべきものと観念される。さらに、市場にとっての必要性は実際上中心的には多国籍企業の活動にとっての必要性になる可能性があり、何らかの形によるその規制を課題として論じてきた民科[28]にとって、セーフティネット論は複雑な問題をかかえているように思われる。その場合、始めからセーフティネット論と対抗的な論理を立てるのか、それとも一旦セーフティネット論を受け止めた論理を展開するのか、選択の可能性がある。[29]各論報告において石田真・和田肇「労働の人権――セーフティネット論を中心に」は、後者の立場を採ったように思われる。

三　人権論の手続的構想

1　人権論の法的空間

人権論が行なわれる場を考える場合、問題になる点をいくつか指摘しておくこととする。

(1)　国家と市民社会

国家と市民社会の関係が問題になるが、その点は法的には私人間の問題として論じられてきた。これについては、法的原理の問題と裁判技術上の問題を区別する必要がある。[30]

法的原理の問題としては、私人間の人権は近代法の前提であった。近代法の基礎にある自然法論によれば、自然状態において自然法の下で自然人が自然権を持つという論理がとられる。この自然権は国家以前のものだから、まさに私人間の人権である。それを守るために、民法や刑法などの法律が作られる。すなわち、市民社会も国家や法によって媒介され枠づけられている。従って人権の価値は、「公法・私法を包括した全法秩序の基本原則」だと言うことができる。[31] 他方で私的自治も、自由権全体とくに経済的自由権によって基礎づけられた憲法原則である。とくに現代において私人間の人権が論じられる意義は、実質的平等の一定の実現を理念とする社会権の趣旨を、社会権以外の人権に及ぼすところにあると、私は考えている。

裁判技術上の問題としては、憲法の人権保障の趣旨から、法律によっては適切な解決が得られないと考えられる場合、裁判所が憲法解釈によって問題の解決を図ることがある。直接適用、間接適用、ステート・アクション論等によって、私人間の人権論として中心的に論じられてきたのは、この問題である。この場面では私人間の人権保障を理由として、裁判所が法律に基づかずに憲法解釈によって国家活動を行なうことになる。従って私人間の人権論は、法的原理の問題としては近代法に本来の構成要素として内在しているが、裁判技術上の問題としては慎重な扱いを必要としている。

(2)　公的領域と私的領域

公的領域としての国家と市民社会と、私的領域としての家族の関係が論じられる必要がある。私的領域では法の不介入の建前がとられるが、その不介入の建前も法的に作られたものである。また、その建前の下で実際には、一方で家族法が運用されるが、他方でドメスティック・バイオレンスは放置されてきたように、選択的、恣意的に介入が行なわれてきたと言われる。その中で男性による女性に対する支配が行なわれてきた点が、ジェンダー論によって批判されている。[32] このようなあり方は従来の人権論によって基礎づけられてきたのであり、[33] そこで従来の人権論を批判的に再構成する必要がある。その場合、日本国憲法二四条は、「家族に関する……事項……に……個人の尊厳と両性の本質的平等」を要求しており、「ジェンダーの視点をうけとめる可能性」を持ったものとして注目されることがある。[34]

さらに、同性愛や売春の問題を含む性的権利（sexual rights）論は、家族という私的領域のさらに外側にあるとされてきた問題を含んでいるであろう。[35] ジェンダーや性的権利の問題は、人権論の新たな構成と国家からの自由の新たな考察を求めている。各論報告において中里美博「性支配と人権」は、国家と市民生活の問題と公的領域と私的領域の問題を重ね合わせて論理を展開している。

2　人権の保障方法

(1)　違憲審査の役割

人権保障にとって違憲審査の役割は異論の余地なく大きいが、「司法的統制を人権保障の最も『進んだ』メカニズムとする『一般理論』」は「疑似一般理論」だとする見解がある。それによれば、「米国やドイツの裁判所のあり方は世界で二〇〇近い国々のむしろ例外」であり、[36] この「一般理論」は「悪質なイデオロギー」だとされる。[37] それに対して、「三権の均衡のとれた役割分担、さらにメディアやＮＧＯが人権保障にはたすべき公共的役割とその責任という、人権を実現する公共的メカニズム総体に関する健全な論議」が求められている。[38]「悪質なイデオロギー」は言い過ぎであろうが、「人権を実現する公共的メカニズム総体に関する健全な論議」が確かに必要である。

(2)　政治部門の役割

フランス革命期には、法律によっても侵されてはならない人権は、国民代表としての議会が制定する法律によって守られるとする考え方がとられていた。この考え方は近代立憲主義の本来の論理を含んでおり、現代においても人権保障のために議会制民主主義と違憲審査制は緊張関係を含みつつ相互補完的な役割を果たすべきものである。[39] 日本国憲法も、裁判所によって具体的に救済されるべき権利としての裁判上の権利のほかに、「立法その他の国政の上で、最大の尊重を必要とする」（一三条）憲法上の権利を想定している。[40]

(3) 市民運動の役割

市民運動の役割も重要であり、特に世界政府の存在しない国際社会においてそうである。佐藤幸治の言う「背景的権利」[41]は、この問題を法的に表現したものと見ることができようか。民科は権利実現のための運動の役割に注意を払ってきたのであり、九九年度のコロキウムでも「権利運動と現代権力――社会的過程としての人権」がテーマとされた。

おわりに

法的実践は社会的実践の一つであり、人権論はその法的実践の一つである。人権は人間個人の重要な法的利益を意味するとすれば、例えば髪形の自由は人権かもしれないが、「貧困で餓死する多数の民衆」の問題は政治問題であっても人権問題とは考えられない傾向[42]を確かに持っている。そこで人権概念を再構成する努力も重要であるが、なお人権論にはある種の傾向や限界があると見るべきであろう。各々の社会的問題には、それにふさわしい社会的実践が選ばれる必要がある。人権論も、社会的実践の中で重要だが限定されたものとして、適切な役割を与えられるべきであろう。

（1） 広渡清吾「グローバリゼーションと日本国家」法の科学二七号八頁（一九九八年）。
（2） 会報一二九号二―三頁（一九九九年）。

（3）笹倉秀夫「民科法律部会五〇年の理論的総括」法の科学二六号一〇頁（一九九七年）。
（4）浦田一郎『現代の平和主義と立憲主義』一〇〇頁（日本評論社、一九九五年）。
（5）小林直樹「戦後日本の主権論（下）」国家学会雑誌一〇四巻一一・一二号二五―二六頁（一九八九年）による、影山日出弥の「人民主権」論に対するイデオロギー性批判は、ある種の人権論にも当てはまろう。
（6）この点に関わって、辻村みよ子『人権の普遍性と歴史性』（創文社、一九九二年）がある。
（7）Jack Donnelly, *Universal human rights in theory & practice*, Cornell University Press, 1989, pp. 64-65. 大沼保昭『人権、国家、文明』二九五頁（筑摩書房、一九九八年）も同旨。
（8）現代帝国主義と新自由主義について、渡辺治「現代日本の帝国主義化」渡辺治・後藤道夫編『講座・現代日本』一巻（大月書店、一九九六年）。
（9）大沼・前掲注（7）二七頁。
（10）同三一三頁。ただし、個人の自由権はもっと重視されるべきだと私には思われる。
（11）樋口陽一『人権』七二頁（三省堂、一九九六年）。深田三徳『現代人権論』（弘文堂、一九九九年）一三〇―一五四頁による、文化相対主義と発展段階論に対する批判も参照。
（12）「弱者」という表現は権利・主体の表現として問題を含んでいると考えられる（拙稿「憲法は公共性の基準になるか」法律時報六三巻一一号四六頁（一九九一年））が、便宜的にこのような表現を使っておく。本書三二九―三三〇頁。
（13）集団と人権の関係を問題にしたものとして、横田耕一「『集団』の『人権』」公法研究六一号四六―六九頁（一九九九年）。
（14）樋口陽一『憲法・改訂版』一七八頁（創文社、一九九八年）。
（15）奥平康弘「『人権総論』について」公法研究五九号八四頁（一九九七年）。
（16）ＵＮＤＰ（国連開発計画）『人間開発報告書１９９４』一八頁（国際協力出版、一九九五年）は、「北側諸国の様式を南側の諸国が真似ようとすれば、現在の化石燃料の一〇倍、鉱石資源の約二〇〇倍が必要となる」とする。一般的には、経済活動の規模は四―五倍になると言われている（馬場宏二「現代世界と日本会社主義」東京大学社会科学研究所編『現代日本社会』一巻（課題と視角）五四頁（東京大学出版会、一九九一年）。
（17）浦田・前掲注（4）四六―四九頁。同「国際社会のなかの平和主義」公法研究五九号一一〇―一一一頁（一九九七年）。

(18) 広渡・前掲注（1）二一頁。
(19) 「国内経済の高度な成長率への依存からの脱却」を「新福祉国家」の課題とする、後藤道夫「新福祉国家論序説」前掲注（8）四巻（日本社会の対抗と構想）四七三―四七五頁（一九九七年）も参照。
(20) 森英樹ほか「座談会・グローバル安保体制と憲法の平和主義」法律時報七一巻一号三二―三五頁（一九九九年）における、渡辺治の発言。愛敬浩二は「政治的効用」などの点から「渡辺の議論の立て方に共感する」と述べている（愛敬浩二「憲法学が考えておくべきこと――安保体制のグローバル化を前にして」法律時報七一巻九号四四―四五頁（一九九九年）。
(21) 浦田・前掲注（4）一一七―一一九頁。同・前掲注（17）一一二―一一三頁。
(22) 和田進「平和主義論の課題」法の科学二七号九四―九五頁。
(23) 樋口・前掲注（14）一九七―一九八頁。
(24) 杉原泰雄『憲法読本』一三二―一三五頁（岩波書店、一九八一年）参照。
(25) 笹沼弘志「現代福祉国家における自律への権利」法の科学二八号一〇一―一〇二頁（一九九九年）。
(26) 金子勝「自己決定権と社会的共同性」山脇直司ほか編『現代日本のパブリック・フィロソフィ』（ライブラリ相関社会科学五号）一六一―一八九頁（新世社、一九九八年）。
(27) 同『セーフティネットの政治経済学』七〇頁（筑摩書房、一九九九年）。
(28) 広渡・前掲注（1）八頁は、前述のように、「民主主義・法による資本主義の制御」を想定している。
(29) 森英樹ほか「座談会・私は〝現在〟をこうとらえる」法学セミナー五四二号一六―一七頁（二〇〇〇年）における私の発言参照。
(30) 浦田・前掲注（4）一三六―一三七頁。
(31) 芦部信喜『憲法・新版補訂版』一〇六頁（岩波書店、一九九九年）。
(32) 浅倉むつ子「『市民社会』論とジェンダー」法の科学二八号六三―六五頁。
(33) 中山道子「公私二元論崩壊の射程と日本の近代憲法学」井上達夫ほか編『法の臨界』一巻（法的思考の再定位）一二九―一三一頁（東京大学出版会、一九九九年）。
(34) 若尾典子「自己決定と女性」法の科学二八号一一一頁。そこから、「第九条と第二四条を一体的に把握すると、日本国憲法は『普通の近代国家』が許容した二つの暴力、国家・軍隊の暴力と家父長制的暴力をともに克服しようとする徹底的な非暴力の法規範として立ち現れてくる」との指摘もなされている（君島東彦「『武力によらない平和』の構想と実践」法律時報七六巻七号八〇頁（二〇〇四年））。さらに、二七条の勤労権や二八条の労働基本権のような労働に関する権利は、労働者を過労死にまで追いやる企業における暴力を対象としていると見ることができるが、憲法で規定されることは必ずしも一般的ではない。公的領域の軍隊（国家）、企業（市民社会）、私的領域の家族における三つの暴力について、「普通の憲法」は見過ごしがちであるが、日本国憲法は非暴力憲法として問題にしていると見ることができるかもしれない。

(35)　フランスで一九九九年秋に成立した「市民連帯協約」（Pacs＝Pacte civil de solidarité）は、同性愛カップルに異性愛カップルと同等の権利を認めたが、その基礎にはこの問題がある。

(36)　大沼・前掲注（7）二〇〇―二〇一頁。

(37)　同二〇四頁。

(38)　同二〇二頁。

(39)　本書一九六―一九七頁。

(40)　浦田・前掲注（4）一〇八頁。

(41)　佐藤幸治『憲法〔第三版〕』三九三頁（青林書院、一九九五年）。

(42)　大沼・前掲注（7）三二六頁。

15　刑事手続に関する憲法規定における人権主体について

はじめに

ここでは、刑事手続に関する憲法規定における人権主体について考えてみることにした。従来の考えでは、それは被疑者、被告人を中心とする主体とされてきた。刑事手続規定における主体である以上、被疑者、被告人を中心とする主体で間違いではない。また、被疑者、被告人を中心とするだけであるから、それ以外の若干の主体も問題にされている。しかし、被疑者、被告人を中心とする主体という考え方に、実際にはとらわれ過ぎているのではないか。そのため、広く主体をとらえる可能性が抑えられ、各規定の主体を必要以上に被疑者、被告人に固定化する傾向が生まれている。

結論として、被疑者になる前の主体、被疑者、被告人、判決確定後の主体に至る、刑事手続における全過程の主体が問題にされるべきであることを主張したい(1)。

一　適法手続主義

1　従来の解釈

日本国憲法三一条は、「何人も、法律の定める手続によらなければ、その生命若しくは自由を奪われ、又はその他の刑罰を科せられない」と規定している。適法手続主義を定めるこの規定は、人身の自由と刑事手続に関する総則とされてきた。多数説によれば、その適法手続主義は手続・実体に関する法定・適正を要求している。このように三一条を広くとらえる考え方に対しては批判もあるが、多数説に従っておきたい。要点だけ挙げれば、以下のような理由を指摘できる。①三一条の「法律」は、人権の最大限尊重を要求する一三条の観点から、適正でなければならない。(2) ②手続的保障と実体的保障が結合して、初めて適法手続主義は実行的なものとなる。③財産権を過度に保護する危険性は、「公共の福祉」規定を有する二二条と二九条の解釈によって避けることができる。

三一条は「刑罰を科せられない」と規定しているので、刑事手続に関する規定と考えることが多かった。その前提の下で多数説は、行政手続における特殊性に応じた例外を認めた上で行政手続に適用し、準用説または類推適用説を採っている。

2　人権の手続的保障に関する総則としての三一条

しかし、手続の種類を問わず、人権の手続的保障は不可欠である。結論的に言えば、三一条は人権に関するすべての手続における適法手続主義を定めていると見るべきである。(3) 三一条において問題にされるのは、通常刑事手続と行政手続である。しかし、三一条が人権に関するすべての手続を対象にしているとすれば、立法、行政、司法の手続がすべて問題になる。国勢調査手続（六二条）を考えれば、立法手続も含むことは明らかである。また、司法手続においては、刑事事件や行政事件だけではなく、民事事件も問題になりうる。例えば、証人の供述拒否権（三八条一項）は民事事件においても保障されなければならない。

三一条が人権に関するすべての手続を対象としていることは、まず三一条の文理によって示される。三一条は、「刑罰による場合と行政権による場合の両者を含み、その刑罰の部分に対応して、『その他の刑罰』と規定されたもの(4)」と読むことができる。そうだとすれば、三一条の基本的な趣旨は、「その生命若しくは自由を奪はれ」（ない）とする前半によって示され、「又はその他の刑罰を科せられない」という後半は二義的意味しか持たない(5)。その場合、「その他の刑罰」は財産刑を意味する。刑罰として「自由を奪う」ことは、論理的には財産刑を含む。しかし用語法としては通常自由刑を意味し、財産刑を含まないことがある。そこで念のために、「その他の刑罰を科せられない」という文言を付け加えたと見ることができる。

さらに手島の指摘(6)を基礎に、三一条が置かれている体系的位置について整理してみたい。三一条が人権に関する手続的保障の一般的規定であり、三二条が特に重要な司法手続について規定し、さらに三三条以下が特に重要な個別手続について定めたと見ることができる。

三一条が刑事手続のみに適用されるとすれば、主として刑事事件ではなく民事事件や行政事件を対象とする三二条が、なぜ次に置かれているのかうまく説明できない(7)。また、三一条は「奪はれ、又はその他の刑罰を科せられない」としているが、その適用対象を自由権規制の場合に限定すべきでないのではないか。人権の積極的な保障と観念される場合を含めて、三一条は広く人権の手続的保障を要求していると見るべきである。考えようによっては、人権の規制と保障は裏腹の関係にあり、その区別は実際上あまり意味がないからである。通常積極的な人権保障と観念される社会権や国務請求権について、その手続的保障を排除すべき理由はない。

三三条以下の規定は、その文言から主として刑事手続に関するものと見られてきた。しかし、すべて刑事手続に関する規定と断定すべき理由はなく、例えば、拷問の禁止（三六条前半）は刑事手続に限定されないはずであるし、他の規定についても検討の余地がある。(8)

以上のように、三一条は全ての手続における適法手続主義の原則を定めたものであるとすれば、「正当な法の手続によらないで、生命、自由または財産を奪われることはない」とするアメリカ憲法修正五条と、基本的に同一のものということになる。そう解することによって、非刑事手続に関しても発展しているアメリカの議論を正面から問題にすることができる。

3　三一条と刑事手続

三一条が人権の手続的保障に関する一般的規定であるとすれば、手続の種類に応じた多様な適法手続主義が保障されていることになる。その上で日本国憲法の場合、特に重要なものとして多くの個別規定が置かれている、刑事手続における適法手続主義が、他の手続に類推適用されるべきである。総則である三一条は多様な手続を対象にしているのであるから、三三条以下の各則も適用の可能性を狭く刑事手続に限定すべき理由はない。個別規定の性質に応じて、具体的に判断すべきである。すでにふれたように、拷問の禁止は刑事手続に限らず、全ての手続に適用されるはずである。後に検討するように、供述拒否権は結果として刑事手続と関わるが、保障される手続は刑事手続に限らない。個別手続規定について多様な手続に対して適用、類推適用する可能性を具体的に検討する必要がある。(9)

本稿が直接対象にしようとしている刑事手続について見ると、三一条はその全ての段階を対象にしていると考えられる。それが全ての手続を対象にしているのであれば、刑事手続についても被疑者、被告人の段階に限定すべき理由は何もないからである。三一条は、適法手続によらなければ、「生命若しくは自由を奪はれ、又はその他の刑罰を科せられない」としている。刑事手続について言えば、これは刑罰権に関わる全ての段階を文言上対象にしている。被疑者になる前の段階を排除しているわけではないし、判決確定後、刑の執行過程、刑罰からの解放に至る段階も含むと見るのが自然である。それぞれの段階の手続の性格を問題にしていない。手続のどのような段階にいる「何人」に対しても、適法手続主義が保障されている。

三一条を前提にした各則においても、被疑者になる前の段階において、三八条一項は、被疑者、被告人になる恐れのある供述義務者に供述拒否権を保障している。被告人でなくなった後の段階について、有罪判決確定の場合、三六条後半は受刑者に対する「残虐な刑罰」の執行をも禁止している。また、特に刑事手続を対象とした規定ではないが一八条は、「奴隷的拘束」や、「犯罪に因る処罰の場合」とは言えない「意に反する苦役」を受刑者に対しても禁止している。また、無罪判決確定の場合について、四〇条は刑事補償を規定している。このように、憲法は各則においても、被疑者、被告人となっていない段階についても規定を置いているのである。

そこで、被疑者になる前の主体として各種の手続における供述義務者をとり上げ、被告人でなくなった後の主体として受刑者について検討を加えることとしたい。

二　供述拒否権

1　多数説、判例の立場

憲法三八条一項は、「何人も、自己の不利益な供述を強要されない」として、供述拒否権を保障している。「この保障は、主として刑事被告人、被疑者の供述に向けられるが、証人の供述についても適用がある。[10]」「自己に不利益な供述」とは、「本人の刑事責任に関する不利益な供述」と解されている。[11]「けだし、本条は、規定の位置からいつても、第二項・第三項との關係からいつても、あきらかに刑事に關する規定だからである[12]」とする。「何人も刑事事件において自己に不利益な証人になることを強制されない」とする、アメリカ憲法修正五条の規定が背景にあると見る。日本国憲法三八条一項は、自己帰罪に対する特権（privilege against self-incrimination）を規定したものととらえる。判例も同様の立場を採っている。[13]

証人について刑事訴訟法一四六条は、「何人も、自己が刑事訴追を受け、または有罪判決を受ける虞のある証言を拒むことができる」と規定している。これは以上の趣旨を表現したものということになる。同様の規定が、民事訴訟法二八〇条、議院における証人の宣誓及び証言等に関する法律四条にも置かれ、供述拒否権が非刑事手続における証人にも保障されている。

刑事訴訟法は被告人について三一一条一項において、「被告人は終始沈黙し、又は個々の質問に対し、供述を拒むことができる」とし、被疑者について一九八条二項において、「自己の意思に反して供述をする必要がない」と規定している。被告人、被疑者は、「自己に不利益な供述」に限らず、一切の供述の義務がないとしている。これは憲法

が直接要求しているところではなく、その趣旨を法律によって拡張したものと理解されることになる。(14)

前述の判例は、被告人の供述拒否権についても、本人の刑事責任に関する不利益な供述に関するものとする理解を前提にして、「氏名のごときは、原則としてここにいわゆる不利益な事項に該当するものではない」とする。氏名についての供述拒否権を原則として否定するこのような立場を支持する学説も多い。(15)

非刑事手続において供述義務が課され、義務違反に対して刑罰が設けられていることが少なくない。例えば、麻薬取締法三七条ないし四〇条、七〇条一〇号は麻薬取扱者に記帳を義務づけ、道路交通法七二条一項後段、一一九条一項一〇号は運転者に対して警察官への交通事故の報告を要求している。

判例は、記帳義務の承諾(16)や不利益事項の不存在(17)などを理由に、供述拒否権の成立を否定してきた。非刑事手続における供述拒否権に対するこのような消極的な態度は、刑事手続における被告人、被疑者を中心にして供述拒否権の主体をとらえる立場が前提になっている。そこで、供述拒否権の主体を証人にまで拡大しても、非刑事手続における各種の供述義務者にまでは広げようとしないのであろう。

ところがその後、判例は川崎民商事件において、非刑事手続においても、「実質上、刑事責任追及のための資料の取得収集に直接結びつく作用を一般的に有する手続」（準刑事手続的手続）に、供述拒否権の保障は及ぶとする判断を示した。(18)ただし具体的事案については、問題の手続がそのような手続でないことを理由に、供述拒否権の成立を否定した。(19)さらにこの判例を前提にして、行政手続である税務調査において、供述拒否権の成立を承認する判決も出された。

学説も多くが、非刑事手続における供述拒否権について消極的な判例の態度を受け入れてきた。(20)川崎民商事件最高裁判決以降は、これを支持する学説が多い。(21)

以上のような多数説・判例の立場は、不利益供述拒否権の主体を主として被告人、被疑者と考えるところに根本的な問題がある。この立場では、被告人、被疑者でも、「自己に不利益な供述」でなければ、憲法上は供述を「強要」されてもよいことになる。刑事訴訟法等の法律を改正して、被告人、被疑者にも供述義務を課した上で、証人と同様に、供述拒否権の範囲を本人の刑事責任に関する不利益な供述に限定することも、憲法三八条一項からは可能になる。実際にも、被疑者に対する供述拒否権告知についてこのような制限が試みられたことがある。(22)

2　供述拒否権の主体

供述拒否権の主体について歴史的にどのように考えられてきたのであろうか。(23)真犯人の追及に最高の価値を置く実体的真実主義の下で、古くは被告人に供述義務が課されていた。それは大陸でもイギリスでも変わりはなかった。しかし近代社会の中で、被疑者、被告人の人権の最大限尊重を要求する適法手続主義の考えが採られ、被告人は供述義務から解放されるようになった。そこでは、不利益供述に限らず、そもそも一切の供述を拒否できる権利が成立したはずであった。

ところがドイツでは、強行手段のない供述義務（真実義務）という考え方が現在まで残り、日本でも旧刑事訴訟法の下では同様の解釈がとられていた。(24)不利益供述拒否権の主体を被告人とそれに準ずる被疑者を中心にしてとらえる考え方は、被告人の供述義務という、実体的真実主義の残存を無自覚に基礎に置いているのではないか。不利益供述拒否権は一般的な供述義務を論理的に前提にしているはずだからである。(25)被告人の供述義務は否定されたはずであるのに、あると漠然と考えた上で、その例外として不利益供述だけは拒否できると考えるわけである。

日本国憲法の論理の下でどうであろうか。まず、一九条の思想・良心の自由は精神的自由権を包括的・原則的に保障していると考えられる。何の限定もなしに、「思想及び良心の自由」を保障し、思想や良心が宗教（二〇条）・表現（二一条）・学問（二三条）・教育（二六条）等に関わるかどうかを一切問題にしていないからである。その中で一九条の固有の対象となっている部分は、「思想及び良心」という文言から見て、人格との関わりの強い内心の自由・沈黙の自由であり絶対的保障を受ける。

以上のことを前提にして、ここで直接に問題にすべきなのは、人格との関わりの強くない事実に関して沈黙する自由である。これは、表現しない自由として、二一条の表現の自由によって保障される。他者との関係を持ち、人格との関わりも強いというわけではないので、相対的保障を受けるにとどまる。そこで、各種の手続における証言義務（刑事訴訟法一四三条、民事訴訟法二七一条、議院証言法一条）のような供述義務が、表現しない自由という憲法上の人権に対する例外として課されうることになる。このような例外が憲法上認められることは、適法手続主義（三一条）、裁判を受ける権利（三二条）、証人審問・喚問権（三七条二項）、国政調査権（六二条）等によって示される。

人権の最大限尊重の原則（一三条）を基礎にして、三一条は実体的真実主義を否定して、刑事手続における人権の最大限尊重を要求する適法手続主義を採用した。[26] 適法手続主義の下で当事者主義が採られ、被疑者、被告人は捜査官、検察官と対等の当事者としての地位が認められる。従って、捜査は任意捜査が原則であり（刑事訴訟法一九七条一項）、強制処分である逮捕も取調の手段ではない。被疑者は取調に応ずる義務はそもそもなく（刑事訴訟法一九八条一項）、身柄を拘束されている場合であっても取調室に出頭する義務もないはずである。[27] 被疑者、被告人は一般の国民と異なり、自己の事件に関して一方的に証人にさせられることはない。証言義務という例外無しに憲法上の原則通り、表現しない自由として包括的供述拒否権が保障される。

三八条一項は、「供述を強要」される場合、すなわち証言義務のような供述義務を課される場合について、直接には規定している。その場合であっても、供述義務の例外として、「自己に不利益な供述を強要されない」権利を保障している。これは供述義務者の不利益供述拒否権である。しかしこの規定は、「供述の強要」されない場合、言い換えれば供述義務を課されない場合が存在することを前提にしている。三一条の適法手続主義・当事者主義を基礎に置けば、そのような場合とは被疑者、被告人の包括的供述拒否権に他ならない。

すなわち、三八条一項は直接には供述義務者の不利益供述拒否権を、前提として被疑者、被告人の包括的供述拒否権を保障していると見ることができる。供述すること自体を拒否できる被疑者、被告人の包括的供述拒否権と、一般的な供述義務を前提とした供述義務者の不利益供述拒否権を区別する必要がある。(28)

このような供述拒否権は、憲法上の例外としての供述義務を排除し、原則としての表現しない自由を具体的に保障したものである。(29)

3　供述拒否権の対象

以上のような理解を前提にして、「自己に不利益な供述」は、多数説のように本人の刑事責任と結びつける必要がある。刑事責任の追及は最も厳しい人権制限であり、その危険が供述義務の履行において生じることがある。その場合には、供述制度によって実現しようとしている公共目的や、その背後にある他人の人権が制限されてもやむをえない。三八条一項は被疑者、被告人の権利保障を前提にしつつ、刑事手続における とは限らない供述義務者の権利を直接には保障している。このように刑事責任に関する不利益と見ることによって、刑事手続に関する規定の間にこの規定が置かれたことが説明される。また、刑事責任に関する不利益に限定することは、証言のような供述制度を維持していく上で必要である。(30)

ただし厳密に言えば、「自己に不利益な供述」とは、自己の刑事事件に関する供述と見るべきである。自己の刑事事件についても、本人の刑事責任に不利益なものとそうでないものがあると考える必要はない。「自己に不利益な供述」について、規定の上で直接の限定はなく、規定の位置と性格から来る制約があるだけだからである。供述義務者は将来ありうる自己の刑事事件に関して不利益供述拒否権を、被疑者、被告人は現在ある自己の刑事事件に関して包括的供述拒否権を有する。このように考えることによって、供述義務者の不利益供述拒否権と被疑者、被告人の包括的供述拒否権について区別しつつ、一つの規定によって保障されたものとして、統一的にとらえることが可能となる。氏名に関する被疑者、被告人の供述拒否権も、当然認められる。

現行刑事訴訟法等は被疑者、被告人に対して包括的供述拒否権を、証人に対して刑事責任に関する不利益供述拒否権を保障している。これらの規定は憲法の趣旨を適切に表現したものということになる。これらを改正して、被疑者、被告人の供述拒否権の対象を不利益供述に限定することは、憲法上許されない。(31)

4　非刑事手続における供述拒否権

以上のように、不利益供述拒否権が自己の刑事事件に関する供述義務者の権利であるとすれば、供述拒否権が適用される手続の種類は問題ではなく、刑事手続に限定する理由はないことになる。

アメリカ憲法修正五条は不利益供述拒否権を「刑事事件において」(in any criminal case) 保障しているが、判例は古(32)くから手続の性格を問題にせず適用してきた。この「刑事事件」は供述を強要される手続ではなく、供述の結果として刑事責任が問われる将来の手続ととらえられる。(33)学説でも、ウィグモアは「すべての種類の手続」(all manner of proceedings) への適用を主張する。(34)

日本でも同様の見解を採る学説は以前から存在し、三八条一項は「刑事責任に関するものであるが、刑事責任に関する不利益な供述の強要禁止はかならずしも刑事手続にかぎるものではない[35]」とする。不利益供述拒否権の中心的な主体を被疑者、被告人と見る多数説でも、民事事件や国政調査手続における証人への適用を肯定し、既に適用を刑事手続に限定していない。

手続の種類が問題でないとすれば、行政手続にも当然適用される。類推適用や準用ではない。「民事手続においても、行政機関においても、まさに『何人も』自己の刑事責任に関する不利益な供述を強要されないのである[36]。」以上のような見解からすれば、非刑事手続への適用を準刑事手続的手続に限る判例の立場は、学説に責任があるのであるが、「憲法三八条一項の誤解にもとづくものとしか言いようがない[37]」ことになろうか。

非刑事手続、特に行政手続への適用の例外として、「記帳義務を課せられた文書」(records required to be kept) の法理や、「他の国民の人権保障に緊急かつ明白な危険[38]」が指摘されることがある。しかし、疑問がある。それ自体精神的自由権に対する重大な制約である供述義務の場面で、最も厳しい人権制限である刑事責任追及の危険が生じることがある。その場合には、供述制度によって実現しようとしている公共目的やその背後にある他人の人権も制限される。これが供述拒否権である。この論理は、重大な憲法目的に奉仕する裁判や国政調査の手続には当てはまっても、行政手続には及ばないのであろうか。実際に多くの国民が供述拒否権に直面する可能性がある場面は、大部分が行政手続である。そこでこのように重大な例外を認めることは、供述拒否権の多くを帳消しにするに等しいのではないであろうか。疑問を出しておきたい[39]。

以上のように、三八条一項は、現在の被疑者、被告人の包括的供述拒否権とともに、将来被疑者、被告人になる恐れのある供述義務者の不利益供述拒否権を保障している。被疑者になる前の供述義務者にも本来適用がある。

三　受刑者

有罪判決が確定し被告人でなくなった後の受刑者について、自由刑を中心にして検討したい。

1　受刑者に関する適法手続主義の原理

受刑者の法的地位は、かつては特別権力関係論によって公法上の営造物利用関係として説明された。この議論によれば、特別権力関係においては包括的支配権が認められ、権利制限に法律の根拠は不要であり、司法審査権は原則として及ばない。しかし、この議論は現在では一般的に批判されている。日本国憲法においては、人権の最大限尊重の原則（一三条）の下で、法治主義の徹底（四一条、七六条）が図られているからである。

自由刑の執行を意味する行刑は、憲法学では通常行政作用と考えられているようである。従って、三一条に関する現在の多数説によれば、本来は被疑者、被告人を中心的主体とする刑事手続に関する適法手続主義を、行政手続としての行刑に類推適用する。その上で、行刑の特殊性に伴なう最小限の例外を認めるということに論理的にはなろう。しかし実際の憲法学においては、受刑者に関する適法手続主義について本格的に論じることはほとんどなかった。どの規定がどのように類推適用されるのか、明らかにされていない。

しかしながら一で述べたような三一条論から、三一条が人権の手続的保障の総則であるとすれば、その保障から受刑者を除くべき理由はない。行刑を刑事手続の一環としてとらえようと行政手続として見ようと、三一条の適法手続主義は類推適用ではなく文字通り適用される。多くの手続的・実体的適法手続主義が問題にされなければならない。

そして、裁判を受ける権利は受刑者に対しても当然保障されなければならない。

受刑者に対する適法手続主義の適用を具体化していく上で、三三条以下の個別規定のうちどれが適用され、どれが類推適用されるのかが問題になる。ここでは適用されるべき若干の規定のみを指摘しておく。一八条の奴隷的拘束および苦役からの自由は全ての人権保障の前提条件であり、人身の自由に関する最も基本的な条件を示している。前段の「奴隷的拘束」は人格を否定する程の人身の自由の剥奪であり、それは絶対的に禁止される。従って、この保障は受刑者に及ぶとするのが通説である。(40)

後段では、「犯罪に因る処罰の場合を除いては、その意に反する苦役に服させられない」とする。「犯罪に因る処罰」を受ける受刑者には、この規定は関係が無いと従来考えられてきたようである。しかし、一三条の人権の最大限尊重の原理の下で、「意に反する苦役に服させられない」のが原則であり、「犯罪による処罰の場合」はその唯一の例外である。憲法原理から承認される刑罰の場合であっても、その執行から厳密に必然化される最小限の人権制限を超えるものは、「犯罪に因る処罰の場合」とは言えない。そのような不必要な人権制限は、「意に反する苦役」として禁止される。

また三六条後半は、「残虐な刑罰は、絶対にこれを禁ずる」とする。犯罪に因る処罰の場合には意に反する苦役に服させられるが、その場合にも三六条から残虐な程度に至ることはできない。通常指摘されることである。(41)すなわち、「残虐刑の禁止は、ひとり立法及び司法だけでなく、さらに行刑にも適用がある(42)」。残虐刑の禁止は受刑者にも当然適用される。(43)

2　受刑者への適法手続主義の適用

受刑者に適法手続主義を適用すると、どうなるか。基本的な点を指摘してみたい。(44) まず、人権の最大限尊重の原理から、受刑者も他の国民と同様に人権の主体であるのが原則である。刑務所収容関係を法律関係として構成したフロイデンタールも、受刑者の法的地位は原則として自由な国民と同一であるとした。(45) アメリカの連邦巡回控訴裁判所でも、受刑者を原則として「通常の市民の全ての権利を保持する」(46) としたものがある。

苦役の禁止規定（一八条後段）によって例外として認められる人権制限は、憲法上正当化される刑罰の執行として必然的なものに限る。処遇や保安秩序維持に名を借りた応報的・隔離的要素は、批判されなければならない。(47) さらに身柄の拘禁についても、その観念化、抽象化が必要であり、外部通勤、週末拘禁、開放施設への拘禁が考えられなければならない。(48) 人身の自由が憲法上は原則だからである。

社会復帰のための刑務作業（刑法一二条二項）については、その強制の憲法上の問題を問わないとしても、一般の国民も有する勤労権（憲法二七条一項）を保障する場として可能な限り構成する必要がある。(49) 受刑者の作業種類の選択権、作業報酬の要求権、国の作業機会の保障義務などが考えられなければならない。身柄の拘禁以外の人権制限は、身柄の拘禁確保のための最小限のものを除いて認められない。各種の自由権、社会権、国務請求権、参政権などの人権を可能な限り享受できなければならない。「集会の自由、結社の自由または居住・移転・職業選択の自由など……の制限は、拘禁という事実に直接内在的なもの」(50) とされることが少なくない。これには問題があり、正当化されうる人権制限は具体的に限定されなければならない。

受刑者も法治主義原則の下にあり、権利制限を含むすべての権力発動に法律の根拠が必要であり、受刑者は裁判所に権利救済を求めることができる。特別権力関係論を排除した上で、しかし、「在監者の集会・結社の自由の制限のように、それぞれの法関係の設定・存続に直接内在的な権利自由の制約にかぎり（何が内在的かの判断は具体的にはかなりの困難をともなうけれども）いちいち法律の根拠を要しない」とし、「内部規律の範囲」では司法審査権が及ばないとされることがある。(51)

しかしながらこれは、修正された特別権力関係論ではないであろうか。直接内在的な権利制限が何かは、論者が承認するように明確ではない。その明確化が必要であり、その第一次的責任は刑事施設当局ではなく、法律が負うはずである。内部規律と言われるものも、法律に基づく行政裁量として説明がつく。(52)専門的判断の必要性から裁量の広さが一般的に強調されるが、密室における人権侵害の危険性からこのような強調に逆に疑問を出すこともできる。法治主義に対する例外を強調する必要はない。

裁判を受ける権利、そのための法律援助、(53)懲罰手続における証拠に基づいた審問、弁護人依頼権(54)なども検討されなければならない。

受刑者も、適法手続主義の適用が予定された主体と見なければならない。

おわりに

以上によって、被疑者になる前の供述義務者が不利益供述拒否権の主体であること、被告人でなくなった後の受刑者が適法手続主義の適用を受けることを明らかにしようとした。被疑者、被告人だけではなく、刑事手続における全過程の主体について、刑事手続に関する憲法規定の適用が問題にされなければならない。そのことを主張するために、本稿では若干の問題を取り上げたに過ぎず、検討すべき問題は多い。しかし、検討するためにも、対象を最初から被疑者、被告人に絞るのではなく、議論は開かれた性格を持っていなければならない。

（1）本論文は元は新入生向けのものであった。本論文に関係した新入生向けのものとして、浦田一郎「刑事手続と人権」、奥平康弘・杉原泰雄編『憲法を学ぶ〔第4版〕』、一七五―一九三頁（有斐閣、二〇〇一年）。

（2）杉原泰雄「適法手続」、芦部信喜編『憲法Ⅲ人権（2）』九五頁（有斐閣、一九八一年）。

（3）この点に関しては、手島孝「公正手続条項（日本国憲法第三十一条）再論」法政研究五一巻三・四合併号一五五頁以下に基本的に依拠している。法學協會『註解日本国憲法』上巻三〇五頁（有斐閣、旧版、一九四八年）。広岡隆「法定手続の保障」田上穰治編『体系憲法事典』三一〇頁（青林書院新社、一九六八年）。田上穰治『新版・日本国憲法原論』一四七頁（青林書院、一九八五年）。

（4）法學協會・前掲注（3）三〇五頁。

（5）手島・前掲注（3）一七一―一七二頁。制憲過程における論議が本論のような趣旨であることについて、憲法的刑事手続研究会『憲法的刑事手続』二〇七、二一九―二二〇頁（日本評論社、一九九七年）（高野隆執筆）。

（6）同一六一―一六八頁。

（7）同一六二頁。

（8）安念潤司「憲法問題としての『手続上の権利』」ジュリスト八八四号二五四頁（一九八七年）。

（9）さらに、適法手続の具体的内容は、問題になっている実体的権利に応じて、適切なものが考えられる必要もある。この点について、富塚祥夫「実体的基本権の手続法的機能（上）（下）」法学会雑誌（東京都立大学）二七巻一号二一九頁以下（一九八六年）、二八巻二号一八一頁以下（一九八七年）。

（10）鴨良弼「自白強要の禁止」田上編・前掲注（3）『体系憲法事典』三二九頁。宮沢俊義（芦部信喜補訂）『全訂・日本国憲法』三一九頁、（日本評論社、一九七八年）。

（11）法學協會・前掲注（3）上巻六六〇頁（一九五三年）。宮沢・前掲注（10）三一九頁。鴨・前掲注（10）三三〇頁。

（12）法學協會・前掲注（3）上巻六六〇頁（一九五三年）。

（13）最大判一九五七（昭和三二）年二月二〇日刑集一一巻二号八〇二頁。

(14) 法學協會・前掲注(3)上巻六六一頁(一九五三年)。鴨・前掲注(10)三三〇頁。佐藤功『憲法〔新版〕』上巻五九三頁(有斐閣、一九八三年)。
(15) 法學協會・前掲注(3)上巻六六〇―六六一頁(一九五三年)。宮沢・前掲注(10)三一九頁。佐藤・前掲注(14)五九三頁。
(16) 最二小判一九五四(昭和二九)年七月一六日刑集八巻七号一一五一頁。
(17) 最大判一九六二(昭和三七)年五月二日刑集一六巻五号四九五頁。
(18) 最大判一九七二(昭和四七)年一一月二二日刑集二六巻九号五五四頁。
(19) 最三小判一九八四(昭和五九)年三月二七日刑集三八巻五号二〇三七頁。浦田一郎「税務調査と供述拒否権」法学教室四八号八六―八七頁(一九八四年)参照。
(20) 佐藤・前掲注(14)二四六―二四七頁(旧版、一九五五年)。鴨・前掲注(10)三三〇頁。
(21) 宮沢・前掲注(10)三二一頁。佐藤・前掲注(14)五九七頁(新版)。
(22) 平野龍一「捜査」日本刑法学編『改正刑事訴訟法』三一頁(有斐閣、一九五三年)。
(23) 供述拒否権の歴史については、同「黙秘権」刑法雑誌二巻四号三九頁以下(一九五一年)。
(24) 田宮裕「被告人・被疑者の黙秘権」日本刑法学会編『刑事訴訟法講座』一巻七二―七三頁(有斐閣、一九六三年)。
(25) 同六六頁。
(26) 杉原・前掲注(2)一〇九―一一八頁。
(27) 平野龍一『刑事訴訟法』一〇六頁(有斐閣、一九五八年)。
(28) 田宮裕『刑事訴訟法入門』一八三頁(有信堂、新版、一九七七年)。
(29) ダグラス判事は、良心、人間の尊厳、表現の自由を守る手段として供述拒否権を性格づけている(高柳信一「行政手続と人権保障」清宮・佐藤編『憲法講座』二巻二七一頁(有斐閣、一九六三年)。
(30) 杉原・前掲注(2)二一〇―二一一頁は、三八条一項が刑事手続に言及していないことなどを理由に、証人についても包括的供述拒否権を帰結しようとする。本文に述べた理由から、この説には疑問を持っている。
(31) アメリカでは被告人にも証人能力を与え、自己の利益のために供述拒否権の放棄を認める。この制度を日本国憲法の下で採用することが可能かどうかについては、議論がある（田宮・前掲注（24）七五頁。杉原・前掲注（2）二一二頁）。

（32）Counselman v. Hitchcock, 142 U. S. 547 (1891); McCarthy v. Arndstein, 266 U. S. 34 (1924).

（33）平野・前掲注（23）六六頁。

（34）John Henry Wigmore, *Evidence in trials at common law*, Boston, 1961, v. 8, § 2252, p. 327.

（35）法學協會・前掲注（3）上巻六六一頁（一九五三年）。高柳・前掲注（29）二六九―二七〇頁。

（36）法學協會・前掲注（3）上巻六六一頁（一九五三年）。清宮四郎編『憲法事典』二二四頁（青林書院新社、一九六二年）。田宮・前掲注（24）九〇頁。

（37）浦部法穂「適正手続」大須賀明ほか編『憲法判例の研究』四五三頁（敬文堂、一九八二年）。

（38）杉原・前掲注（2）二一五頁。

（39）法學協會・前掲注（3）上巻六六三―六六四頁（一九五三年）は、「『不利益な供述拒否権』に関する限り、憲法との関係で、罰則の適用が当然に制限される」とし、記帳義務を課せられた文書の法理にも疑問を提出している。

（40）法學協會・前掲注（3）上巻三九五頁（一九五三年）。

（41）法學協會・前掲注（3）上巻三九五頁（一九五三年）。

（42）同六三七頁。小林直樹『[新版]憲法講義』上巻四八六頁（東京大学出版会、一九八〇年）。室井力「拷問および残虐な刑罰の禁止」有倉・小林編『基本法コンメンタール憲法［第三版］』（別冊法学セミナー）一六二頁（一九八六年）。

（43）アメリカでは「残酷で異常な刑罰」禁止条項から、「残酷で異常な環境にある刑務所には監禁されないという権利」が引き出され、種々の司法的救済が試みられている（井上典之「合衆国憲法修正八条と受刑者の権利について――『残酷で異常な刑罰』禁止条項の展開を中心に――」阪大法学一三六号七七頁以下（一九八五年））。

（44）この点について、福田雅章「処遇権の基礎（一）」刑法雑誌二五巻一号一七四頁（一九八二年）は、①自由の推定の原則、②比例原則、③法治主義の原則を挙げる。これを基礎に考えてみた。

（45）室井力『特別権力関係論』四一一頁（勁草書房、一九六八年）。

（46）Coffin v. Reichard, 143 F. 2d 443, 445 (6th Cir 1944).

（47）福田雅章「受刑者の法的地位」沢登俊雄他編『刑事政策』二四二頁（蒼林社、一九八五年）。

(48) 二〇〇五年五月一八日に成立した刑事施設・受刑者処遇法によって、模範囚には職員が付き添わない外部通勤や最長七日の外泊が認められることになった(朝日新聞二〇〇五年五月一八日夕刊)。
(49) 吉岡一男「刑務作業」前掲注(47)『刑事政策』二九二―二九三頁。
(50) 室井・前掲注(45)四一七頁。
(51) 芦部信喜「公務員と人権」清宮四郎他編『新版憲法演習〔改訂版〕』一七一頁(有斐閣、一九八七年)。
(52) 室井・前掲注(45)四一四頁。
(53) 吉田敏雄「アメリカにおける受刑者の権利」ジュリスト五四六号一一五頁(一九七三年)。
(54) 福田雅章「行刑問題に対する裁判所の関与」一橋論叢七一巻一号六三頁(一九七四年)。

16　生存権の実体的保障と手続的保障

――朝日訴訟・最大判一九六七（昭和四二）年五月二四日民集二一巻五号一〇四三頁

一　事　実

上告人（原告、被控訴人）朝日茂氏は、一九四二年（昭和一七年）から国立岡山療養所に単身の肺結核患者として入所し、厚生大臣の設定した生活扶助基準（生活保護法八条）で定められた最高金額である月六〇〇円の日用品費の生活扶助（法一二条）と現物による全部給付の給食付医療扶助（法一五条）とを受けていた。ところが一九五六（昭和三一）年以降、実兄から扶養料として毎月一、五〇〇円の送金を受けるようになったために、津山福祉事務所長は月六〇〇円の生活扶助を打ち切り、送金額から日用品費を控除した残額九〇〇円を医療費の一部として上告人に負担させる（法四条）旨の保護変更決定をした（法二五条）。

そのため、送金を受けるようになった後も、上告人の生活は以前と全く変わらない結果となった。この決定は、岡山県知事に対する不服の申立（法六四条）および厚生大臣に対する不服の申立（法六六条）においても是認された。六〇〇円の日用品費については、肌着二年に一着、パンツ一年に一枚、チリ紙一月に一束などが算定基準になっており、また補食費は重症結核患者に対しても認められていない。そこで上告人は、厚生大臣を被告として、日用品費六〇〇円の基準金額が、法三条の規定する「健康で文化的な生活水準」を維持するに足りない違法のものであると主張して、厚生大臣の不服申立却下裁決の取消を求める旨の行政訴訟を提起した。

そこで、①憲法二五条の生存権、②生活保護法上の保護受給権（法二条）、③厚生大臣の保護基準設定行為（法八条）の法的性格について、下級審でどのように判決が下されたかを見てみる。

第一審判決（東京地判一九六〇（昭和三五）年一〇月一九日行裁例集一一巻一〇号二九二一頁）。①憲法二五条一項は、国に対して「積極的な施策を講ずべき責務を課して国民の生存権を保障」し、国がその「責務に違反して生存権の実現に障害となるような行為をするときはかかる行為は無効」となる。②生活保護法は、国民に「反射的利益」を享受させるにとどまらず「保護受給権」を付与している。③「健康で文化的な生活水準」（法三条）は、「理論的には特定の国における特定の時点においては一応客観的に決定すべきもの」であり、その判断は「羈束行為」である。本件保護基準が「健康で文化的な生活水準」を維持するに足りない限度で、生活保護法八条二項、三条に違反し、その保護基準に基づく本件保護変更決定も違法であるとして請求を認容した。

第二審判決（東京高判一九六三（昭和三八）年一一月四日行裁例集一四巻一一号一九六四頁）。①「憲法二五条に規定する理念」を、②生活保護法は具体化し、「個々の国民の国に対する具体的権利を定めた」。③具体的な保護処分は、保護基準によって内容が規定されているという意味で、「羈束裁量行為」である。しかし保護基準は、「多数の不確定要素の把握総合の上に定立されなければならない」から、その設定は厚生大臣の裁量に委ねられている。ただしその裁量は、「行政庁の完全に自由な選択を許す自由裁量」ではない。その上で、入院入所患者の日用品費も月額六七〇円程度と認定して、一割程度の不足では本件保護基準を違法とは断定できないとして、第一審判決を取消した。

そこで朝日氏は上告したが、死亡したため養子が相続人として訴訟の承継を主張した。

二　判　旨

1　訴訟の承継の有無

「おもうに、生活保護法の規定に基づき要保護者または被保護者が国から生活保護を受けるのは、単なる国の恩恵ないし社会政策の実施に伴う反射的利益ではなく、法的権利であって、保護受給権とも称すべきものと解すべきである。しかし、この権利は、被保護者自身の最低限度の生活を維持するために当該個人に与えられた一身専属の権利であって、他にこれを譲渡し得ないし（五九条参照）、相続の対象ともなり得ないというべきである。また、被保護者の生存中の扶助ですでに遅滞にあるものの給付を求める権利についても、医療扶助の場合はもちろんのこと、金銭給付を内容とする生活扶助の場合でも、それは当該被保護者の最低限度の生活の需要を満たすことを目的とするものであって、法の予定する目的以外に流用することを許さないものであるから、当該被保護者の死亡によって当然消滅し、相続の対象となり得ない、と解するのが相当である。また、所論不当利得返還請求権は、保護受給権を前提としてはじめて成立するものであり、その保護受給権が右に述べたように一身専属の権利である以上、相続の対象となり得ないと解するのが相当である。

されば、本件訴訟は、上告人の死亡と同時に終了し、同人の相続人朝日健二、同君子の両名においてこれを承継し得る余地はないもの、といわなければならない。」

2　本件生活扶助基準の適否

「（なお、念のために、本件生活扶助基準の適否に関する当裁判所の意見を付加する。

憲法二五条一項は、『すべて国民は、健康で文化的な最低限度の生活を営む権利を有する。』と規定している。この規定は、すべての国民が健康で文化的な最低限度の生活を営み得るように国政を運営すべきことを国の責務として宣言したにとどまり、直接個々の国民に対して具体的権利を賦与したものではない（昭和二三年（れ）第二〇五号、同年九月二九日大法廷判決、刑集二巻一〇号一二三五頁参照）。具体的権利としては、憲法の規定の趣旨を実現するために制定された生活保護法によって、はじめて与えられているというべきである。生活保護法は、『この法律の定める要件』を満たす者は、『この法律による保護』を受けることができると規定し、（二条参照）、その保護は、厚生大臣の設定する基準に基づいて行なうものとしているから（八条一項参照）、右の権利は、厚生大臣が最低限度の生活水準を維持するにたりると認めて設定した保護基準による保護を受け得ることにあると解すべきである。もとより、厚生大臣の定める保護基準は、法八条二項所定の事項を遵守したものであることを要し、結局には憲法の定める健康で文化的な最低限度の生活を維持するにたりるものでなければならない。しかし、健康で文化的な最低限度の生活なるものは、抽象的な相対的概念であり、その具体的内容は、文化の発達、国民経済の進展に伴って向上するのはもとより、多数の不確定的要素を綜合考量してはじめて決定できるものである。したがって、何が健康で文化的な最低限度の生活であるかの認定判断は、いちおう、厚生大臣の合目的的な裁量に委されており、その判断は、当不当の問題として政府の政治責任が問われることはあっても、直ちに違法の問題を生ずることはない。ただ、現実の生活条件を無視して著しく低い基準を設定する等憲法および生活保護法の趣旨・目的に反し、法律によって与えられた裁量権の限界をこえた場合または裁量権を濫用した場合には、違法な行為として司法審査の対象となることをまぬかれない。」

「また、原判決が本件生活保護基準の適否を判断するにあたって考慮したいわゆる生活外的要素というのは、当時の国民所得ないしその反映である国の財政状態、国民の一般的生活水準、都市と農村における生活の格差、低所得者の生活程度とこの層に属する者の全人口において占める割合、生活保護を受けている者の生活が保護を受けていない多数貧困者の生活より優遇されているのは不当であるとの一部の国民感情および予算配分の事情である。以上のような諸要素を考慮することは、保護基準の設定について厚生大臣の裁量のうちに属することであって、その判断については、法の趣旨・目的を逸脱しないかぎり、当不当の問題を生ずるにすぎないのであって、違法の問題を生ずることはない。」

「原判決の確定した事実関係の下においては、本件生活扶助基準が入院入所患者の最低限度の日用品費を支弁するにたりるとした厚生大臣の認定判断は、与えられた裁量権の限界をこえまたは裁量権を濫用した違法があるものとはとうてい断定することができない。)」

3　補足意見および反対意見

奥野補足意見。①本件相続人は、保護受給権の承継人でもないし、裁決の取消につき訴訟追行権を与えられている者でもない。従って訴訟を追行する余地は無い。②保護基準設定行為は、客観的に水準を探求する法の執行行為であるが、基準の改訂に要する相当期間内であれば、違法ではない。

田中反対意見。①本件基準と適正な基準との差額に相当する部分についての不当利得返還請求権は相続性があり、この請求権の行使のためには裁決の取消が条件となるから、本件相続人は「裁決の取消を求めるにつき法律上の利益」(行訴法九条)を有する。②本件については多数意見とほぼ同じである。

松田・岩田・草鹿反対意見。①訴訟承継については田中反対意見とほぼ同じである。②訴訟が終了している以上、本案について意見を述べるべきではない。

三　研　究

憲法二五条が定める、広義の生存権としての社会保障権には、公的扶助、社会福祉、社会保険、公衆衛生などが含まれることになるが、朝日訴訟の対象となり、憲法学説においても中心的に論ぜられてきた公的扶助に焦点を合わせて検討することにする。

本件最高裁判決の結論は、本件訴訟は上告人の死亡によって終了したということであって、本案についての判断は傍論として述べられているに過ぎない。しかし、憲法論上生存権の法的性格が中心問題であるので、それについてまず検討を加え、その後で訴訟の承継が認められるべきか、および念のために本案について判断を示すことが許されるかについて見ることにする。

1　生存権の法的性格

生存権の自由権的側面については後にふれることにして、ここでは、生存権の中心問題である国務請求権的側面をまずとり上げる。

(1)　学説の整理

従来憲法二五条の生存権の法的性格について、三つの学説があるとされてきた。第一に、プログラム規定説またはプログラム消極説。憲法規定は具体的な権利を国民に与えたものではなく、国に対して政治的・道徳的義務を課したプログラムに過ぎないと見る。第二に、抽象的権利説またはプログラム積極説。憲法上の生存権は、抽象的ではあるが法的な権利であり、それを具体化する法律によって具体的な権利が発生し、法律解釈の基準にもなる。第三に、具体的権利説。憲法規定から直接裁判上争うことができる具体的な権利が発生する。プログラム積極説が有力説であろう。

ある規定の法的性格については、法規範性と裁判規範性が問題になる。従来憲法二五条の生存権の法的性格について言われてきたことは、法規範性と裁判規範性の区別をしないまま、法規範性を問題にしているような形式をしばしばとりつつ、実質的には裁判規範性を中心的に問題にしてきたように思われる。そこでここでも、憲法二五条の生存権の法的性格という議論の仕方に従いつつ、実質的には裁判規範性を中心的に問題にすることにしたい。

生存権の法的性格について三つの学説が区別されてきたが、本件の三つの判決を検討してみると、この整理だけでは不十分だという気がする。すなわち、これらの学説は具体的な権利が憲法規定から発生するかどうかを中心においたものであって、現行生活保護法を前提とした場合、具体的権利が法律と保護基準のどちらによって決まるかは問題にしていないからである。裁判における権利主張の方法を考えると、具体的権利が憲法、法律、保護基準のどの段階で決定されることになるかという整理の仕方も必要であると思う。

仮にその整理によって、憲法説、法律説、保護基準説と名づけてみると、具体的な権利が憲法に規定されていると見るならば、法律や保護基準の合憲性を争うことができる（憲法説）。具体的権利が法律によって発生するとするならば、法律については争えないが、保護基準の合法性は問題にできる（法律説）。具体的権利が保護基準によって初めて決まるとするならば、具体的な保護処分の保護基準適合性は問題にできるが、それ以外は争うことができない（基準説）。

具体的権利説は今の憲法説に当たる。抽象的権利説は、抽象的権利の前提として憲法二五条の法規範性を承認しているようである。その上で、裁判規範性の問題としては保護基準や保護処分の法律適合性を争うことができるとし、法律に具体化された憲法との適合性も問題にできるとする。しかしながら、法律自体の憲法適合性を争うことはできないと考えるので、結局法律説ということになろう。プログラム規定説が憲法説を否定していることは明らかである。

最高裁多数意見は、憲法二五条は具体的権利を付与するものではないと明言した後、それは生活保護法によって初めて与えられるとする。しかしその権利は、「保護基準による保護を受ける」権利であるとし、その保護基準の設定は「厚生大臣の合目的的な裁量」に任されているとする。従って、裁量権の踰越や濫用の場合は争いうるが、そのような例外的な場合を除けば、具体的権利は保護基準によって決まるということになる。多数意見が強調したことは、多様な「生活外的要素」に関する裁量を含めた厚生大臣の裁量であり、その意味で多数意見の立場はプログラム規定説または基準説ということになろう。多数意見が争える場合を例外的に承認したことに着目して、多数意見の立場を抽象的権利説と見る学説は、判例に関する実践的解釈を行なうとしたものであろう。この学説の立場は、プログラム規定説と抽象的権利説の間にある実質的に意味のある違いを軽視するものであり、実践的にも妥当かについて疑問がある。田中反対意見も同じである。

奥野補足意見は、憲法は、「時の政府の施政方針によって左右されることのない客観的な最低限度の生活水準なるものを想定して」、生存権を付与しているとするところからすれば、具体的権利説または憲法説に近いようである。

二審判決は、不明確なところがあるが、保護基準の設定に関する厚生大臣の「専門技術的裁量」を強調している点からすれば、最高裁判決の立場に基本的には近いと言うことができる。（なお二審判決は、「保護の実施機関」による「具体的保護処分は羈束裁量行為と解すべき」であるとは言っているが、保護基準設定行為がそうであるとは言っていない。判旨として引用しなかった部分であるが、この点を最高裁多数意見および田中反対意見は誤解しているのではないであろうか。）

一審判決は、憲法上の「生存権の実現に障害となるような行為をするときはかかる行為は無効」とするが、これは自由権と区別した国務請求権としての側面について言っているから、具体的権利説または憲法説に立っているようにも見える。少なくとも、保護基準設定行為を「羈束行為」として、法律が要求する「健康で文化的な水準」と保護基準との適合関係を問題としているから、抽象的権利説または法律説の立場は認められる。

(2)　学説の検討

i　問題の位置

経済的自由権を中心とした人権体系は、その基礎にある資本主義経済の矛盾の顕在化とともに、修正を余儀なくされた。そこで現代憲法においては、独占的な経済活動に対する規制が認められ、他方で社会経済的な困難を持つ人々のために社会権が規定される。このような変化の背景には、資本主義の展開によって生活を破壊された市民による生存保障を要求する運動と、資本主義経済の維持のために国家介入を求める資本の立場がある。前者は生存保障を権利の問題としてとらえようとするのに対して、後者は政策の問題にとどめようとする傾向がある。両者の要求の妥協の上に、生存保障に関する憲法規定が置かれた。

日本国憲法は、二五条で「すべて国民は健康で文化的な最低限度の生活を営む権利を有する」と規定し、外国の憲法以上に市民の要求を重視する表現を採っている。生存が成り立たなければ、あらゆる人権保障は無意味になる。本人の努力によって生活を維持できない人々の生存保障は、すべての人権保障の最終的な条件をなしている。

以上の点からすれば、生存権は憲法によって具体的に保障されていると一応見るべきことになる（具体的権利説または憲法説）。しかしながらそれに対して、主として、「健康で文化的な最低限度の生活」と言っても内容が抽象的であって、法律などによって具体化、明確化される必要があるのではないか、またそのことに関わって、裁判上どのような形で権利主張が可能なのかが問題とされている。従ってこれらの点が解決されれば、最終的に具体的権利説が採られるべきことが確定されることになる。

ⅱ　権利の内容

権利の内容を問題にする以前に、生存権の権利性を否定する最も基本的な考え方として、資本主義社会では財産か労働によって生存が確保されることになるが、それらを保障することはできないとするものがある。しかし、自己の財産と労働によって生存を維持できない人々に対して、およそ資本主義社会である以上、生存を保障することが不可能だとは言えない。むしろ、このような人々の生存を保障できなければ、資本主義社会は経済的にも政治的にも維持できない。だからこそ憲法に生存権規定が置かれているのである。

生存権の内容が不明確だとする議論の最も中心的な理由は、多くの事情を考慮しなければそれを確定できないということである。従ってその内容の確定は下位の法規に、すなわち立法裁量または行政裁量に任せられているとする。本件最高裁判決が、「健康で文化的な最低限度の生活なるものは、抽象的な相対的概念であり、その具体的内容は、……多数の不確定要素を綜合考量してはじめて決定できる」とするのは、これである。さらに、「国民感情および予算配分の事情」まで含む「いわゆる生活外的要素」を考慮することも、厚生大臣の裁量のうちに属するとされる。従ってその裁量は、最高裁によれば「専門技術的裁量」であるが、その実質は高度の政策的裁量も含むものとなっている。

しかし逆に、憲法上の権利であるとすれば、考慮すべき事情は限定されるはずである。とりわけ政策的な裁量は限定される。そうであれば、権利内容はその分相当明確なものとなる。プログラム規定説は憲法規定を無視して、考慮すべき事情を必要以上に広げた上で、それ故に権利内容が不明確であり生存権は権利ではないと言っているように見える。これは、権利でないから権利でないと言っている嫌いがある。確かに生活保障は一般的な意味で政策の問題だと言えるが、しかしその点について、「健康で文化的な最低限度の生活を営む権利」を国民に保障するという政策を、すでに憲法は選択していると見ることができる。政策問題だとして、憲法的な吟味なしに憲法外の政策を持ち出すことは、議論のむしかえしであり許されないことではないであろうか。

とりわけ、生活保障は予算を必要とし、それは財政問題だとする議論が出されるが、予算も憲法に拘束されていると見なければならない。「最低限度の水準は決して予算の有無によって決定されるものではなく、むしろこれを指導支配すべきものである」とする、本件一審判決が参照されるべきである。

確かに生存権概念に一定の抽象性があることは否定できないが、少なくとも「最低限度」の生活には一定の「限度」があると見るべきであろう。

もし二五条が単にプログラムや政策目標しか規定していないのだとすると、「最低限度」の生活という概念が使われているのは不自然に思える。プログラムや政続目標ならば、もっと高い目標が掲げられるのが自然であって、「最低限度」の生活という概念が使われたのは、政策目標は「健康で文化的な」もっと高い水準の生活に置かれるにしても、少なくともその「最低限度」の生活については国民は権利を有し、国家は義務を負うということだと思われるのである。

以上の点から、憲法上生存権の内容は一定限度明確化しうると思われるが、さらに次のように議論することも可能ではないかと考えられる。「健康で文化的な最低限度の生活」は憲法上の規範的な概念であって、憲法外の事実上の国民生活から自動的にその内容が明らかになるものではない。憲法が想定する「健康」や「文化」とは何かが、問題になっているはずである。それは精神的にも身体的にも人権を実質的に享受できる状態を基本とするものであろう。「健康」は主として身体に、「文化」は主として精神に着目したものと見ることができる。その上で精神的「健康」や身体「文化」を考える必要がある。国民が実際上人権を実現することができない生活では、憲法的には「健康で文化的」な生活とは言えないからである。本件一審判決が、「健康で文化的な生活水準」を「人間に値する生存」と言い換えているが、その基本的な要素は人権諸規定によって法的に表現されていると言えるであろう。そのための物質的な条件を確保できない国民に対して、「最低限度」の条件を保障するのが生存権だと思われる。

第二次藤木訴訟において、生活保護受給権に関する第一次藤木訴訟（東京地判一九七二（昭和四七）年一二月二五日行裁例集二三巻一二号九四六頁、原告勝訴）に要した弁護士費用が、生活保護の対象となるかが争われた（東京地判一九七九（昭和五四）年四月一一日判例時報九二三号二三頁、原告敗訴）。ここで直接に問題となっていることはかなり特殊な限定されたものであるが、それを判決は裁判を受ける権利（三二条）の実質的保障の問題として扱った。同じような思考方法を押し進めれば、他の人権についてもその実質的保障が生活保護に含まれるかが問題となるであろう。

このように議論すると、すべての人権が社会権化して、必要以上に国家が国民生活に介入する危険が生まれるように見えるかもしれない。しかし、自由権が詳細に保障された日本国憲法の下では、「健康」や「文化」自体は本来国民が自由に追求すべきものである。国家はそのための物質的条件に関与するに過ぎず、また後述するように生存権の自由権的側面を強調することによって、危険を避けることが可能になろう。

もしこのように、「健康で文化的な最低限度の生活」という概念が、人権諸規定によって規範的に枠づけられたものだとすれば、なおさらのことその内容は憲法上明確化することが可能なものだということになる。

iii 権利主張の方法

権利の内容が一定程度明確であるとしても、裁判上どのように権利を主張することができるかが問題となる。その点について従来、国家が権利を実現する立法を行なっていないときどうするかが、中心的に議論されてきた。そこには、何らかの立法は行なわれているが保障水準が不十分な場合と、何らの立法がなされていない場合がありうる。論理的につきつめれば、後者が問題になる。プログラム規定説は、裁判上争いようがないから生存権は憲法上の権利ではないと考え、具体的権利説は、立法不作為の違憲確認訴訟が考えられうるから生存権を権利と見ることができると主張してきた。法律がない状態を想定し、法律を作らせるための裁判上の何らかの手段が無ければ、生存権は権利とは言えないと考える点では、プログラム規定説も具体的権利説も同じ立場に立っている。

生存権は法律による制度の設定を必要とする権利であるから、このような前提は当然のように思われるかもしれない。しかしながらこのような前提に立って極論すれば、裁判を受ける権利も、裁判制度が作られていないときは、裁判上その不作為を争うということはありえないから、この権利も憲法上の権利ではないことになってしまう。

また何ら生存権に関する立法がなされず、その点に関して裁判上争うという想定は、実際的でもない。日本国憲法が制定される以前、戦前から公的扶助に関する制度が存在したのであり、何ら立法がされないということはまずありえない。公的扶助の制度を全く持たない資本主義国家は、市民に受容されず実際上存在できないであろう。

従って憲法訴訟として生存権について争う場面は、法律の存在を前提として、その憲法適合性を問題にするときということになるであろう。法律を手がかりに争うと言うと、抽象的権利説に立っているかのように見えるかもしれないが、抽象的権利説では結局権利内容の確定を法律に委ねているように思われる。法律が憲法上の生存権を具体化しているかどうかについて違憲審査を行なうことができるためには、その前提として憲法上具体的な権利が確定していなければならない。

その点では、従来の具体的権利説も不十分だったのではないであろうか。立法不作為違憲確認訴訟論に取り組むとともに、現に運用されている生活保護法を憲法論的に吟味すべきであろう。生活保護基準や額の不十分さが主として問題にされてきたが、その点に関して立法不作為論を含めて訴訟方法を検討する必要はある。しかし、その他の点で現行生活保護法上の原則は、憲法上の生存権を具体化した問題の無いものと見てしまってよいのであろうか。憲法上の生存権の内容を明らかにするとともに、それに従って現行生活保護法およびその運用の仕方を洗い直す必要がある。それも生存権に関する憲法学の任務ではないのであろうか。

例えば、当然視されがちな保護の補足性の原則（法四条）にも問題がある。個人責任を不当に追及する可能性をもたらし、生存権の権利性と抵触することもありうる。資産、能力の活用の原則（法四条一項）は本人の努力を要求し、税金を適正に運用するという要素が含まれている。しかしながら、この原則の下で、子どもの将来の教育費のための貯金が認められないとするような運用がかつて生じ、この原則は権利行使を抑圧し生活の再建を困難にするように運用されることもある。

扶養義務優先の原則（法四条二項）は、金持ちの親、兄弟がいるのに、税金を使って生活保護を受けてよいのだろうかというところから来ているのであろう。しかし家族制度には適合していても、「すべて国民は、個人として尊重される」はずの日本国憲法（一三条）の下で当然の原則と言えるかどうか疑問がある。生存権が憲法上の明確な権利であるとすれば、私的扶養と公的扶助は別の制度だと解すべきなのではないか。扶養義務優先の原則は比較法的に一般的ではなく、また社会的には貧困層を固定化するように機能する可能性がある。また少なくとも、絶対的扶養義務者（民法八七七条一項）以外に、相対的扶養義務者（同二項）まで含める制度には、問題があろう。本件も、長期間音信が途絶えていた原告の兄を福祉事務所が捜し出し、月一、五〇〇円送らせ、結果としてそれを国が取り上げたところから始まっている。このようなやり方も、憲法上の生存権を具体化した当然のものと言えるであろうか。世帯単位の原則（法一〇条）の運用も、民法上の生活保持義務と生活扶助義務を区別せずなされ、家族制度的な考え方を温存していると批判されている。

これらの点は、行政処分を受けた市民が通常の行政訴訟で争うことが可能であり、そこで憲法論が積極的な役割を果すべきものである。保護基準の設定が厚生大臣の職権とされているが（法八条）、「下からの社会権」論を基礎に、それへの貧困者の参加の是非も憲法論として議論しうる。

以上の点から、生存権はその内容を憲法上具体的な権利として確定することが理論的に可能であり、また実際にも大部分の場合、裁判上通常の行政訴訟の形で争うことができると考えられる。

(3)　自由権的効果

市民の生活が国家から妨害されてはならないという生存権の自由権的効果は、一般的に承認されている。この点が実質的に問題になったものとして、食糧の供給、販売を制限する食糧管理法の憲法二五条適合性が争われた訴訟がある。しかし最高裁（最大判一九四八（昭和二三）年九月二九日刑集二巻一〇号一二三五頁）は、生存権を国務請求権としてとらえた上で、その具体的権利性を否定した。

自由権としての生存権ないし生活権が存在することは当然だとしても、その根拠として二五条を挙げる必要性があるかどうかについて疑問が出されている。しかし考え方の問題として、生存権の国務請求権的側面の前提ないし基礎として自由権的側面が着目され、両側面が一体としてとらえられる必要があると考えられる。国務請求権的側面を論ずる場合にも、国家の介入は必要最小限度にとどまらなければならないという原則が貫かれるべきである。「健康で文化的」な生活の追求自体は市民が自由に行なうべきもので、国家はそのための物質的・外的条件を整備するだけである。従って例えば、必要最小限を超える生活調査などは許されない。

さらにこの自由権的側面を私人間において考えることも、有意義なのではないであろうか。これは憲法訴訟上の技術的問題ではなく、憲法原理的・思想的な問題として考えている。企業社会の競争主義は、過労死に至るまで人を追い詰める形で、「健康で文化的な最低限度の生活を営む権利」を押し潰して進められている。この権利はそれに対抗し、その限界を明らかにする原理や思想を示していると考えうるように思われる。

2　訴訟承継

(1)　訴訟承継

権利の承継と訴訟承継の関係について。本件最高裁奥野補足意見は、訴訟承継が認められるのは権利の承継がある場合だとする前提に立ち、不当利得返還請求権などは訴訟物になっていないから訴訟承継は認められないとする。それに対して田中反対意見は、不当利得返還請求権を行使するためには取消訴訟が前提となるから、「裁決の取消しによつて回復すべき法律上の利益を有する者」(行訴法九条)として、相続人は訴訟承継する可能性があるとする。「処分又は裁決によって相手方に生じた違法な侵害状態の排除によって、その処分又は裁決のなされなかったもとの状態を回復すること」を目指す取消訴訟の目的に、この考え方のほうが合致していると見ている。多数意見はこの点について論じていない。

生活保護受給権は一身専属の権利か。多数意見は、保護受給権そのものも、履行遅滞にある扶助料の給付を求める権利も、不当利得返還請求権も、一身専属の権利で相続の対象となりえないとする。田中反対意見では、不当利得返還請求権は原告の「自由に使用処分し得た金銭の返還請求権」であるから、相続の対象となるとされる。このように形式論理を貫くことも不可能でないかもしれない。しかし不当利得返還請求権の対象となる金銭も、現行の保護の補足性の原則やその運用の仕方を前提にすれば、多数説の言うように、使用目的が実質的には生活扶助分に制限され、自由に使用できる金銭ではないと言える。従って、保護の補足性の原則やその運用の仕方を憲法論的に問題にするのでなければ、根本的には不当利得返還請求権の相続性を肯定することは困難なのではないであろうか。

(2)　「念のため」判決

本件最高裁多数意見は訴訟承継を否定し、上告人の死亡と同時に訴訟が終了したとしながら、「念のために」と言って本案に関する意見を付け加えた。これに対して松田・岩田・草鹿反対意見のように、訴訟の終了を宣言した以上、本案に関する判断を示すべきではないとする意見がある。しかし、「少なくとも最高裁が、その事件の内容の重要性なり、法解釈ないし判例の統一の必要性に応えて、憲法判断を念のために付加すること自体は、まさに最高裁の政策的考慮にもとづく憲法判決の一つの方法として、場合によってはむしろ積極的に是認すべきではないか」(芦部信喜)とする立場もある。

この種の問題について政策的考慮に基づく高度の裁量が少なくとも最高裁に認められ、従って訴訟が終了した以上本案判断を示すことは一切許されないとは言えないとしても、最低限どのように裁量したのかを裁判所は示すべきではないであろうか。なぜ本案判断を示すのが適当なのか、国民を納得させるだけの理由を明らかにすべきであろう。本件では「念のために」と言うだけで、何ら理由が示されていない。このようなやり方では、そのような判例がいくら積み重ねられても、裁判所の裁量をルール化することは困難であろう。

本案について違憲の判断を持ちながら、訴訟法上の理由で請求を却下するということは当然存在するが、そのような場合に「念のため」判決が出されるであろうか。問題の解決に必要のないのに、政治的影響の大きい違憲判断を示すことはなされにくい。従ってもともと違憲判断の「念のため」判決は起りにくい。訴訟法上の理由で請求を却下したことが国民に「肩すかし」の印象を与える恐れがあって、しかも仮りに本案判断が可能であるとしても請求が認められないと言えるときに、「念のため」判決が出されるのではないであろうか。「念のため」と言われるのは、その意味であろう。その点で「念のため」判決は本来合憲判断と結び付きやすいと言える。

最高裁は皇居前広場事件でも、使用期日を経過して訴の利益が無くなったとしながら、「なお、念のため」として当然公園管理権の運用を合憲とする判断を示している（最大判一九五三（昭和二八）年一二月二三日民集七巻一三号一五六一頁）。最高裁は権力行使や人権制限を合憲化する方向でのみ「念のため」判決を下してきたし、将来もそうする可能性が高い。ルール設定なしの「念のため」判決肯定論は、最高裁の憲法判断の下では人権保障に適合しないのではないか。

なお先程の芦部の議論は、恵庭事件判決（札幌地判一九六七（昭和四二）年三月二九日下刑集九巻三号三五九頁）について述べたことを、朝日訴訟最高裁判決に関して繰り返したものである。しかし前者は法律（自衛隊法一二一条）解釈による憲法（九条）判断回避の問題であり、実体法内部の問題である。それに対して後者では、訴訟法上の結論と実体法上の判断の関係が問題になっている。その違いを無視して、本論と傍論の関係の問題として抽象化して、同じ扱いをすることができるであろうか。

しかも前者の場合には、法律解釈によって被告無罪の判断が出された上で、憲法判断をすることが適当かどうかが問題になっている。従って、被告無罪の判断を前提にすれば、当事者の人権救済と結合している。それに対して後者の場合には、訴訟承継論によって当事者の実質的な人権救済が拒否された上での問題である。そうであるとすると、機能面から見たとき、この二つのタイプの問題における「念のため」判決は、当事者の人権救済に関して反対の意味を持つと思われる。

さらに実際面を考えると、次のようなことになるのではないか。前者の場合に、被告無罪を確認した上で、その法律の違憲判断を付け加えることは、論理的にはありうることであり、アメリカでは実際にあるようである。しかし日本では、憲法判断（実質は違憲判断）を避けたいために、無理やり法律解釈をしたり法律解釈の努力を尽くしていないのが、実情ではないであろうか。そうだとすると前者の場合にも、後者の場合と同じように、人権救済の努力を尽くした「念のため」判決がなされる可能性は低いように思われる。裁判官が実際上人権側に不利な方向で裁量する可能性の高いときに、裁判官の裁量を強調する「念のため」判決肯定論を主張することには疑問が多い。

3　判例の流れとその背景

わが国には戦前「恤救規則」や「救護法」が存在していたが、戦後日本国憲法の制定に先立ち、一九四六（昭和二一）年九月、生活保護法（旧法）が制定された。これは国家責任による生活保障法として画期的なものであったが、保護受給権について明確な規定を欠き、憲法二五条の生存権との関係も不明確であった。一九五〇（昭和二五）年全面改訂が行なわれ、現行生活保護法が成立した。そこでは保護受給権の明確化、住宅扶助、教育扶助の追加、不服申立制度の法文化などが図られた。しかしその実施における憲法理念の実現には種々の問題が発生した。

戦後の食糧難の時代に、すでにふれたように、食糧管理法違反事件において、実質的には生存権の自由権的効果が問題になっていたにもかかわらず、最高裁判決（一九四八（昭和二三）年九月二九日）は国務請求権的側面の具体的権利性を否定した。

一九五〇年代に入っても、「一、〇〇〇万人に近い」(本件二審判決)ボーダー・ライン層が存在していたが、この頃から経済の回復が始まり、それにともない急激な物価上昇を見、生活保護受給者の生活は困難を極めた。その中で提起されたのが本件朝日訴訟であり、これを支える大きな市民運動が起り、市民の権利意識が高められた。生活保護基準が他の社会保障の給付水準、さらに勤労者の賃金水準を規定していることが意識されるようになった。そして、一審判決はプログラム規定説を打ち破る方向を打ち出し、行政当局によって保護基準の改訂も行なわれた。しかし最高裁判決は傍論において、前述の一九四八(昭和二三)年判決を引用しつつ、プログラム規定説を採用した。この判決は、非常に貧しいながらも一定の福祉は与えるが、市民の権利としては認めないという立場である。これは、福祉国家の本格的成立を経験したことがない日本の状況を、法的に表現していたと言うことができよう。

しかし最高裁の論理を越えて権利主張がなされ、裁判においては特に種々の併給制限・禁止規定の違憲性を争う訴訟が現れるようになった。ここでは、朝日訴訟と異なり、法律規定そのものの合憲性審査が問題とされていることが注目される。老齢福祉年金の夫婦受給制限(国民年金法七九条の二、五項(改正前))に関する牧野訴訟(東京地判一九六八(昭和四三)年七月一五日行裁例集一九巻七号一一九六頁)、障害福祉年金と児童扶養手当との併給禁止(児童扶養手当法四条三項三号(改正前))に関する堀木訴訟(最大判一九八二(昭和五七)年七月七日民集三六巻七号一二三五頁)などである。

これらの訴訟においては、朝日訴訟と異なり、公的扶助以外の社会保障が問題になっている。そのことは、公的扶助の確立を前提にして、「防貧施策」に問題の焦点が移っていったことを必ずしも意味しない。公的扶助が十分に確立していないことが、これらの問題を複雑なものにしている。

これらの判決の中には、二五条一項を「救貧的施策」と見、二項を「防貧的施策」ととらえるものがある。そこでは両者を分離した上で、問題となっているのは二項であるとして、それについて立法裁量を広く認めるものがある

（特に堀木訴訟・大阪高判一九七五（昭和五〇）年一一月一〇日行裁例集二六巻一〇・一一合号一二六八頁）。これは立法裁量に対する可能な拘束を追放している嫌いがあり、これに対して一、二項一体的把握論からの批判が多い。

これらの訴訟では二五条と並んで一四条も問題となっており、一四条の平等規定に社会権的機能が期待されている。二五条の生存権規定の規範内容が十分明確化していないので、その代わりとして、規範性が相対的に明確な一四条が使われているように思われる。しかし同時に、二五条が明確でないため、一四条も十分機能していないとも言える。

他方で、生存権を環境権として発展させる方向も追求されている。環境破壊の進行と市民の人権意識の高揚に規定されて環境権が主張され、その憲法上の根拠として一三条と並んで二五条が援用されることも多い。多くの訴訟で主張されたが、権利内容が十分明確化していないとして、裁判所では認められていない。環境権が論じられた訴訟において、人格権によって権利救済が図られた例はある（大阪空港公害訴訟・大阪高判一九七五（昭和五〇）年一一月二七日判例時報七九七号三六頁）。

環境権訴訟では損害賠償や差止が請求され、それは民事訴訟として争われることが多い。その場合には私法上の権利と憲法上の人権の関係を論ずる必要が出てくる。また公共事業による環境破壊が問題とされることも多く、そのときには国や自治体は権利侵害者として現れる。権利侵害の違法性を阻却する事由として、しばしば公共事業の公共性が強調される。その結果、公共性の内容や公共性認定の手続が具体的に論ぜられ、人権の一般的制限理由としての「公共の福祉」論より立入った議論がされるようになっている。

参考文献

一　著書

小川政亮『権利としての社会保障』（勁草書房、一九六四年）。籾井常喜『社会保障法』（総合労働研究所、一九七二年）。芦部信喜『憲法訴訟の理論』（有斐閣、一九七三年）。大須賀明編『生存権』（文献選集日本国憲法7）（三省堂、一九七七年）。新井章『体験的憲法裁判史』（徳間書店、一九七七年）。小林直樹『憲法判断の原理（下）』（日本評論社、一九七八年）。

二　論文

佐藤功「生存権の保障・法律と予算」清宮四郎ほか編『憲法演習』（有斐閣、一九五九年）。横川博「生存権の保障」清宮四郎ほか編『憲法講座』二巻（有斐閣、一九六三年）。「〈特集〉『社会権』の再検討」法律時報四三巻一号（一九七一年）。山下健次「社会権の法的性格」『判例展望』ジュリスト五〇〇号（一九七二年）。池田政章「生存権」芦部信喜ほか編『演習憲法』（青林書院新社、一九七三年）。江口英一「『貧困』を考えることの意味」小川政亮編『扶助と福祉』（至誠堂、一九七四年）。奥平康弘「健康で文化的な最低限度の生活を営む権利」奥平・杉原編『憲法学3』（有斐閣、一九七七年）。池田政章「生存権」『日本国憲法――三〇年の軌跡と展望』ジュリスト六三八号（一九七七年）。藤井俊夫「生存と人権」大須賀明ほか『憲法講義2』（有斐閣、一九七九年）。

三　判例評釈

憲法判例研究会編『日本の憲法判例』（敬文堂、一九六九年）。「朝日訴訟最高裁判決をめぐって」判例時報四八一号（一九六七年）。「特集・朝日訴訟と生活保護」ジュリスト三七四号（一九六七年）。「特集・朝日判決と社会保障の論理」法律時報三九巻八号（一九六七年）。南博方、奥平康弘・判例評論一〇四号（一九六七年）。森順次『昭和四一・四二年度重要判例解説』ジュリスト増刊（一九七三年）。隅野隆徳『憲法の判例（三版）』ジュリスト増刊（一九七七年）。中村睦男、小川政亮『社会保障判例百選』ジュリスト別冊（一九七七年）。矢野邦雄『行政判例百選（Ⅱ）』ジュリスト別冊（一九七九年）。杉村敏正『憲法判例百選（Ⅱ）』ジュリスト別冊（一九八〇年）。

初出一覧

第一部　憲法の歴史と理論

一　国民主権

1　自然権と憲法制定権力――シエースの憲法思想のまとめに代えて　法学研究（一橋大学研究年報）一八号（一九八八年）

2　シエースの国民主権論　中央大学社会科学研究所報告一二号（フランス革命とは何か――現代史認識の再建を目指して――）（一九九三年）

二　立憲主義

3　憲法的公共性とフランス警察法における『公序』観念について　山形大学紀要（社会科学）一二巻二号・一三巻二号（一九八二年・一九八三年）

4　一八七五年憲法制定過程における執行権論　未発表

5　議会による立憲主義の形成――〈droits de l'homme〉から〈libertés publiques〉へ　一橋論叢一一〇巻一号（一九九三年）

6　議会による立憲主義の確立――〈libertés publiques〉観念の構造と問題点　杉原泰雄教授退官記念論文集刊行会編『主権と自由の現代的課題』（勁草書房、一九九四年）

7　人権宣言の背景　清水睦編著『法学ガイド・憲法Ⅰ（総論・統治機構）』（別冊法学セミナー）（一九八九年）

三　方法論

8　日本における憲法科学の方法論――法の解釈論争が憲法科学の発展に及ぼした否定的影響を中心にして　杉原泰雄編『講座・憲法学の基礎』三巻（憲法学の方法）（勁草書房、一九八四年）

第二部　憲法の解釈

一　国民主権

9　国民主権　芦部信喜ほか編『演習憲法』（青林書院、一九八四年）

10　日本国憲法の原理と国民主権　小林孝輔・芹沢斉編『基本法コンメンタール憲法（第四版）』（別冊法学セミナー）（一九九七年）
11　国会の役割　浦田賢治ほか編『いま日本の法は（第3版）』（日本評論社、二〇〇一年）
12　「予算と法律」と「条約と法律」　法学教室一一七号（一九九〇年）

二　人権

13　人間の主体性と人権による拘束――人権論の動向と問題点　研究年報（一橋大学体育共同研究室）（一九九二年）
14　民主主義法学と人権論の構想　法の科学二九号（二〇〇〇年）
15　刑事手続に関する憲法規定における人権主体について　一橋論叢九九巻四号（一九八八年）
16　生存権の実体的保障と手続的保障　大須賀明ほか編『憲法判例の研究』（敬文堂、一九八二年）

索　引

あ　行

か　行

さ　行

た　行

〈著者紹介〉

浦 田 一 郎（うらた・いちろう）

1946年　大阪府に生まれる

1969年　一橋大学法学部卒業

現　在　一橋大学大学院法学研究科教授

主要著作

『憲法入門（２）』（有斐閣，1977年，共著）

『シエースの憲法思想』（勁草書房，1987年）

『現代の平和主義と立憲主義』（日本評論社，1995年）

『日本国憲法史年表』（勁草書房，1998年，共編著）

『基本判例１・憲法』（法学書院，1999年，共編著）

『憲法答弁集』（信山社，2003年，共編著）

立憲主義と市民

2005（平成17）年12月２日　初版第１刷発行

著　者　浦 田 一 郎

発行者　今 井 　 貴
　　　　渡 辺 左 近

発行所　信山社出版株式会社

〒113-0033　東京都文京区本郷6-2-9-102

電 話　03（3818）1019

FAX　03（3818）0344

Printed in Japan.

印刷・製本／亜細亜印刷・大三製本

ISBN4-7972-2440-1 C3332